所得の帰属法理の
分析と展開

田中 晶国 著

成 文 堂

はしがき

　我が国租税法において最も重要な位置を占める所得課税において，所得と納税義務者との結びつきを表す「帰属」に関する議論は決着をみていない。
　現在「帰属」の理解に関する見解には，所得の帰属を法律関係により把握しようとする法律的帰属説と経済的関係により把握しようとする経済的帰属説とがあり，学説上，法律的帰属説の支持が多い状況にある。とはいえ，法律的帰属説には，所得概念との間の連接に問題がある。また，「所得」は税法上の概念であり私法上の概念ではないことから，法律上の真の所得の権利者とは何かを私法を探求することで解決を求めることは困難である。他方で，所得を経済的に把握するという所得概念との一貫性からすると経済的帰属説が妥当であると考えられるが，その具体的な適用においては，その内容を突き詰める作業が租税法学において未だ不十分であり，所得の帰属に関する議論は硬直化しているようにみえる。
　この問題の遠因は，所得の帰属の問題領域が，租税法の底流にある「形式」と「実質」の対立が鮮明な形でみえるところにある。つまり，突き詰めていくと，法律的帰属説と経済的帰属説の対立に目を奪われるのではなく，「所得の帰属」とは何か，を正面から見据えて再度問い直すことが必要であると考えられる。
　本書はこの動機を端緒にして執筆をした筆者のいわゆる博士論文である「所得の帰属に関する一考察」と題する論文に一部加筆・修正し，かつ，その後に公開した論文と併せて収録したものである。当該論文執筆後にも多くの優れた論文等が発表されているが，その性質上，引用は執筆当時のままであることをお許しいただきたい。

　現在，筆者は九州大学大学院法学研究院にて奉職させていただいているが，法科大学院修了後は弁護士として活動しており，その後に研究生活に入った。顧みると，現在に至るまでに，多くの方々に御指導・激励をいただい

た。

　まず，租税法の御指導をいただいた京都大学・岡村忠生先生との出会いがなければ，研究者の道を考えることすらなかったであろう。当時学生であったからこその厚かましさで，岡村先生には多種多様な質問をさせていただいたが，そのたびに熱心に御指導をいただいた。今振り返ると当時の厚顔無恥さに恥じ入るばかりであるが，岡村先生の教育・研究への情熱を受け継ぎ，今後の研究の研鑽と教育活動によってその学恩に報いることができるよう精進していきたい。

　また，早稲田大学・渡辺徹也先生，名古屋大学・髙橋祐介先生，大阪府立大学・酒井貴子先生，岡山大学・小塚真啓先生には研究会において何度も御指導いただき，また，研究者としての姿勢についてもご教示賜った。先生方からは，いわば部外者のような筆者に対して，学生時代からの後輩のように温かく接していただいた。弁護士業務と並行しての論文執筆であり，ときに挫けそうな気持ちにもなっていたが，先生方との交流は，筆者の励みになり元気づけられた。今後とも変わらぬ御指導を願いたいと思う。

　さらに，筆者が弁護士登録後に勤務した西村あさひ法律事務所における業務で鍛えられたことが，研究生活の土台になっていることは間違いない。特に筆者の指導担当弁護士であった前田博先生には弁護士として生きることの意味を教わった。同法律事務所では，そのほかにも最先端の実務を担われている多数の先生方に御指導いただき，あまりに世間知らずで能力不足であった筆者に対して，先生方から根気強く御指導いただけたことに，この場を借りて深く感謝させていただきたい。

　さかのぼるが，京都大学法学部在学中には，森本滋先生，松岡久和先生のゼミに参加させていただくことで，法学の面白さを見出した。先生方のゼミへ参加を認めていただいたことは，筆者のそれまでの迷走していた大学生活の転機であったと思う。

　このように振り返ると，多くの研究者・実務家の皆様から，大変な御指導をいただいてきたことに愕然とする。全てのお名前を挙げることは差し控えるが，ここにあらためて御礼を申し上げたい。

なお，出版情勢の厳しいなか，本書の刊行を快諾いただいた成文堂阿部成一社長，飯村晃弘氏に感謝したい。とくに飯村晃弘氏には，本書の企画から刊行に至るまで大変お世話いただいた。ここに厚く御礼申し上げる。

　最後に，私事にわたるが，本書は，これまで筆者を最大限応援し続けてくれた父彰寿，母嘉代子に捧げたい。

平成31年3月

　　　　　　　　　　　　　　　　　　　　　　　田　中　晶　国

目 次

はしがき ……………………………………………………… *i*

序　論 ………………………………………………………… *1*
 1．問題意識 ………………………………………………… *1*
 2．本書の構成 ……………………………………………… *4*

第Ⅰ章　所得の帰属に関する一考察
　　　　──I.R.C§636に係る課税法律関係を素材として──
　 …………………………………………………………… *7*
 1．はじめに ………………………………………………… *7*
 2．BA 取引，AB 取引，ABC 取引 ……………………… *12*
 3．I.R.C§636 ……………………………………………… *15*
 4．I.R.C§636以前 ………………………………………… *17*
　（1）Burnet v. Whitehouse ……………………………… *18*
　（2）Palmer v. Bender …………………………………… *19*
　（3）Thomas v. Perkins ………………………………… *22*
　（4）Anderson v. Helvering ……………………………… *27*
　（5）法的権能とリスク …………………………………… *30*
 5．改正への議論 …………………………………………… *31*
 6．所得移転の法理との関係性 …………………………… *37*
 7．おわりに ………………………………………………… *39*

第Ⅱ章　アメリカ税法下における帰属 ………………… *41*
 1．はじめに ………………………………………………… *41*
 2．判例の展開 ……………………………………………… *42*

3．役務提供に由来する所得の移転 ……………………………46
  （1） Lucas v. Earl ………………………………………46
  （2） Poe v. Seaborn ……………………………………50
  （3） Burnet v. Leininger ………………………………58
  （4） Helvering v. Eubank ………………………………60
  （5） CIR v. Culbertson …………………………………63
4．資本に由来する所得の移転 …………………………………67
  （1） Irwin v. Gavit ……………………………………68
  （2） Corliss v. Bowers …………………………………70
  （3） Burnet v. Wells …………………………………73
  （4） Blair v. CIR ………………………………………77
  （5） Helvering v. Clifford ……………………………80
  （6） Helvering v. Horst ………………………………84
  （7） Harrison v. Schaffner ……………………………87
  （8） CIR v. Sunnen ……………………………………90
5．おわりに ………………………………………………………93

第Ⅲ章　事業所得の帰属について ……………………………95

1．はじめに ………………………………………………………95
2．法律的帰属説と経済的帰属説 ………………………………96
3．学　説 …………………………………………………………97
  （1）法律的帰属説Ⅰ ……………………………………98
  （2）法律的帰属説Ⅱ ……………………………………100
  （3）経済的帰属説Ⅰ ……………………………………101
  （4）経済的帰属説Ⅱ ……………………………………103
  （5）小　括 ………………………………………………105
4．所得の経済的把握と所得の帰属 ……………………………105
  （1）不法所得（「金銭」・「物」） …………………………105

（２）不法所得（「権利」，収入実現の蓋然性） …………………… *107*
５．法律関係と経済的利得の分離 ……………………………… *108*
　（１）昭和29年通達の指摘する局面 ………………………… *108*
　（２）吉良実の指摘する局面 ………………………………… *109*
　（３）水野忠恒の指摘する局面 ……………………………… *110*
　（４）経済的利得を喪失する側の所得の帰属 ……………… *111*
　（５）相殺的債務 …………………………………………… *113*
　（６）法律的帰属説と経済的帰属説の関係 ………………… *113*
６．事業所得の帰属 ……………………………………………… *115*
　（１）事業主基準に係る裁判例 ……………………………… *115*
　（２）直接認定アプローチと組合契約アプローチ ………… *116*
　（３）事業主・経営主体とは ………………………………… *119*
　（４）契約当事者の確定 ……………………………………… *119*
　（５）事業に関与している者の法律関係 …………………… *120*
　（６）経済的利得の集合・収斂 ……………………………… *122*
７．おわりに …………………………………………………… *125*

第Ⅳ章　違法所得に係る諸問題 …………………………… *127*

１．はじめに …………………………………………………… *127*
２．違法所得を巡る法律関係 …………………………………… *129*
　（１）違法所得への課税 ……………………………………… *129*
　（２）違法所得の分類 ………………………………………… *131*
　（３）所得の原因となる法律行為が有効である場合 ……… *133*
　（４）所得の原因となる法律行為が無効等である場合 …… *134*
　（５）課税の場面 …………………………………………… *136*
３．違法所得の諸問題 …………………………………………… *136*
　（１）不法原因給付 …………………………………………… *136*
　（２）法的に保持できない利得を取得している場合 ……… *138*

（3）違法所得の調整事由に関する問題 …………………………… *141*
　4．反社会的勢力と法人課税 …………………………………………… *145*
　　（1）法人格を有する組織 ………………………………………… *145*
　　（2）人格のない社団 ……………………………………………… *145*
　5．所得課税と没収・追徴 ……………………………………………… *147*
　　（1）没収追徴制度 ………………………………………………… *147*
　　（2）所得の消滅と没収・追徴 …………………………………… *149*
　6．被害者保護と課税 …………………………………………………… *152*
　　（1）被害者保護との衝突 ………………………………………… *152*
　　（2）被害者の保護と合法性の原則 ……………………………… *153*
　7．おわりに ……………………………………………………………… *155*

第Ⅴ章　収入実現の蓋然性と収入金額の年度帰属
　　　　──権利確定主義と管理支配基準の連接── …… *157*

　1．はじめに ……………………………………………………………… *157*
　2．権利確定主義と管理支配基準の適用領域・順序 ………………… *159*
　　（1）基本的枠組 …………………………………………………… *159*
　　（2）収入実現の蓋然性──権利確定主義と管理支配基準の連接 ……… *163*
　　（3）権利確定主義と管理支配基準の適用関係 ………………… *169*
　　（4）両基準に関する判例理論 …………………………………… *174*
　3．管理支配基準の適用関係 …………………………………………… *175*
　　（1）管理支配基準に対する消極的評価再考 …………………… *175*
　　（2）利得のコントロールの厳格性 ……………………………… *177*
　4．納税者による選択 …………………………………………………… *182*
　5．おわりに ……………………………………………………………… *184*

第Ⅵ章　所得の帰属の再構成 …………………………………… *187*

1．はじめに ……………………………………………………… *187*
2．所得の帰属とマイナスの収入金額 ………………………… *187*
　（1）夫婦財産契約 ……………………………………………… *187*
　（2）相殺的債務の類型 ………………………………………… *192*
　（3）税法の趣旨・目的による解釈 …………………………… *192*
　（4）典型契約の取り込み ……………………………………… *194*
3．稼得者主義と実質所得者課税の原則 ……………………… *194*
　（1）法律的帰属の分離 ………………………………………… *194*
　（2）稼得者の判定 ……………………………………………… *199*
4．租税徴収の実効性 …………………………………………… *203*
5．おわりに ……………………………………………………… *204*

結　論 …………………………………………………………… *207*

初出一覧 ………………………………………………………… *211*
事項索引 ………………………………………………………… *212*

序　論

1. 問題意識

　所得の帰属は,「法的実質主義(法律的帰属説)」と「経済的実質主義(経済的帰属説)」とが対立関係にある見解として議論されてきた。しかし,これまでの所得の帰属に関する裁判例を観察すると,この伝統的アプローチが問題解決の準則として機能しているとは,首肯し難い。本書は,所得の帰属について,アメリカ税法において確立された所得移転の法理や,アメリカの鉱物産業におけるある土地から得られる鉱物又は鉱物に起因する収益を把握する一定の持分権(生産物支払)を,当該土地に対する権利関係から独立した権利として移転・留保させる取引に関する課税関係の展開を参照し,我が国の租税法における所得の帰属法理の再構成を試みるものである。

　本書においてアメリカ税法を参照するのは,我が国の租税法の参照のみでは,その解明に限界があると考えるからである。一般的に,帰属は,各租税法に共通の主たる課税要件として,納税義務者,課税物件,課税標準及び税率に並べ挙げられている[1]。しかしながら,所得課税法である所得税法や法人税法においては,納税義務者,課税物件,課税標準及び税率についてはその内容を明示的に定める規定が存在しているのに,「帰属」の内容を具体的に定めた規定は存在していない[2]。実質所得者課税の原則を定めた所得税法12条や法人税法11条は存在するが,これらは,非正常な事態(形式と実質の乖離する事態)を規律するいわば裏口であり,正常な事態(形式と実質が一致する事態)を規律する表玄関となる規定はない。法文上は,例えば「納税義

---

　1)　清永敬次『税法(新装版)』65頁(ミネルヴァ書房・2014年)参照。
　2)　谷口勢津夫『税法基本講義(第5版)』246頁(弘文堂・2017年)参照。

2 序 論

務者の所得」(所法18条1項) や「内国法人の各事業年度の所得の金額」(法法25条1項) などの表現に，所得の帰属が現行法の当然の前提となっていることが示唆されるのみである。

租税法は厳格な文理解釈を求められるが，上記文言において，所得の帰属を表現するのは「の」という一語である。文理解釈の対象としては，甚だ心許ないと言わざるを得ない[3]。そこで，所得税法12条をみると[4]，同条が正面から規定しているのは，既述のとおり「法律上帰属するとみられる者」と「収益を享受する」者が異なっている非正常な場合の「帰属」である。それでは，正常な場合である「法律上帰属するとみられる者」と「収益を享受する」者が一致する場合はいかに考えるべきなのだろうか。非正常な場合に「収益を享受する」者に帰属するのであれば，正常な場合にも「収益を享受する」者に帰属することを租税法は当然予定していると考えることができる。そうすると，租税法が予定する「帰属」の法理として，「収益を享受する者に収益は帰属する」という正常な事態と非正常な事態を包含する命題が

---

3) アメリカ連邦最高裁でも，1926年歳入法下の事件において，所得の帰属先を決定するに当たって，§210 (a) 及び §211 (b) の定める「net income of every individual」という用語の中における「of」の解釈を求められている。282 U.S. 101 (1930). また，1926年歳入法以後の法律にも所得移転の法理を裏付ける制定法上の根拠が存在しないことも指摘されている。BORIS I. BITTKER & LAWRENCE LOKKEN, FEDERAL TAXATION OF INCOME, ESTATES AND GIFTS, ¶ 75.1 (2014).

4) 所得税法12条は，昭和28年改正法において新設され (昭和28年改正後の所得税法3条の2)，昭和40年改正法において文言の修正が行われ現行法の体裁となった。昭和28年所得税法3条の2で新設された (「資産又は事業から生ずる収益の法律上帰属するとみられる者が単なる名義人であって，当該収益を享受せず，その者以外の者が当該収益を享受する場合においては，当該収益については，所得税は，その収益を享受する者に対して，これを課するものとする。〔傍点筆者〕」)。昭和40年改正により，前記傍点部分が，「これを享受する者に帰属するものとして，この法律の規定を適用する。〔傍点筆者〕」と改正されており，「帰属」という文言が追加された。同条は，帰属の関係がもっとも問題となる資産又は事業から生ずる収益の場合を特に典型的な場合として取り出して規定をおいたものと考え，給与所得等についてもこの規定の適用があるとする見解が有力である (清永・前掲注 (1) 71-72頁)。また，同条は，「収益」の帰属者について直接規定しており，「所得」の帰属とは規定していないが，応能負担の原理から実質所得者課税の原則が導かれていることからすると，その理は，「収益」だけでなく，「費用」についても異なることころはない (法人税法11条に関して，同趣旨を述べる裁判例として，横浜地判平成13年10月10日税資251号順号8999，高松高判平成16年12月7日訟月52巻2号667頁。)。

導出可能である。結果，所得の帰属法理を解明する作業は，「収益を享受する」者とは，いかなる者かを解明する作業に帰着することになる[5]。とはいえ「享受」とは，一般的な用法として，「受け入れる」，「味わい楽しむ」，といった意味で使われるが，文理解釈として分かることはここまでであり，所得の帰属を決定する基準として不十分なままである[6]。

次に，趣旨目的に照らした解釈は可能だろうか。我が国の最高裁は，租税は担税力に応じて負担すべきことが，実質所得者課税を導く根拠となると位置付けている[7]。しかしながら，担税力という概念は解釈論として用いるには漠然とし過ぎており[8]，このアプローチにも限界がある。

アメリカに目を転じると，彼の地では，所得の帰属の領域に関する原理として，所得移転の法理が確立し，同法理は，累進課税制度の礎石であるとの評価がなされている[9]。我が国では，所得の帰属の議論対象として，もっぱら名義が虚偽である場合を扱ってきたために（他人の名義により許可を得た事業から生ずる事業所得，他人の名義だけを借りている預金等から生ずる利息収入，登記簿上の名義が他の者になっているにすぎない財産からの賃貸収入又はその譲

---

5) ただし，文理上は，「収益を享受する」者に収益が「帰属する」と定められているだけであり，収益を享受していない者であっても収益が帰属する場合があるかについては，沈黙しているとの読み方も可能かもしれない。しかし，こう読む場合，収益を享受する者と収益を享受しない者への二重の所得課税となってしまう可能性がある。
6) 法文上の各文言を精緻に分析した所得の帰属に関する先行業績として，吉良実『実質課税論の展開』251-272頁（中央経済社・1980年）がある。
7) 最判昭和37年6月29日集刑143号247頁。実質所得者課税の原則が明文化された昭和28年以前においても，同条に示されている実質所得者課税の原則は妥当するのか，すなわち，同条が，創設的規定か確認的規定かが争われた。最高裁は，確認的規定である旨を判示している。その判示の論理は，まず税法の解釈運用については，①税法の根本理念である負担公平の原理，社会正義の要請，租税徴収の実効性の観点から，国家経費の財源である租税は専ら担税能力に即応して負担させるべきである，②税法は，同原則に基づいて解釈運用されるべきであるとし，次に実質所得者課税の原則については，経済的利益を実質的・終局的に取得しない単なる名義人に課税することは，収益のない者に対して不当に租税を負担させることになる一方で，実質的取得者について不当に税負担を免れさせる不公平な結果を将来し，租税徴収の実効性を確保できない虞があることを根拠にする旨を述べている。
8) 岡村忠生ほか『ベーシック税法（第7版）』58頁（有斐閣・2013年）参照。
9) United States v. Basye, 410 U.S. 441, 450 (1973).

渡による利益，会社役員の名義で会社が取得した株式の配当金等など[10]），所得の帰属の本質を問う素材に不足している[11]。一方，アメリカでは，所得の帰属の意味を深刻に問いかけてくる事件が多く存在し，その素材が豊富であり，本邦税法の所得の帰属を解明するに当たって，示唆を得られるであろう。

2. 本書の構成

第Ⅰ章では，アメリカ税法における所得移転の法理および内国歳入法典636条が規律する，鉱物に起因する収益を把握する一定の持分権（生産物支払）を，当該土地に対する権利関係から独立した権利として移転・留保させる取引に係る課税法律関係に対する議論が，本邦税法における所得の帰属を考察する上で有用であるとの見通しを示す。その上で，内国歳入法典636条について，1969年に同法が制定されるまでの判例法の展開，内国歳入法典636条の立法過程における所得の帰属に係る理解の変遷を検討する。

第Ⅱ章では，Banks事件連邦最高裁判決を軸にして，本邦税法における所得の帰属の領域に関する法理として所得移転の法理を捉え，同法理の形成過程について検討を加える。そして，所得移転の法理は，累進課税制度の保護といった税法の目的から発展してきた法理であることを指摘する。またその観察から，アメリカ税法の領域で読み取ることができる所得の帰属の本質は，現実に経済的利得を取得することだけでなく，所得を処分する権限を有することであるという理解を示す。

第Ⅲ章では，本邦税法における所得の帰属を事業所得の帰属を切り口にして考察を進める。そのうえで，法律的帰属説は，経済的帰属説における法律的帰属の局面を解明するものとして同説に解消されるべきであると指摘す

---

10) 清永・前掲注（1）72頁。
11) 須貝脩一が，アメリカの所得の帰属に関する諸判例を紹介する中で，「アメリカの諸判例と対照せしめられ得るような本邦の判例はまだないから，これを比較することはできない」（須貝脩一「アメリカ所得税法における家族の課税（八）」税法学50号10頁，14頁（1955年））と述べているが，それから半世紀経った現在でも，ほぼ同様の状況にある。

る。さらに，事業に由来する経済的利得は，法的権利を媒介にして，一定の者に集合・収斂してゆくとの認識の下，当該存在こそを事業主とすべきであることを指摘する。

第Ⅳ章では，本邦税法における違法所得の帰属について考察を加える。違法所得に係る法律関係と課税法律関係の関係性について整理を行うことで，違法所得の中には法律的帰属説から説明可能な類型も存在するものの，経済的帰属説に依拠していると考えざるを得ない違法所得の類型が存在することを明らかにする。

第Ⅴ章では，法律関係が，我が国法制度上，経済的事実へと現実化するという着眼点に基づいた所得の人的帰属における視座の転換が（第Ⅲ章），所得の年度帰属における視座の転換にもつながる点を指摘する。その上で，法律的帰属説・経済的帰属説とパラレルな対立をみてとれる権利確定主義と管理支配基準との関係性について，所得の人的帰属と平仄を合わせた解決を図ることができる点を指摘する。

第Ⅵ章では，アメリカの判例において議論されていた，所得が得られる前段階で納税者が当該所得を移転・譲渡し，その支配を手放し経済的利得を取得していない事例について，本邦租税法がどのような対応が可能かを検討する。その帰結として，稼得者主義と所得税法12条の整合性を踏まえた解釈の方向性を示す。

第Ⅰ章 所得の帰属に関する一考察
―― I.R.C §636に係る課税法律関係を素材として ――

1. はじめに

　所得の帰属は，我が国では，課税要件の一つとして，挙げられてきた。帰属とは，課税物件と納税義務者との結びつきである[1]。特定の課税物件に対して何らかの（法律上又は事実上）関係を有する者が複数存在するような場合，誰に納税義務が生ずるかという判定基準を与えることが必要であり，その点に課税物件の帰属の問題が取り上げられる意味がある，と言われている[2]。

　所得の帰属に対する伝統的なアプローチは，帰属とは何かを考えた。その回答として「法的実質主義（法律的帰属説）」と「経済的実質主義（経済的帰属説）」とが生み出され，両説が対立関係にある見解であるとして議論されてきた。それは，現在まで続いており，学説では，法律的帰属説が有力といえるだろう。

　また，他方で，所得税法に内在する当然の原理として，実際の稼得作業に携わることにより所得が生ずる者を納税義務者としてその者に所得を帰属させる，という稼得者主義が唱えられている[3]。この原理は，「役務提供からの所得であれば，提供者に帰属する」，「財産からの所得であれば，その所有

1）　清永敬次『税法（新装版）』70頁（ミネルヴァ書房・2014年）。
2）　碓井光明「租税法における課税物件の帰属について（Ⅰ）」税通26巻14号59頁，同頁（1971年）。谷口勢津夫『税法基本講義（第4版）』242-243頁（弘文堂・2014年）は，帰属を課税要件としない考え方も成り立ち得るとする。
3）　水野忠恒『租税法（第5版）』292頁（有斐閣・2011年）。木村弘之亮『租税法学』232頁（税務経理協会・1999年）は，「各種所得は，それを『得る（稼得する earn, erwirtschaften）』者に帰属する。」と述べている。

者に帰属する」と分類できる[4]。この点，法律的帰属説及び経済的帰属説との対立を稼得者主義との関係において言及する論者は少ない[5]。しかし，それぞれが所得の帰属に関する原則的理解と考えられ，その整合的説明は，所得の帰属の理解にとって重要な点と考えられる。本稿では，この両者の関係性に迫る一つの好材料として，将来に発生する所得をその基因となる財産と分離して移転する取引を考察するために，アメリカ税法（連邦所得税制に関する制定法や，規則，判例などの意味。以下同じ。）における I.R.C§636[6]に係る課税法律関係を素材として取り上げたい。

例えば，将来利益を移転する取引の一例として，不動産の将来賃料を移転する取引を考えてみる。Bが，自ら所有している甲地を賃貸しており，賃料として，年間100万円の収益を得ている（1年分の賃料が後払い）。Bは，Aに対して，賃料支払日の翌日，将来の1年分の賃料債権を99万円で債権譲渡した。Aは1年後に賃料100万円を得た。

稼得者主義からすると，「財産からの所得であれば，その所有者に帰属する」ことから，将来利益たる賃料を債権譲渡したとしても，当該賃料に係る所得は，賃料の基因となる不動産の所有者たるBに帰属するとの結論となるのかもしれない。Bが将来賃料を譲渡する対価として取得した99万円については，前受収益と把握して[7]，受領時点では課税対象とならないと処理する方法が考えられる。ただし，将来債権譲渡の場合は，前受収益とは異なり，対価を賃借人から受け取ったのではなく，債権の譲受人から受け取っているため将来の役務提供等の債務を相殺的債務として認識すべきかが問われるであろう。会計処理としては，本邦では将来債権譲渡による対価を負債と

---

4) 岡村忠生『法人税法（第3版）』22頁（成文堂・2012年）。
5) 例えば，所得税法12条に関する理解と稼得者主義との整合的な理解から，経済的帰属説が正しいとする見解として，木村弘之亮『租税法総則』166-167頁（成文堂・1998年）参照。
6) 以下でも，I.R.C の表記を特に断らない限り，1986年内国歳入法典（Internal Revenue Code of 1986）を指すものとして用いる。
7) 役務提供等をする以前に対価を取得するという点で共通性のある前受収益の場合，受領した段階では将来の役務提供等の債務が発生するため，その対価が課税を受けることはない。岡村忠生『所得税法講義』32頁（成文堂・2007年）参照。

して計上すべきとする見解があり[8]，アメリカでも，将来収益の売却（sales of future revenues）については，即時に収益として認識することは妥当ではなく，借入（debt）又は繰延利益（deferred income）として個別の事案に応じて判断すべきとする見解がある[9]。このような会計における考え方は，上記の課税法律関係を支持することになる。

他方で，将来債権譲渡の法律関係について[10]，判例は，将来債権譲渡の契約時に目的債権の帰属の変更は確定的に生じており，譲受人は債権が発生したときにこれを当然に取得し得る法的権能を有することを認める[11]。したがって，将来賃料が債権として発生したときに，それを法的に取得し賃料を現実に支配下におけるのはAであるということになる。とすると，Aは法的権利に基づき賃料を取得している。法律的帰属説からは，法律関係と稼得者主義に基づく所得の帰属の関係をいかに説明することになるのであろうか。

さらに，上記の事例を前提に，所得の起因となる財産の譲渡をするとどうなるか。例えば，BがAに将来賃料債権を譲渡して賃借人に確定日付ある証書で通知した後に，Cに対して当該不動産を売却し所有権移転登記を経た

---

8) 将来債権が譲渡人の貸借対照表に認識されていない点が問題となる。久禮義継『流動化・証券化の会計と税務』209頁（中央経済社・2001年）参照。中澤栄仁・松澤大和「自己信託・将来債権譲渡を活用！売掛債権流動化の新たなスキームに係る会計・税務ポイント」旬刊経理情報1252号58頁，62頁（2010年）では，将来債権の譲渡対価を前受金または将来債権の譲渡対価の受入れであることを示す科目にて負債計上することが考えられる，とする。
9) EITF Abstracts (Issue No. 88-18), available at *http://www.fasb.org/pdf/abs88-18.pdf*.
10) 将来債権の移転時期について，譲渡契約時説と債権発生時説との対立がある。前者は，債権の発生前には請求可能性を備えた債権は存しないが，譲渡の客体として処分権のみ備えた「将来債権」を法的に観念できることを前提とし，後者は債権の発生前に譲渡の客体となる債権はおよそ存在し得ないことをその前提とする。森田宏樹「判批」ジュリ1354号74頁，75頁（1990年）。
11) 最判平成19年2月15日民集61巻1号243頁。なお，本判例は，将来債権譲渡担保の事例である。将来債権譲渡についての本判例の理解につき，山本和彦「判批」水野忠恒ほか編『租税判例百選（第5版）』214頁，215頁（2011年）を参照。判例は譲渡契約時説とみる理解として，潮見佳男『プラクティス民法　債権総論（第4版）』465頁（信山社出版・2012年）参照。

とする。既に譲渡された将来賃料債権が，Aに帰属するのか，Cに帰属するのかについて私法上争いがある[12]。近年の債権法改正において示されていた考え方からすると[13]，将来的にはAに帰属するものとして決着をみる可能性もある[14]。この事例では，将来賃料が実現したときにその起因となる不動産の所有者はCであるが，Cは将来賃料を処分すらしていない。仮に，賃料がAに帰属する場合，稼得者主義からは，このようなCにも将来賃料に係る所得が帰属すると考えることになるのであろうか，それともA又はBに所得が帰属するのか[15]。

以上のように，将来利益と将来利益の基因となる財産が分離した場合に，所得の帰属をどう考察すべきかは，不明瞭な部分がある。この点，アメリカ税法では，納税者が将来利益を近親者に移転することで累進課税の回避を図り，かつ，所得を生ずる財産（income producing property, income generating asset）を留保する仕組みを実行し，それを課税庁が否認し紛争となる事件が繰り返されており，検討の素材が多くある[16]。一連の裁判例によって[17]，

---

12) 松尾弘「賃貸不動産の譲渡と賃貸人の地位」慶應法学24号43頁，82頁（2012年）。
13) 民法（債権法）改正検討委員会編『詳解・債権法改正の基本方針Ⅲ-契約および債権一般（2）』272頁（商事法務・2009年）。「将来債権が譲渡された場合には，その後，当該将来債権を生じさせる譲渡人の契約上の地位を承継した者に対しても，その譲渡の効力を対抗することができる」旨の規定を設ける提案がなされている。その後，平成27年2月10日に決定された「民法（債権関係）の改正に関する要綱案」では，この論点に関する合意形成が困難であるとの理由で当該規定の採用が見送られている（法務省「民法（債権関係）の改正に関する要綱案のたたき台（8）」10頁（http://www.moj.go.jp/content/000120401/pdf），

同「民法（債権関係）の改正に関する要綱案」33頁（http://www.moj.go.jp/content/001136445.pdf））。
14) 潮見・前掲注（11）469頁も，賃貸人の地位の移転の場合には，将来的に発生する賃料債権も，当初の将来債権譲渡契約の対象であるとみてよいとする。
15) 所得税法には一つ手掛かりとなる規定がある。それは，無記名公社債の利子等が移転された場合について，元本の所有者に所得が帰属するとの規定である（所法14条）。本条は，元本の所有者に異動があったときは，最後の所有者に利子等の所得が帰属すると定めている（所法14条2項）。本条が，稼得者主義の確認的規定であるならば（岡村忠生「所得の実現をめぐる概念の分別と連接」論叢166巻6号94頁，122頁（2010年）），上記事例においても不動産の最終的な所有者たるCに賃料に係る所得が帰属すると解することになる可能性はある。
16) 須貝脩一「アメリカ所得税法における家族の課税（五）」税法学47号6頁，7頁参照（1954年）。

形成された法理が，いわゆる所得移転の法理（assignment of income doctrine）であり[18]，その内容は，一見すると本邦税法にいうところの稼得者主義と類似の規律となっている。

そして，本稿で取り上げる I.R.C§636が規律するのは，いわゆる BA 取引，AB 取引及び ABC 取引と呼ばれる取引である。これら取引は，アメリカの鉱物産業（典型例として石油産業）において，ある土地から得られる鉱物又は鉱物に起因する収益を把握する一定の持分権[19]（production payment，生産物支払[20]）を，当該土地に対する権利関係から独立した権利として移転・留保させる取引のことである[21]。

---

17) 膨大な数の裁判例が存在しているが，著名なものとして，Lucas v. Earl, 281 U.S. 111 (1930); Poe v. Seaborn, 282 U.S. 101 (1930); Burnet v. Leininger, 285 U.S. 136 (1932); Helvering v. Eubank, 311 U.S. 122 (1940); CIR v. Culbertson, 337 U.S. 733 (1949); Corliss v. Bowers, 281 U.S. 376 (1930); Burnet v. Wells, 289 U.S. 670 (1933); Blair v. CIR, 300 U.S. 5 (1937); Helvering v. Clifford, 309 U.S. 331 (1940); Helvering v. Horst, 311 U.S. 112 (1940); Harrison v. Schaffner, 312 U.S. 579 (1941); CIR v. Sunnen, 333 U.S. 591 (1947). アメリカ税法における所得の帰属についての詳細な紹介及び分析として，水野忠恒『所得税の制度と理論―「租税法と私法」論の再検討―』58頁以下（2006年・有斐閣），同「アメリカにおける中小企業課税-組合，法人及び Subchapter S 法人の課税問題」日税研論集第4号133頁，202頁以下（1987年）。小川正雄「所得の振替防止法理・果実発生源泉木の法律について」立命館法学352号90頁（2013年）も上記一連の裁判例に対して分析を加えている。
18) 所得移転の法理に言及する近年の事例である CIR v. Banks, 543 U.S. 426 (2005) は，所得の帰属について以下のように整理して述べている。①通常の事例における所得の帰属は，納税者が，問題となる所得に対して，完全なる支配を行使するかどうかを問うことによって解決される。②しかしながら，事前の移転の局面において，譲渡人は，所得が得られる瞬間に，その所得に対する支配を有してない。その場合には，問題は，譲渡人が，資本（income-generating asset）に対して支配を留保しているかどうか，という点が問題となる。その理由は，所得の源泉を所有又は支配している納税者は，彼が受領し得た所得の処分を統制しており，彼が望む満足を得る手段として，彼自身から他人にその支払を転化するからである。③資本に対する支配をみることは，所得はそれを稼得し，その便益を享受する者に対して，課税されるべきであるという原理を守ることになる。
19) See Reg. §1.636-3 (a) (1).
20) 本稿では，石油産業に係る専門用語の日本訳語について，石油公団編『石油用語辞典（増補改訂版）』（日本石油コンサルタント株式会社・1986年）における訳語を参考にした。
21) なお，本邦においても，鉱業権者が，租鉱権を設定することにより，一種の物権的用益権を設定することはできる。

例えば，BA 取引は，こういう取引である。石油会社 B が，油田 X において石油を採掘する権利（working interest[22]，作業権益）を有しているとする。B は，新たな油田 Y を探鉱・開発するために60万ドルの資金調達をしたい。そこで，B は，今後油田 X から産出する石油を販売した金額の50％を受領する権利である生産物支払を A に60万ドルで売却することとし（carve-out，収益の切り出し），A から B に対して，その対価である60万ドルが支払われた。当該生産物支払は，A に対して，60万ドル及び60万ドルが弁済されるまでの期間に応じた利子相当額が支払われることで終了する[23]。

これら取引に関連して，A 及び B に対して，いかなる課税がなされるであろうか。この課税関係について，アメリカでは1960年代までに連邦最高裁による判例が蓄積され，一定の準則が形成されてきた[24]。しかしながら，アメリカ連邦議会は，判例による取扱いに問題があると判断して，1969年改正法により[25]，I.R.C§636によって新たな課税関係を構築して規律することとした。この判例法の変遷及び1969年改正法に至る議論には，我が国における所得の帰属を考察する上での示唆がある。

2. BA 取引，AB 取引，ABC 取引

本稿で主たる検討対象となる取引は，3つある。第一に，作業権益保有者（B）から買主（A）に生産物支払を切り出す取引である（BA 取引）。第二に，元々の作業権益保有者（A）が，自らに生産物支払を留保して，買主（B：新作業権益保有者）に残余の作業権益を売却する取引である（AB 取引）。第三

---

[22] 石油会社等は，土地所有者から土地のリースを受けて，石油やガスを採掘する権利を取得する。このような採掘をする権利のことを作業権益（working interest）と呼ぶ。作業権益保有者は，通常は，開発費用を負担し，その代わりに，採掘された鉱物の大部分を取得する権利を有する。PATRICK A. HENNESSEE & SEAN P. HENNESSEE, OIL AND GAS FEDERAL INCOME TAXATION, at 105 (2013).

[23] Reg§1.636-1 (a)(3), § 1.636-1 (c)(1)(ii) に規定されている事例を加工したものである。

[24] See e.g., Palmer v. Bender, 287 U.S. 551 (1933); Thomas v. Perkins, 301 U.S. 655 (1936); Anderson v. Helvering, 310 U.S. 404 (1940).

[25] Tax Reform Act of 1969, 83 Stat. 487, 630.

に，第二のAB取引の後に，Aが自らの生産物支払を金融機関Cに売却する取引である（ABC取引）。例えば，ABC取引は以下のような場合に行われる。石油会社Bが，鉱区を所有しているAから作業権益を購入したいが，その価格はおおよそ150万ドルであった。Bには，資金が100万ドル程度不足していた。金融機関Cはその資金を融資する意欲はあるが，担保を必要としていた。そのような場合に，まずBがAに50万ドルを支払って，生産物支払の留保されている作業権益を購入し，次にAが生産物支払をCに100万ドルで売却するのである[26]。

いずれの取引でも鍵となるのは，生産物支払という権利である。それは，一定の持分権である。また，鉱業に関する開発，運営及び生産に関する費用を一般的には負担せずに，採掘された鉱物について所定の量又は当該鉱物の売却益から所定の金額を取得するものであり，所定の量・金額に達した場合に終了する[27]（以下では，便宜上，生産物支払を保有するAを生産物支払権者ともいうこととする。）。

土地所有者は，探鉱・採掘のために，石油会社等に，リース（lease）の法形式により作業権益を付与することが多く，土地所有者は，通常，地表の不動産権を留保しており，鉱区使用料（royalty）を得る[28]。例えば，テキサス

---

26) HENNESSEE & HENNESSEE, supra note 22, at 117. プロジェクト・ファイナンスの実務では，Cはプロジェクト遂行に限定して設立されたペーパー・カンパニーであり，金融機関は，Cにノンリコース・ベースで資金を貸し付けて，それをCがAに支払う仕組みがとられているようである。大庭清司「プロジェクト・ファイナンスと収益担保」名城論叢第5巻第3号9頁，14頁（2005年）。
27) HENNESSEE & HENNESSEE, supra note 22, at 7. 類似の権利として，オーバーライディング・ロイヤリティ（overriding royalty）やネット・プロフィット・インタレスト（net profits interest）という権利も存在する。それらには所定の量・金額の制約は存在しないことが一般的であり，その点で生産物支払と区別され得る。
28) HENNESSEE & HENNESSEE, supra note 22, at 3. なお，アメリカ法上のリースは，本邦における賃貸借とはかなり法的性質の異なる取引である。我が国の物権法では，まず完全なる所有権を観念して各種法律関係を規律するが，アメリカ不動産法では，まず各種の権利を観念して，その束が最大となるものが完全な所有権であると考える。このように，アメリカ不動産法上の所有権とは，権利の束が太い場合もあれば細い場合もあり，程度のある概念である。例えば，リースによって，レッシーが土地を一定の期間について利用する権能を得た場合にも，レッシーは，一定期間の所有権を有していると表現される。本邦でのいわゆる借地権と近いものは，アメリカ法では，リース

州では，このリースは，レッサーが復帰可能権（a possibility of reverter）を留保する物権行為であって，レッサーは，リース期間において鉱物を使用収益する権限を有さない[29]。

なお，生産物支払の対象となる鉱物は，採掘される前の地層内にある状態で所有され得るか否かという点に議論がある[30]。例えば，テキサス州では，地層内にある状態での所有を認めているが（土地所有者取得主義：ownership in-place theory）[31]，そうでない州もある。各州法で結論を異にするが，この

ホールド（leasehold，不動産賃借権，定期不動産権）と呼ばれる権利である。リースホールドは，一つの土地保有権である。土地保有権は，「寿命のある所有権」である。リースホールドの設定は，より大きな「土地保有権」から，より小さな「土地保有権」を切り取って与える（carve-out）ことであり，物権行為である。物理的存在である一個の土地について複数の「土地保有権」が時系列的に配列される。リースホールドにまつわる法律関係は，土地保有権関係（privity of estate）及び契約関係（privity of contract）の二種類の法律関係が重なり合って形成される。地主は，将来土地の返還をうける権利＝復帰権という土地保有権を有しており，この権利は現在の「所有者」による土地毀損行為を阻止する権能を含んでいる。以上の記載につき，望月礼二郎「アメリカの借地・借家制度」稲本洋之助・望月礼二郎・広渡清吾・内田勝一編『借地・借家制度の比較研究』175-215頁（東京大学出版会・1987年）参照。

29) 土地所有者取得主義を採用する州法では，ここで用いられるリースは，アメリカ法上一般的なリースとも異なる。Michael P. Pearson, *A Primer On Production Payments*, 4, available at *http://images.jw.com/com/publications/1492.pdf.*; Stephens County v. Mid-Kansas Oil and Gas Co., 113 Tex. 160 (Tex. 1923).

30) 我が国では，鉱物に対する権利関係を規律する法律として，鉱業法が存在しており，鉱業権が地表の土地所有権とは別個の物権として規律している。すなわち，民法207条は，土地所有者は法令の制限内において，その土地の上下に亘り，その土地を使用収益処分することができるとしている。したがって法令に特別の規定がなければ，土地所有者は，土地の構成部分である鉱物についても，自由に，これを処分し得るはずであるが，鉱業法では，土地所有権と別箇に，鉱業権の制限を認め，法律に定める一定の鉱物については，これを土地所有権の対象から外しているのである。そこでは，鉱業権は，鉱区内において他人を排斥し，許可を受けた鉱物を採掘する独占的権利であり，土地そのものを目的とする土地所有権又は土地使用権とは別個の独立した権利であると把握されている。あくまで鉱区内に存する登録を受けた未採掘鉱物及びこれと同種の鉱床中に存する他の未採掘鉱物を包括的に支配する権利であって，鉱物に対する所有権ではない。しかし，この支配権の作用として，鉱物を採掘して土地から分離することによって直ちにその所有権を取得する。未採掘の鉱物は，土地所有権の内容から除外され，国の独占的排他的支配権の客体となる（我妻榮・豊島陞『鉱業法（改訂版）』9-17頁，65-68頁（有斐閣・1966年））。

31) Texas Co. v. Daugherty, 107 Tex. 226, 235-236 (Tex. 1915).

点を基本的理論として，生産物支払に係る法律関係が形成される[32]。

3. I.R.C § 636

I.R.C§636は，1969年改正法[33]によって導入された。同規定は，作業権益保有者（B）から買主（A）に生産物支払を切り出す（carve-out）BA取引[34]及び元々の作業権益保有者（A）が，自らに生産物支払を留保しつつ（retain），買主（B：新作業権益保有者）に作業権益を売買するAB取引[35]について，生産物支払権者（A）から作業権益保有者（B）に対する生産物支払を担保とした貸付として取り扱うという規定である（AB取引の場合には，売主Aから買主Bに対する購入代金譲渡抵当貸付となる。）[36]。また，同規定が適用される取引における生産物支払権者は，鉱物資産に関する経済的利害関係（economic interest）を有さないものとされる。

同条により，生産物支払の義務者B及び生産物支払権者Aは以下の課税関係に服する。

① Bは，Aに対する支払いに用いられる鉱物からの収益について，自身の総所得に算入する[37]。
② Bは，作業権益全体の経済的権益を有するものと把握されて，Aに支払われる収益部分も，Bの普通所得（ordinary income）として取り扱われ，減耗償却による費用控除を得ることができる[38]。

---

32) 我が国裁判例には，鉱業法の適用のない硅石について土地と分離しない状態では土地の一部としてその土地所有者の所有に属し第三者は独立して所有権を取得することができないこと，したがってその買主は，硅石を採取する債権を取得し得るが所有権を取得することはできない旨を示したものがある（大判大正7年3月13日民録24輯523頁）。
33) *supra* note 25. その後の1976年改正法（Tax Reform Act of 1976, 90 Stat. 1520, 1834）により，文言の整理が行われている。
34) I.R.C§636 (a)。
35) I.R.C§636 (b)。
36) 本文中に紹介した規定のほかにI.R.C§636 (c) も規定されている。
37) Treas. Reg. §1.636-1 (a) (1) (ii)。
38) Treas. Reg. §1.636-1 (a)。

③ AB 取引及び BA 取引が貸付であるとみなして，B 及び A は，控除可能経費を算定する。すなわち，生産物支払の支払は，貸付に対する返済であり，元金部分及び利息部分に分けられ，利息部分が生産物支払権者である A の総所得に算入される[39]。

④ BA 取引において，B が A に対して生産物支払を切り出したことによって A から受領した対価は，A から B に対する貸付とみなされることから，B の総所得に算入されない[40]。

⑤ AB 取引において，作業権益売却に関する A の利得の算定においては，生産物支払の公正市場価値が，売買代価の一部として取り扱われる[41]。

⑥ BA 取引が，鉱物資産の探鉱・開発のためになされた場合には，貸付としての取扱いはなされない[42]。したがって，B は，A に対する支払いを自身の総所得から除外することができ，A は減耗償却による費用控除を得られる[43]。

具体的に事例を挙げてみると，以下のような課税関係となる。N 年度，B（現金主義を採用し，作業権益 X を保持する。）が，A に，30万ドルにて生産物支払を切り出して，30万ドルの現金を即座に受領した。生産物支払の内容として，B は，A に対して，30万ドル及びその利息相当額に充つるまで，X から産油され販売される産油量の売却代金の50％を支払うものとされた。N ＋ 1 年度，B は12万5000バレルを産出して37万3500ドルで売却した。B は，A に対して生産物支払に対する支払いとして，18万6750ドルを支払った。その中の16万8750ドルは元本相当額であり，1 万8000ドルは利息相当額である。

本事例は，I.R.C§636（a）により，A から B に対する生産物支払を担保とした30万ドルの貸付であると取り扱われることになる。その結果として，課

---

39) Treas. Reg. §1.636-1 (a) (1) (i) and (ii).
40) Treas. Reg. §1.636-1 (a) (1) (ii).
41) Treas. Reg. §1.636-2 (a), 1.636-2 (c) (5) (ii).
42) I.R.C§636 (a).
43) Martin J. McMahon Jr., *A Capsule View of The History and Importance of The Economic Interest Concept in Mineral Taxation*, 27 TULSA L. J. 313, 341 (1991-1992).

税関係は次のとおりとなる。N年度は，AからBに対して，30万ドルの現金の支払いがあるが，この事象は，貸付であることから，いずれの当事者の課税関係にも影響しない。N＋1年度は，Bは，Xから得られた収益である37万3500ドルを総所得に算入する。一方で，鉱物産出に係る費用に加えて，生産物支払に関連して支払われた1万8000ドルの利息相当額についても控除できる（I.R.C§163）。Aは18万6750ドルを受領しているが，利息相当額である1万8000ドルのみを普通所得として算入することになる。なおAには，I.R.C§611に基づく減耗償却[44]は適用されない。

4. I.R.C§636以前

　上記のように現在では，I.R.C§636がBA取引，AB取引及びABC取引（AB取引の後に，Aが自らの生産物支払を金融機関Cに売却する取引）の課税法律関係を貸付として，規律している。しかしながら，1969年にI.R.C§636が制定されるまでは，判例法によってI.R.C§636の内容とは全く異なる課税法律関係が構築されていた。その内容は，要旨以下のとおりである。

　BA取引において，Bが，生産物支払を移転したことによってAから受領した対価は，受領した年度におけるBの普通所得とされ減耗償却が費用控除として認められ，キャピタル・ゲインとはされない[45]。一方，AB取引において，Aが生産物支払を留保してその余の作業権益をBに移転することによって，Bから受領した対価は，キャピタル・ゲインとされる[46]。

　BA取引及びAB取引の後に，Bが採掘した鉱物からの収益は，生産物支払に対する支払のために合意された所定の割合に応じて，B及びAに分割

---

44) 鉱業資産は，採掘されることで減少又は枯渇する。これを減耗（depletion）という。そのために，鉱業者は利益の一定割合を新たな探鉱に回さなければならない。この種の費用について，アメリカでは，過去，定率法による減耗償却（percentage depletion）と原価法による減耗償却（cost depletion）が認められていた（石油公団編・前掲注（20）145頁）。
45) CIR v. P. G. Lake. 356 U. S. 260 (1958).
46) CIR v. Fleming, 82 F.2d 324 (5th Cir. 1936).

される[47]。すなわち，Bは，鉱物からの収益のうち，生産物支払の支払に用いた金額を，その総所得からそもそも除外できる。また，当該収益に関して，B及びAの双方について減耗償却による費用控除が認められる[48]。

ここで，所得の帰属との関係で注目をしたいのは，A及びBとの間で，所得が分割される点である。すなわち，Bが採掘した鉱物からの収益は，Bに帰属することなしに，Aに帰属することになっている。

以下では，この課税法律関係が確立された経緯を俯瞰することにしたい。

(1) Burnet v. Whitehouse[49]

Whitehouse事件は，生産物支払に係る事件を取り扱ったのではないが，AB取引と類似の状況を含んだ事件を取り扱った判決と評価されている（その理由は後述する。)[50]。同事件は，James Gordon Bennettの遺産財団から，納税者であるSybil Whitehouseに毎年支払われる年金が，納税者の所得として課税可能かどうかが争われた事件である。課税庁は，納税者が受領した金員は，遺産財団から生じた所得に該当し，1921年歳入法§219に基づき納税者に課税されると主張した[51]。納税者は，受領した金員は遺産財団の有する遺産を元本として生じた所得ではなく，遺産自体であることから課税されないと主張した。

この点について，連邦最高裁は，納税者に対して支払われる年金が，遺産の運用から所得が生じたか否かに関わりなく支払われることを根拠として，納税者は，遺産財団の収益受益者（遺産を元本として生じた所得の受領者）で

---

47) Thomas v. Perkins, 301 U. S. 655 (1936).
48) Palmer v. Bender, 287 U. S. 551 (1933); *see* Charles O. Galvin, *Recent Developments in Oil and Gas Taxation*, 47 A.B.A.J. 1018, 1019 (1961).
49) 283 U.S. 148 (1931). なお，同事件を紹介した文献として，須貝脩一「アメリカ所得税法における家族の課税（四）」税法学46号1頁（1954年）。
50) Kenneth F. Joyce and Louis A. Del Cotto, *The AB (ABC) and BA Transactions: An Economic and Tax Analysis of Reserved and Carved Out Income Interests*, 31 TAX L. REV 121, 130-131 (1975-1976).
51) Irwin v. Gavit , 268 U.S. 161 (1925) では，遺言信託により，信託から納税者に支払われた金銭が，納税者の所得となるか否かが争われた事件において，連邦最高裁は，所得となる旨を判示しており，課税庁は当該事件を根拠として掲げていた。

はないという旨の判示をして，納税者の請求を認めた。

　本判決の争点は，要するに納税者が受領した金員が，遺産財団の有する財産自体か，それとも遺産財団の有する財産を元本として生じた所得かという点である。これについて，連邦最高裁の判示は，経済的リスクの分析に依拠して判断をしたと評価されている[52]。すなわち，連邦最高裁は，納税者が遺産を元本として生じた所得に対するリスクを有していないことから，遺産を元本として生じた所得からは何ら経済的便益を受領していないと判断し，遺産に稼得された所得の受領者ではない，という判断枠組を採用したと理解するのである。

　これを AB 取引に置き換えると，年金受領者である納税者を A として，その余の遺産財団に係る権利の残余権者を B とみた場合に，遺産を元本とする所得について，A が経済的リスクを負担していないことから，A への所得の帰属を否定した事例とみることができる[53]。ここには，経済的リスクの所在する場所に経済的便益が所在するという考え方がある。

(2) Palmer v. Bender[54]

　Palmer 事件は，石油・ガス井のレッシーが，生産物支払を留保して，その余の作業権益を第三者に移転した際に（AB 取引）[55]，権利を移転したレッシーに減耗償却による費用控除が認められるかが争われた事例である。結論として，連邦最高裁は，生産物支払権者たるレッシーに減耗償却による費用控除を認めた。

　同事件の詳細はこうである。納税者である Palmer 氏が組合員となっている二つのパートナーシップがルイジアナ州の土地のリースを取得し，採掘に従事していた。その後，上記パートナーシップがそれぞれ石油を掘り当てた

---

52) Joyce & Del Cotto, *supra* note 50, at 130.
53) *Id.* at 131.
54) *supra* note 48.
55) リースにより作業権益を取得したレッシーは，自らに生産物支払などを留保して，サブリースをすることで，作業権益を第三者に譲渡することもある。HENNESSEE & HENNESSEE, *supra* note 22, at 3.

(1919年7月と1921年3月)。1921年4月,パートナーシップの内一つが,他の石油会社にリースを移転した。その条件として,譲受人たる石油会社は,即時の現金の支払及び将来において産出される第一次回収部分の2分の1から100万ドルに達するまでの支払い,さらに,産出されるすべての石油の8分の1の鉱区使用料を支払うこととされた[56]。残りのパートナーシップも同様の契約をまた別の石油会社との間で締結した。納税者は,1921年歳入法214(a)(10)[57]に依拠し,当該土地に埋蔵されている石油の価値を基礎とした減耗償却による費用控除をして,該当年度の申告をした。

納税者は以下のように主張した。ルイジアナ州法に基づき,土地の果実を対価とする土地に関する権利関係の移転は,リースである[58]。本件取引は,土地の果実を対価としていることから,サブリース(パートナーシップがレッシーとなっているリースを本リースとみる。)である。とすると,Murphy Oil Co. v. Burne[59]の規律,すなわち,§234(a)(10)に基づき石油・ガス開発事業に関するレッサーは,レッシーから受領した権利金及び鉱区使用料に関して減耗償却による費用控除の資格がある,という規律の適用を受け,本件でも減耗償却による費用控除の資格がある[60]。

課税庁,地方裁判所及び第5巡回区控訴裁判所は,上記取引が,リースの売却であることを理由にして,納税者は,減耗償却による費用控除の資格を持たないとした[61]。

これに対して,連邦最高裁は,§214(a)(10)が,州法に基づく権利関係

---

[56] レッシーとなる作業権益の保有者は,リースの対価として,土地保有者(レッサー)に,産出された鉱物の一定割合(通常は産出量の8分の1)が帰属する旨の合意をする。HENNESSEE & HENNESSEE, *supra* note 22, at 6,105-106.

[57] 1921年歳入法§214(a)(10)は,費用控除が認められるものとして「鉱山,石油及びガス井の場合,それぞれの場合における特有の状況に従い,費用(開発費用を含む)を基礎とする,減耗又は施設費の減価に係る合理的償却(別段の方法で費用控除される場合は除く。)」(42 Stat. 227, 241)と規定していた。さらに,「リースの場合,本パラグラフに基づき認められる費用控除は,レッサーとレッシーの間で,公平に割り当てられる。」(*Id.*)と規定していた。

[58] Robertson v. Pioneer Gas Company, 173 La. 313 (La. 1931).

[59] 287 U.S. 299 (1932).

[60] *supra* note 48, at 555.

[61] *Id.* at 554.

によって適用の有無が変わるとは規定されていないことから，本件取引が(サブ)リースであるか売却であるかという区別は本質的問題ではないとした[62]。

さらに，実質的には以下の根拠を述べた。そもそも，レッシーに対して減耗償却による費用控除が認められるのは，レッシーが，リースによって，総所得として実現する可能性がある経済的権益に対する法的支配権を取得しているからである。すなわち，減耗償却による費用控除の資格の有無は，納税者の法的権利の形式には依存していない（Lynch v. Alworth-Stephens Co.[63]）。同様に，レッサーに減耗償却による費用控除の資格が認められるか否かも，レッサーの有する法的権利の形式には依存せず，彼が石油に関する持分を有していれば十分である。パートナーシップは，リースを取得することで（石油に対する法的所有権（legal ownership）はレッサーに留保されているかもしれないが），当該場所の石油に関する完全なる法的支配権（legal control）を得ており，パートナーシップの投下資本を徴表する経済的権益を得ている。そして，パートナーシップが石油会社に，それらの作業権益を移転するに当たり，その形式がサブリースか否かに関わらず，鉱区使用料に関する条項によって，パートナーシップは，石油に関する経済的権益を留保している。したがって，法的関係性が変更されたとしても，土地中にある石油は，オリジナルレッサー，パートナーシップにとって投下資本の蓄積（reservoir）であることに変わりがない。石油の生産及び売却は，その減耗をもたらすとともに，投下資本の回収ももたらす。石油の減少又は枯渇は，パートナーシップに損失をもたらす。そのような権利関係に減耗償却による費用控除の資格を与えることは，制定法の趣旨の範囲内である[64]。

連邦最高裁が強調するのは，納税者の投資の回収に関して留保された生産物支払が存在したことである。そして，本件での納税者は，石油生産量の減少によって，その投下資本の一部又は全部を喪失する状態にあった。このこ

---

[62] *Id.* at 555.
[63] 267 U.S. 364 (1925).
[64] *supra* note 48, at 557-558.

とから，納税者は，資本喪失のリスクを保持していたといえ，彼自身の権利関係のすべてを売却していなかったという判断につながった[65]。

(3) Thomas v. Perkins[66]

　Perkins事件は，レッシーが，生産物支払を留保して，納税者にリースを移転した場合に，生産物支払権者であるレッシーへ支払われた金額が，納税者の総所得に算入されるのか否かが争いとなった事例である（AB取引）。結論としては，連邦最高裁は，生産物支払権者たるレッシーへの支払いは納税者の総所得に含まれないものと判示した。詳細な事実関係及び判決内容は以下のとおりである。

　レッシーが，テキサス州の未開発の土地に，レッサーに対してその土地からあがる収益の8分の1を鉱区使用料として支払うことを条件とするリースを有していた。レッシーは，他の石油会社に対して，リースを移転し，その後，リースは当該石油会社の所有者であった納税者であるPerkins氏に引き継がれた。当初のレッシーからのリース譲渡契約では，その対価として，10万5000ドル及び5万ドルの手形の支払に加えて，対象土地から今後採掘される石油の4分の1から総額39万5000ドルに達するまでの支払を行うこととされた。この支払いは，対象土地から産出される石油のみから支払われるものであり，納税者の個人的債務ではなく，また，当初レッシーは，石油産出に係る費用を一切負担しないものとされた。そして，対象土地から産出される石油を購入するパイプライン会社から，その対価について，レッサー，レッシー及び納税者に対して，所定の比率に基づいて支払いがなされた。

　1933年度において，納税者は，生産物支払に基づきレッシーに支払われた金額を，自らの総所得に算入せず申告を行ったところ，これを課税庁が否認した処分が争われた。課税庁は，レッシーに支払われた金額についても，納

---

[65] Joyce & Del Cotto, *supra* note 50, at 132. なお，Palmer事件判決は，石油・ガス開発事業に関する税制において，経済的利害関係（economic interest）が重要な鍵となることを確立したものと評価されている。HENNESSEE & HENNESSEE, *supra* note 22, at 25.

[66] *supra* note 47.

税者の総所得に算入すべきとした。

連邦最高裁は，地中にある石油の法技術的な権原（technical title）が，譲渡人（レッシー）か譲受人（納税者）のいずれに属するかを判定する必要はないということ，そして，連邦議会は，州法に依拠せずに，全米に適用可能な権能を有していることを前提として述べた[67]。

そして，譲渡契約書によれば，すべての石油が譲受人に移転されており，譲渡契約書上は，移転の対象から石油の一部を除外するという規定がないことを指摘しながらも，石油からのみ譲渡人に対する生産物支払の支払がなされること，譲受人が生産物支払の支払に関して個人的債務を負担していないこと，譲渡人が生産物支払の支払について，リーエン（lien）やその他の方法によって担保（security）をとっていないことを挙げて，39万5000ドルに達するまで，対象土地から産出される石油の4分の1が留保されているとし

---

[67] *Id.* at 659. Palmer 事件判決でも同趣旨のことが述べられていることに注意が必要である。なお，アメリカ税法における所得の帰属について，納税者の法的権原に拘泥しない立場は繰り返し示されている。例えば，Corliss v. Bowers, 281 U.S. 376 (1930). は，納税者である夫が，彼の妻及び子供達を受益者として設定した信託財産に由来する所得の帰属が争いとなった事件であるが，その中で，連邦最高裁は，課税は，権原（title）の工夫には関心を持たない，むしろ，課税される財産に対する現実の支配（actual command），税がそのために支払われる現実の利益に関心を持つ旨を述べている。また，Burnet v. Wells, 289 U.S. 670 (1933) において，連邦最高裁は，政府は，課税の適切な対象を検討する当たって，権利又は物権（interests or estates）の伝統的な分類に制約されないと明示した上で，所有（ownership）に課税するだけでなく，所有の要素となる何らかの権利関係（rights or privilege）に課税することも認められる旨を述べている。この点，例えば本邦税法においても，渕圭吾は，資産の実質的な帰属と所有権の所在とが乖離している場面では，所有権ではなく自主占有が基準として機能しており，それを所得帰属の法的基準とする可能性を示している（渕圭吾「所得課税における年度帰属の問題」金子宏編『租税法の基本問題』200頁，214頁（有斐閣・2007年））。藤谷武史「所得課税における法的帰属と経済的帰属の関係・再考」金子宏ほか編『租税法と市場』184頁，188頁（有斐閣・2014年）では，法律の帰属説を前提とすることを強調した上で，具体的な取引関係や所得類型ごとに，当該「所得の帰属」の基礎となり得る私法上の法律関係であるか，を検討する必要があるとし，このような考察の結果，基準として上手く機能しない私法概念（「所有権」）に代わる別の私法概念（例えば「自主占有」）が既に存在し，租税法の法律構成において利用可能な場合もあるが，既存の私法概念においてこの目的に見合う概念が直ちに見出せない場合であっても，私法関係を適切に反映する法律構成を租税法の適用に際して見出すことが目指されるべきである，とする。

た[68]。

　さらに，上述 Palmer 事件を引用し，同判例からも上記結論が支持されることを述べている。すなわち，Palmer 事件が，生産物支払権者である納税者に減耗償却による費用控除を認めたのは，納税者が石油に対する権利関係（interest）を留保していたからであるとする[69]。

　さらに，Helvering v. Twin Bell Oil Syndicate[70]も引用している。この事件は，石油・ガス開発事業にかかわる納税者であるレッシーが，レッサーに鉱区使用料の支払義務を負担していたところ，減耗償却による費用控除を算定するための基礎となる「財産に由来する総所得」（the gross income from the property）として，鉱区使用料として支払った金額も含めることを主張したのに対し，課税庁がその扱いを否認した事件である。連邦最高裁は，レッシーがレッサーに支払う鉱区使用料は，レッシーの減耗償却による費用控除を産出するための基礎となる「財産に由来する総所得」に算入されず，レッサーの控除額算定の基礎となるとして，課税庁の主張を認めた。

　Palmer 事件は，生産物支払権者が自らの石油に対する権利関係に由来する所得について減耗償却による費用控除することを認めたものであり，Twin Bell Oil Syndicate 事件は，レッサーの権利関係に帰すべき部分について，レッシーに対して減耗償却による費用控除することを認めなかったものである。これらの事件と同様に，Perkins 事件の譲渡人（レッシー）にも減耗償却による費用控除は認められることになり，譲渡人（レッシー）の権利関係に由来する所得は，譲渡人に帰属し，納税者に帰属しない[71]。

　連邦最高裁判決の判旨は上記のとおりである。生産物支払権者である譲渡人（レッシー）は，石油に対する権利関係を留保していたことから，譲渡人は，当該留保の対象となった石油を売却しなかったし，譲受人（納税者）は留保の対象となった石油を買わなかったといえる。したがって，譲渡人が留保した石油は，譲受人の所有（ownership）とはならなかった。譲渡人は保

68）　*supra* note 47, at 659.
69）　*Id*. at 661.
70）　293 U.S. 312 (1934).
71）　*supra* note 47, at 662-663.

有していた作業権益から自らが留保する生産物支払を除いた残余の権利を売却したに過ぎなかったのである[72]。

---

72) *See* Joyce & Del Cotto, *supra* note 50, at 133-134. なお，生産物支払が，土地に対する権利関係であるか，生産物支払の買主が売買代金の担保のために売主に提供する担保権であるかはI.R.C§636の制定以前から議論の対象となっていた。Perkins事件の舞台であるテキサス州では，生産物支払に関する法的性質が争われる以前から，鉱区使用料やオーバーライディング・ロイヤリティに関連する裁判例が積み重ねられており，それらの結論が生産物支払に対しても援用されている。著名なものとして，Dashko v. Friedman, 59 S.W.2d 203 (Tex. App. 1933) やSheffield v. Hogg, 124 Tex. 290 (Tex. 1934) がある。Dashko v. Friedman事件判決は，オーバーライディング・ロイヤリティは，土地に関する権利関係を構成しないと判示した裁判例であるが，その根拠としては，契約書の文言として「"as, if and when produced"」という文言が使用されていることに着目をした。裁判所は，この文言から石油又はガスが生産された後に鉱物に対する権利関係を取得することが意図されていた，と解釈したのである。しかし，同判決は，鉱区使用料を取り扱ったSheffield v. Hogg事件判決により否定された。Sheffield v. Hogg事件判決以後は，オーバーライディング・ロイヤリティは土地に関する権利関係であるという立場がとられている。その上で，生産物支払に関する初期の判例の中には，担保権とするものもあったが (Standley v. Graham, 83 F.2d 489 (5th Cir. 1936), cert. denied, 299 U.S. 593 (1936))，現状は土地に対する権利関係であるという法理が確立している。著名なものとして，Tennant v. Dunn, 130 Tex. 285 (Tex. 1937) やSheppard v. Stanolind, 125 S.W.2d 643 (Tex. App. 1939) がある。前者は，レッシーの管財人の権限下におかれた不動産に関する生産物支払を有していた原告が，その管財人の収益に介入した事件である。この事件において，裁判所は，Sheffield事件を踏まえて，Dunnに土地に関する権利関係を認めて，原告の権利は原告の権利設定後に譲渡された権利関係や担保権そして，無担保債権者及び管財人の費用に優先すると判示した。後者は，生産税（production tax）の納税義務者が，生産物支払権者となるかで争われた事件であるが，Sheffield事件を先例として挙げて，生産物支払権者に課税されるべきであると判示した。興味深い点は，テキサス州法に基づいて生産物支払の性質決定をするに当たっても，生産物支払の支払いを行うBが，当該生産物支払に基づきAに支払われるべき所定の金額について，B自身が人的債務として弁済をする義務を有しているか否かが鍵となると考えられているところである。そのような義務がなければ，生産物支払は，土地に対する権利関係となり，そのような義務があれば担保として取り扱われる (State v. Quintana Petroleum Co., 134 Tex.179 (Tex. 1939))。また，連邦倒産法との関係において，生産物支払は有利な取扱いを受けている。倒産においての生産物支払に関する問題は，作業権益保有者Bが破産した場合に，生産物支払権者Aは，その対象に対して他の債権者に優先権を主張できるのか，ということであった。この問題は生産物支払が，Bの財産であるのか，それともAの財産であるのか，という点に帰する。現在は法律により所定の生産物支払については，破産者Bの財産ではないとする規定が存在している (11 U.S.C. §541 (b) (4))。

Perkins 事件では，Stone 及び Cardozo 判事による反対意見[73]が I.R.C§636 の立法経緯の観点からは重要である。そこでは，以下の内容が述べられている。リースの譲受人によって生産される石油及びガスそして，そこから稼得される収益は，譲受人の所得である。なぜならば，譲受人は，それをリースの購入価格の支払の一部に充てることに合意し，そして，その支払を担保 (secure) するためにエクイティ上のリーエン (equitable lien) を提供したにすぎない。レッシーの権利関係が減耗償却による費用控除を得られるかどうかということは (Palmer 事件)，ここに提示された論点とは無関係の問題である[74]。

この反対意見による理解は，譲渡人がその権利関係を完全に売却しており，AB 取引を購入代金譲渡抵当貸付と同一視するものである[75]。この考え方が，I.R.C§636の内容となっている。さらに，反対意見による理解は，I.R.C§636の立法以後において鉱物産業以外の分野（例えば，アパートメントの将来賃料の移転など）における将来利益の移転の事例でも採用されることとなった。そこで問題となった各種事例においては[76]，将来利益を移転する

---

73) *supra* note 47, at 663.
74) *supra* note 47, at 663. その後の CIR v. Slagter, 238 F. 2d 901 (7th Cir. 1956) では，油井に関するリースを所有していた納税者が，その油井に関する収益の60％を第三者に対して51万3500ドルが支払われるまで移転し，その対価として50万1000ドルを受領した事件において，生産物支払権者に対する支払部分も，納税者の減耗償却による費用控除が認められる普通所得として課税される旨を判示しており，当該取引を貸付とみなした解決を行っている。Edward B. Benjamin Jr. & Thomas S. Currie, *The Supreme Court and Taxation of Oil, Gas and Production Payments: The Lake Cases*, 19 La. L. Rev. 579, 587-588 (1958-1959).
75) Joyce & Del Cotto, *supra* note 50, at 133 note 43.
76) 将来利益の移転を貸付とみた事例として下記のような裁判例がある。Mapco Inc. v. United States, 556 F.2d 1107 (Ct. Cl. 1977). 期限切れ直前の繰越欠損金を有していた納税者（石油パイプライン業者）が，400万ドルを対価として，第三者であるAに対して400万ドル及び利子相当額の支払いがなされるまで，パイプラインからの将来収益の75％を移転した。Aは，納税者に支払うための400万ドルについて，将来収益に関する権利を担保に銀行から400万ドルを借り入れた。納税者はAから得た400万ドルによって銀行から譲渡性定期預金証書を購入した。連邦請求裁判所は，本件取引の本質は，ノンリコースローンであって，租税法上，売買 (sale) であるとは認められない旨を判示した。
Martin v. CIR, 56 T.C. 1255 (1971), aff'd, 30 AFTR 2d 5396 (5th Cir. 1972). アパート

ことで繰越欠損金を期限切れ前に使い切ることが狙われた[77]。これらの事例においては，I.R.C§636のような立法を経ることなく，将来利益の移転を貸付と性質決定することで課税法律関係が形成されている。

(4) Anderson v. Helvering[78]

Anderson 事件は，ロイヤリティ・インタレスト（royalty interest，土地所

メントを所有するパートナーシップ（納税者はジェネラルパートナーであった。）が，22万5000ドルを対価として，信託に対して22万5000ドル及び年利7％の支払いがなされるまで，アパートメントからの将来賃料を移転した。なお，アパートメントのテナントから支払われた賃料総額は，1965年分が6万5318.18ドル，1966年分が26万7108.62ドル，1967年分が35万5614.43ドルであった。納税者が22万5千ドルを1966年の課税所得に算入して申告したところ，課税庁が本件取引は貸付であるとして否認して争われた。租税裁判所は，本件取引後も当該アパートメントに対するパートナーシップの所有が継続されており所得を受領する権利が移転されたにすぎないこと及び本件取引では22万5000ドルを元金とする年利7％の支払われるべき金額が規定されており，その実質は利息であることを主たる理由に，本件取引は，年利7％の貸付であるとして，課税庁の主張を認め，納税者の請求を斥けた。

Hydrometals, Inc. v. CIR, 31 T.C.M. 1260 (1972), aff'd per curiam, 485 F.2d 1236 (5th Cir. 1973), cert. denied, 416 U.S. 938 (1974). 納税者が，1966年度に，130万ドルを対価として，信託に対して，130万ドル及び年利8％の支払いがなされるまで，製造業に係る将来収益の70％を移転した。信託は，対価となる130万ドルを銀行から借り入れた。この取引は，納税者の期限切れ直前の繰越欠損金を利用するために会計事務所からの提案を受けた取引であった。納税者は，130万ドルを1966年度の課税所得に算入して申告し，1967年度に信託に支払った130万ドルを当該年度の課税所得に算入しなかったところ，課税庁が本件取引は貸付であるとして否認して争われた事例である。租税裁判所は，本件取引は，銀行から信託を通じてなされた単なる貸付であるとして，課税庁の主張を認め，納税者の請求を斥けた。

他方で，Estate of Stranahan v. CIR, 472 F.2d 867 (6th Cir. 1973) は将来支払われる配当の移転を貸付としなかった事件である。本事件は，納税者が，利息控除（interest deduction）を使い切るために，息子に対して株式の配当を受領する権利の切り出しを行った場合であっても，当該取引が妥当な対価をもってなされており，かつ，息子が自らの投資の回収を当該配当にのみ依存している場合（配当が支払われなかった場合の損失リスクを負担している），貸付ではなく，売買（sale）と取り扱っている。

77) Noel B. Cunningham and Deborah H. Schenk, *Taxation Without Realization*：*A "Revolutionary" Approach to Ownership*, 47 TAX L. REV. 725, 756 (1992). 鉱物産業においても同じ目的で生産物支払に関する取引が行われることがある。John H. Young, *The Role of Motive in Evaluating Tax Sheltered Investments*, 22 TAX L. REV. 275, 302 (1968-1969).

78) 310 U.S. 404 (1940). なお，鉱物産業以外の分野において Anderson 事件と同様の結論を判示した事件として，Bryant v. Commissionr, 399 F.2d 800 (5th Cir. 1968). 同事

有者が開発業者に対してリースを付与するに当たって留保する権利であって，土地所有者が石油等の総生産量の一部を取得するものとされ，期間制限はない[79]。）等の譲受人である納税者から，生産物支払を留保していた譲渡人に対して支払われた金額が，納税者の総所得に算入されるのか否かが，争いになった事例である。結論として，連邦最高裁は，Perkins事件とは異なり，譲受人への支払部分についても，納税者の総所得に含まれるものと判示した。詳細な事実関係及び判決内容は以下のとおである。

　譲渡人である石油会社が，オクラホマ州にある資産について，ロイヤリティ・インタレスト，フィー・インタレスト（fee interest, 地表及び地層内の鉱物の双方の所有権）等を有していた。1931年に，納税者であるAnderson氏との間で，これらの権利を移転する契約を締結した。その移転の対価は，総額で16万ドルであり，5万ドルは即座に現金で支払い，残額の11万ドルについては，当該資産から今後生産される石油及びガスに由来して納税者が受領する収益及び移転された土地についてのフィー・インタレストの売却から生ずる収益の2分の1から支払われることとされた。さらに，未払の残額に対しては年利6パーセントの利息が付された。そして，譲渡人は，11万ドルの弁済の原資となる石油及びガス及びフィー・インタレストの売却代金の2分の1に対する第一担保権及び請求権を有するものとされた。

　1932年の石油及びガスの生産物及び石油，ガス又はフィー・インタレストの売却に由来する総収益は，約8万1000ドルであった，納税者は，契約に基づき，その半分を譲渡人に対して支払った。本判決における争点は，譲渡人に対して支払われた金額が，納税者の総所得に算入されるか否かということである。

　本事件は，既出のPerkins事件の射程が及ぶかが直接的に争われている。課税庁側は，Perkins事件は，石油の所有権（ownership）が，売主に留保された取引であったという点が根拠となっているものと理解した上で，本事件

件では，農場に関する所得について所定の金額を留保して農場を売却した事例において，売主への支払部分が，農場の買主の所得となる旨を判示している。
79) HENNESSEE & HENNESSEE, *supra* note 22, at 6.

では、契約書の各条項からはそのような所有権の留保は見受けられないとして、本判決がPerkins事件と区別されると主張していた[80]。

この課税庁の主張に対しては、連邦最高裁は、課税庁が主張する事情は、本件取引の経済的な帰結に影響はないとした。他方で、連邦最高裁は、課税庁が主張する事情とは異なる点を根拠に、本件をPerkins事件と区別している。その根拠は、Perkins事件では、生産物支払は、生産される石油のみを原資として支払われることになっていたが、本件では、フィー・インタレストの売却益が生じた場合にも、それを原資として支払われることになっていたという点であった。そして、そのような不動産権原の売却益自体には、減耗償却控除が認められないことを前提にして（二重控除となる。）[81]、仮に、本件のような事案にまでPerkins事件の射程を及ぼすと、その減耗償却による費用控除に不要な困難をもたらすことになると述べる[82]。そのことから、

---

80) *supra* note 78 at 411.

81) Helvering v. Elbe Oil Land Co., 303 U.S. 372 (1938). 同事件は、石油・ガス井自体の売却益に減耗償却による費用控除を認めなかった事例である。同判決は、減耗償却による費用控除は、資本投資の消耗に対する補償という趣旨であるとした。そして、石油・ガス井それ自体を売却することは、保有者自身の資本投資を転換させるものであり、その売却益に対しては、資本投資の消耗に対する補償という減耗償却による費用控除の根拠は妥当しないと述べている。

82) Anderson事件と同様の理由によりPerkins事件との区別を行った事例として、CIR v. Brown, 380 U.S. 563 (1965) がある（本事件を資産概念の観点から検討した先行業績として、岡村忠生「資産概念の二重性と譲渡所得課税」論叢170巻4・5・6号212頁、251頁（2012年））。Brown事件では、納税者であるClay Brownが自己の保有するC社株式を売却したところ、当該代金は売買対象となったC社の資産を、買主が直接取得してからF社にリースして得る収益からのみ支払われることとした事例で、直接の争点は、納税者の収益がキャピタル・ゲインか普通所得となるかが争われた。課税庁は、Perkins事件を引用して、納税者は、代金の弁済されるか否かという点について、元々負担していたC社資産に由来する所得の不発生リスクを引き続き負担していることから、権利を留保する部分があり、それ以外の残余権を譲渡しただけであると主張した。しかしながら、連邦最高裁は、納税者の主張を認めた。その理由として、Anderson事件との近接性によって、本事件の取引は「売却」になるということが根拠づけている。つまり、Anderson事件と同様に、納税者の残債権は、F社にリースされた資産により担保されていた。したがって、納税者は、買主がリースした資産の収益のみを債権の原資としていたわけではなく、Perkins事件は妥当しないと判断されたのである。なお、Brown事件以前においても、例えば、Hynes v. U.S., 50 F. Supp.238 (Ct. Clms.1943) では、納税者が売却した株式の代価につき、現金及び当該株式発行会社が保有する油井から得られる収益を原資として支払われる延払いとした

権原移転の法形式に関わりなく，Perkins事件は，石油及びガスのみを原資として支払われる事情下での生産物支払以外に射程を及ぼすべきではないとした。したがって，譲渡人の収益は，資産自体の売却に由来する収益であり，投下資本の消耗に由来する所得ではないとしたのである[83]。

(5) 法的権能とリスク

　以上のように，I.R.C§636が制定される以前の判例では，所得について発生するリスクと所得の帰属の問題を関連付けて判例理論を構築してきた。このリスクを，具体的にBA取引でみてみるとこのようになる。Aが生産物支払に基づく所定の金額（量）を得られるか否かが石油の採掘量にのみ依存している場合には，石油生産による所得は，A及びBの間で分割される。一方，Aが生産物支払に基づく所定の金額（量）を得られるか否かについて，石油の採掘量だけでなく，B自身の人的債務としての支払を受けることができ，またはその他のBの資産も担保にしている場合には，石油生産による所得は，Bに帰属する。このように，アメリカ税法において考えられていた所得の帰属に影響を与えるリスクとは，所得稼得活動のみに経済的便益の稼得が依存しているという意味に理解できる。それが，Perkins事件とAnderson事件を区別する根拠となった。さらに，リスクの文脈でみられる議論は，単に茫漠とした掴みどころのないリスクの在処を経済的に探求するものではなく，それぞれの当事者の法的権能が何かを検討する，法的権能に裏打ちされたリスクの考え方が見受けられる。人的債務を負担しているのか，担保権を有しているのか，そういった各法的権能の検討によって，納税者が問題となっている所得稼得活動のリスクを有しているのか否かが検討されているのである。こういった経済的リスクと便益とを結びつけて考察する

　　事案において，納税者が油井に関する何らの権利関係も有しておらず，買主に対する単なる債権者であることを主たる根拠として，延払部分の収益を，資産の売却の対価であるとしていた。同様の事件として，Tuttle v. U.S., 101 F. Supp. 532 (Ct. Clms. 1951).

83)　*supra* note 78, at 412-413. なお，Anderson事件は，減耗償却による費用控除を，鉱物の分離を通じてもたらされる所得の発生によって消耗する資本的資産のための補償であると位置づけている。*Id*, at 408.

考え方は，我が国裁判例の中にも存在している[84]。

5. 改正への議論

1960年代になると，内国歳入庁から，ABC取引における生産物支払の売却に関しての再検討の方針が示されることとなった[85]。そのような経緯の中で，本条の改正は，ケネディ及びジョンソン政権時に財務省が導入を提案し，ニクソン政権において取り入れられた[86]。ニクソン大統領の改正法に関する議会への書簡においては，その立法趣旨として，純営業損失の技巧的な創出を防止するということが掲げられていた[87]。

ここで，問題とされたのは，BA取引，AB取引及びABC取引の以下のような取引である。

まず，BA取引の事例として，例えば，B（作業権益の保有者）が経営する，鉱床から生産される鉱物に由来する総所得額が，1000万ドルであるとし，必要経費が，900万ドルであるとする。当時，割合減耗償却による費用控除が，23パーセントであったことから，Bの割合減耗償却による費用控除は，230万ドルとなる。ただし，割合減耗償却による費用控除は，課税標準の50％までに限定されていた。上記条件からすると，Bの課税標準は，100

---

[84] 大阪地判平成25年6月18日税資263号順号12235。消費税法の事案であるが，牛枝肉の卸売業を営む会社が，牛枝肉の買受人に対する債権が貸倒れとなったことから，消費税法39条1項に基づき，貸倒れに係る消費税額の控除をして消費税等の確定申告をしたのに対し，課税庁が同項所定の控除は認められないとしてした更正処分が，違法とされた事例である。当該事件において，売買代金回収のリスクを負うのは卸売会社であって，委託者はリスクを何ら負わないこと，牛枝肉に対する瑕疵担保責任を負うのも卸売会社であって委託者ではないこと等から，牛枝肉取引において，卸売会社が，その法的実質として，単なる名義人として課税資産の譲渡を行ったものにすぎないということはできず，卸売会社が課税資産の譲渡を行ったものとされた。あくまでも消費税法の事案であるが，商法上の問屋の有する債権について，問屋自身に貸倒れに係る消費税額控除を認める根拠として，上記のリスクを負担するか否かを判断の要素としているのである。

[85] Galvin, *supra* note 48, at 1018.

[86] Joyce & Del Cotto, *supra* note 50, at 156.

[87] Message of President Nixon to the Congress, dated April 21, 1969, *Weekly Compilation of presidential Documents*, Vol.5, at 588.

万ドルであることから，その50％の50万ドルまで割合減耗償却による費用控除は制限される。よって，Bは，50万ドルを課税標準として税を負担することになる。

これに対して，Bが生産物支払を売却した場合，その対価を得ることによって当該年度の課税標準は増加するから，Bは，割合減耗償却控除による費用控除の金額を増加させることができる。さらに，その次年度において，Bの二年度目における課税標準は，既に前年度に実現しており，二年度目の課税標準は減少することから，生産物支払の取引条件によっては，Bに欠損金を生じさせることができる。したがって，Bは二年度目に，欠損金繰戻により税の還付を受けることができる。以上のことから，BA取引を実行することで，Bは二年間にわたって無税のポジションを得ることが可能となる[88]。

ABC取引の場合には，Cが生産物支払により受領した総所得は，原価減耗償却による費用控除を得られることから，Cの課税標準は，本質的に利息に該当する部分のみとなる。Bが，生産物支払によりCに支払った金額については，総所得から除外される。その結果として，Bは，ABC取引を実行することで，Aから作業権益を完全に取得した場合と比較して，より早期に，投下資本の回収が可能となる。さらに，BはCの生産物支払を完済した後は，自ら割合減耗償却控除による費用控除を得ることが可能となる。したがって，総合して得られる減耗償却による費用控除は，ABC取引の方が通常の取引よりも大きくなる[89]。

その立法経緯の中で，帰属に関する問題として興味深いものとしてI.R.C §636が憲法違反であるか否かという議論がある（立法後に裁判において問題とされたが合憲であると判断されている[90]。）。改正法が憲法違反であるとする

---

[88] Memorandum Re Constitutionality of the Treasury Proposal Regarding the Treatment of Production Payments, *Hearings on H.R. 13270 Before the Senate Committee on Finance*, 91st Cong., 1st Sess., pt. 5, 4617, 4618 (1969).

[89] *Id.*

[90] 本法制定後のCarr Stanley, Inc. v. United States, 496 F.2d 1366 (4th Cir. 1974) において，本条の導入経緯が詳細に検討されることになった。同事件は，オイル及びガスのレッサーから生産物支払の負担付きで作業権益を取得した納税者が，レッサーへ

5. 改正への議論　33

主張は，I.R.C§636によれば，ある人物の所得を別の人物に課税することとなり（BA取引の事例でいえば，判例によれば生産物支払権者であるAに支払われる金額については，Aの所得となりBの所得とはされなかった。一方，I.R.C§636は，そのような場合のAに支払われる金額についても，Bの所得として課税をすることとなる。），実体的適正手続違反であり憲法修正第5条に違反すると主張していた[91]。

　これに対する，財務省の回答は以下のとおりである。生産物支払の法的権利関係は州法が決定するが，連邦法がそのような生産物支払にいかなる課税を行うかを決定する権限があることは既に確立されている。したがって，本改正法は，生産物支払が州法に基づき土地の権利関係又は確定的権利であるということを根拠として，違憲となることはない。そこで，想定可能な憲法上の問題点は，憲法修正第5条が定める実体的適正手続保障の観点から，課税立法が極めて不合理であり同条違反となるかという点のみである。

　さらに，財務省は，上記を前提に以下の論拠を述べている。

①作業権益保有者が，資産を完全に所有しているか，生産物支払を負担しているかに関わらず，鉱物の生産に由来する所得に対して支配権

の生産物支払に基づく支払いに関して納税者の所得に含む取扱いを規定しているI.R.C§636（b）が，他人の所得に対する課税であり，憲法修正第5条に違反するとして争った事件である。事実関係は以下のとおり。1972年1月，オイル及びガスのレッサーが，その16分の1の作業利権を納税者に2000ドルで移転し，納税者は即時に代金を支払うものとされていた。当該移転の条件には，レッサーが，16分の1の作業権益からの生産物支払を保持することが含まれており，この生産物支払に基づく支払いは，当該作業権益から得られる鉱物の70％を対象として，レッサーが5000ドルを受領するまで，支払われるものとされた。連邦最高裁は，連邦議会は，I.R.C§636（b）を制定することで，連邦最高裁によって発展されてきた生産物支払に属する所得が譲渡者か譲受人のいずれに課税をすることになるかを判定するための「経済的利害関係テスト」を排斥した旨を判示している。

91) この主張は，Hoeper v. Tax Commission of Wisconsin, 284 U.S. 206 (1931) を根拠とする。同事件は，州所得税法の規定により，妻の所得を夫の所得に合算して課税されることについて，納税者たる夫が，憲法修正第14条違反（州政府に対する適正手続条項及び平等保護条項）であると主張して争われた。連邦最高裁は，ウィスコンシン州法上，妻の所得は完全に妻の特有財産であり決して夫の特有財産ではなく，夫が妻の財産又は所得の所有者ではなく，妻の所得は一瞬又は一部たりとも夫の財産にはならず，夫は所得に対する権原や支配を有していないとして，上記条項が適正手続条項違反であるとした。

(actual command and control) を有しており，彼の投資及び労働から得られる果実を享受していることは明らかである。したがって，作業権益保有者にすべての鉱物の売却益を総所得に含めることは合理的である。

② P.G.Lake 事件は[92]，所得移転の法理を含む先例を議論した後に，納税者が将来所得を現在所得に転換したことは明らかである，と結論付けた。I.R.C§636 に関する財務省の提案は，生産物支払を通じて，将来所得を現在所得に転換することを防止するものである。

③ Anderson 事件では，鉱物資産の作業権益の保有者に対して，生産物支払の支払いに充てられる鉱物資産からの収益に課税可能である，と判示された。Perkins 事件及び Anderson 事件間の担保の違いは，憲法問題に対する回答を異にさせない。したがって，Anderson 事件の判示内容をすべての生産物支払に及ぼすことを意図する財務省提案に対して，何らの憲法上の疑義は存在しない。

④これまでにも議会は同様の状況下で，州法下における資産に対する権利関係の性質に関わりなく，経済的実質に基づいて課税をする権限を行使してきた。

そして，結論としては以下のように述べる。本改正法は，A（生産物支払権者）の所得を B（作業権益保有者）に課税することを提案していない。本

---

[92] *supra* note 45. P.G.Lake 事件は，BA 取引が問題となった事例である。納税者が，ある油井のリースにおいて当該油井からの収入の 7／8 を得る権利を有していた。納税者は，社長からの借入への弁済として，社長に対し，上記石油収入の 25％を，債務額及び利子に相当する金額となるまで，毎年，移転することとし，それは 3 年から 4 年程度かかると見積もられていた。納税者は，上記移転する契約をした時点の申告により，上記移転は，社長からの借入相当額の利益を生ずる資産の売却であるとして，その金額を長期キャピタル・ゲインとして申告したが，課税庁は，これを通常所得として課税した。連邦最高裁は，通常所得としての課税を是認した。その理由としては，キャピタル・ゲイン規定の目的は，投資対象の変更からの利得に対する過度の税負担から納税者を救済し，変更に対する阻害を取り除くことにあり，本事件では，投資の変更は認められないということ，及び所得移転の法理に係る，Horst 事件，Schaffner 事件を引用して，これらの事件で将来において利子や給与を受け取る権利のある者が，事前の移転によりそれを他に付与した場合，その譲渡人が利子を収受しまたは給与を受領してから他に支払ったのと同様に，譲渡人が所得を実現するという判示をしてきたことを根拠にする。本判例を資産概念との関係で分析した先行業績として，岡村・前掲注（82）246 頁。

改正法は，生産物支払の経済的実質を税目的において認識することを目的とする。したがって，BはAの所得に課税されるのではなく，Bが抽出した鉱物の売却に由来する所得に課税されるのである[93]。

財務省の回答は，Aの所得をBに課税するのではない，という点を強調し，むしろBはB自身の所得に課税されるという立場をとっているようである。判例では，鉱物からの所得は，B及びAに分割して帰属するという解釈が確立しているのであって，当該判例を直接否定したわけではない以上，ここでの立場はAに所得が帰属しなくなったと述べるものでもない。とすれば，その意味するところは，少なくともアメリカ憲法が問題とする所得とは，B及びAの双方に帰属している状態があり得ることを肯定しているともとれる。

さらに，改正理由において，AB取引及びABC取引の事例においては，納税者が，課税前所得によって実質的な貸付への返済を行うことができることも問題とされている点も興味深い[94]。このことは，石油・ガス開発事業とアパートとの対比により説明がされている。すなわち，AがBに対して，油田又はアパートを売却する場合を想定する。そして，油田の場合には，Aは生産物支払を留保し，アパートの場合には，不動産担保貸付を有していたが，それぞれをCに売却をするものとする。Aは，いずれの事例でも，キャピタル・ゲイン課税を受ける。ここまでは，両者ともに相違はない。Bは，アパートの場合には，収益全額に通常所得課税を受けて，課税後金額（after tax dollars）（課税対象となる金額）によって，不動産担保貸付を返済しなければならない。一方，油田の場合には，Bは，生産物支払の対象となる収益部分については，受領していないものとされて，Bは課税前金額（before tax dollar）（課税対象とならない金額）によって，生産物支払の支払い

---

93) Joyce & Del Cotto, *supra* note 50, at 159.
94) 議会での議論を踏まえて，最終的な改正法に関する解説では，BA取引の事例においては，納税者が，減耗償却の制限，外国税額控除の制限，繰越欠損金控除の制限，投資繰越税額控除の制限を免れることが問題であり，AB取引及びABC取引の事例においては，納税者が，課税前所得によって実質的な貸付への返済を行うことができることが問題であるとまとめている（本改正理由を紹介した先行業績として，岡村・前掲注（82）248頁）。

をする。このBの取扱いに関して決定的な差異があり、ABC取引では、BはCの資金の拠出を、アパートの場合に用いられる課税後金額での返済ではなく、非課税金額（tax-free dollars）で返済することができる。そして、このような状態を是正する必要がある、すなわち、「生産物支払の借主である人物が、実際に、貸付を非課税金額で返済することが許容されており、一方で、その他産業の資金の借主が課税後所得で貸し付けを返済していることに理由がない」のである[95]。

ここで、問われるべきことは、生産物支払権者とその他事業における資金の借主との比較が果たして適当であるのか、ということである。この論拠に懐疑的な見解は、油井とアパートを売却する場合を比較することがそもそも間違いであると考える[96]。改正理由では、不動産担保貸付と生産物支払とを類似の事象と捉えられているが、不動産担保貸付において、A（貸付人・譲渡人）が有する担保権は、Anderson事件判決においてPerkins事件判決との区別の理由とされたA（生産物支払権者）がフィー・インタレストに対して担保権を有していた事情と重なる。すなわち、少なくともPerkins事件におけるA（生産物支払権者）は、石油の生産のみ回収を依拠して石油不生産のリスクを負担するが、不動産担保貸付におけるA（貸付人）は、賃料収入にのみ依存しているわけではなく、両者を類似のものとは捉えられないというのである。

また、議会では、そもそも生産物支払を貸付と同視することが問題であるとの反対意見も出されていた[97]。確かに、Perkins事件から分かるように、

---

95) Joint Committee on Internal Revenue Taxation, General Explanation of The Tax Reform Act of 1969 , H.R. 13270, 91st Congress, Public Law 91-172, 158-161.
96) Joyce & Del Cotto, *supra* note 50, at 159.
97) Joint Committee on Internal Revenue Taxation and The Committee on Finance, Summary of H.R. 13270, The Tax Reform Act of 1969, 79; Joyce & Del Cotto, *supra* note 50, at 161. また、公聴会に参考人として出席した、Harold D. Rogersは、財務省の主張に対して、例えば、Aが生涯不動産権を留保して不動産をBに売却する場合、Aに対して生涯不動産権から得られる収益は課税されること（当該取引の実質はAB取引と異ならない）、BA取引は、例えば、Bがアパートの所有権を一定期間Aに売却する場合、Aが購入した期間については、Aに課税されること（当該取引の実質は、BA取引と異ならない。）とのバランスを主張する。そして、財務省の立場の根本的誤

連邦最高裁は、生産物支払に対する対価の支払を貸付とはみていない。仮に、生産物支払が貸付と認定されるのであれば、既に連邦最高裁がそれを所与とした上で、課税法律関係を構築したはずである（納税者が、将来利益の移転を図ったその他の事例においては、その取引の実体を貸付であると認定した上で、課税関係を判断している事例もある[98]。）。このように、改正法は、貸付でない取引を貸付とみなしているのであるが、その結果として、生産物支払に係る所得の帰属先が変更されることになる。

6. 所得移転の法理との関係性

上記のような経緯を経て、生産物支払に関する課税法律関係は構築された。ここで検討すべき問題として残るのが、アメリカ税法における所得移転の法理との関係性である。アメリカでは、所得の帰属に関係する領域の事件について、主に1930年代から1940年代にかけて積み重ねられ、所得移転の法理が形成された[99]。同法理は、「所得はそれを稼得した者に課税されねばな

りは、生産物支払を有しているAは、その生産物支払に定められている所定の量・金額までのオイルを所有し、A自身が売却して、購入者から直接に支払いを受けることを看過している点であるとする。*Hearings on H.R. 13270 before the Senate Committee on Finance*, 91st Cong., 1 st Sess., pt. 5, 4617, at 4623 (1969).

98) *supra* note 76.

99) 所得移転の法理が連邦最高裁において審理された事例である Earl 事件や Corliss 事件以前の分析として、*Allocation of The Income Tax After Assignment of The Right to The Income*, 38 YALE L.J. 1115, 1123-1129 (1928) がある。この法理は、家族や親族の間で所得を分割するに当たってなされる技巧的な取り決めによってなされる累進課税制度の潜脱を防止するために発展してきた理論である。Ronald H. Jensen, *Schneer v. Commissioner: Continuing Confusion Over The Assignment of Income Doctrine and Personal Service Income*,1 FLA. TAX REV. 623, 632 (1993); Gregg D. Polsky, *A Correct Analysis of The Tax Treatment of Contingent Attorney's Fee Arrangements: Enough with The Fruits and The Trees*, 37 GA.L.REV. 57, 82 (2002-2003). アメリカ税法では、この所得移転の法理は、二つの機能を有するとの評価がある。Polsky, *id.* at 86; *see* Michael Asimow, *The Assault on Tax-Free Divorce: Carryover Basis and Assignment of Income*, 44 TAX L. REV. 65, 84 (1988). 第一は、所得が無償で譲渡されているが、譲渡人がその所得の源泉に対する支配を保持している場合に、譲受人に支払われる所得について譲渡人に課税するという機能。第二は、所得それ自体が、独立当事者間取引で売却された場合に、キャピタル・ゲインではなく普通所得として売却代金に課税

らない」との原則であり，次の3つの側面に分類され整理されている[100]。

①役務の提供から生ずる所得の税負担は，役務を提供した者に帰着する。
②資本[101]を使用して生ずる所得税負担は，資本の所有者が負担する。
③資本を使用して生ずる所得税負担は，その基礎となる資本の移転によって他の者に移転しうる。つまり，資本から来る所得の課税は，資本の所有権に従う。

したがって，資本に係る所得の移転の局面では，資本の移転か，所得のみの移転か，という点が争点となる[102]。前者であれば，所得税負担は移転し，後者であれば，所得税負担は移転しない。これをBA取引で考察すると，仮に，BがAに対して生産物支払を無償で譲渡した場合，これが資本の移転とみられなければ[103]，所得移転の法理の適用により，Bは，Aに支払われる金額について課税を受けることになり，Aは課税されない。この帰結は，上記諸判例によって示されてきた結論とは逆の結果となる[104]。

この相克に関しては，所得移転の法理は，所得の分散を防ぎ累進課税制度を保護するために発展してきた法理であることからして，有償による生産物支払の譲渡の事例には妥当しないとの見解がある[105]。課税庁も，所得移転の法理は，関連当事者間による所得分散を防止するための法理であって，予

されるという機能である。後者の事例として，P.G. Lake 事件が挙げられる。
100) 髙橋祐介「ファミリー・パートナーシップと所得の配賦について」同『アメリカ・パートナーシップ所得課税の構造と問題』326-327頁（清文社・2008年）〔初出2001年〕参照。
101) 髙橋・前掲注（100）同頁では，「資本」という訳語を使用されているところ，この文脈において用いられる原文の用語は様々である。Earl事件以前においても，同様の文脈において，「corpus」という用語や，「property right」という用語も使用されていた。See Arthur H. Van Brunt v. CIR, 11 B.T.A. 406 (1928); J.V.Leyding v. CIR, 15 B.T.A. 124 (1929). 連邦最高裁でも，同様の文脈において「corpus」（Leininger事件）や，「income producing property」（Horst事件，Schaffner事件），またBanks事件では，「income generating asset」という用語が用いられている。
102) See, MARTIN J. MCMAHON JR. & LAWRENCE A. ZELENAK, FEDERAL INCOME TAXATION OF INDIVIDUALS, ¶ 34.03; Note, 43 HARV.L.REV. 1282, 1283-1284 (1929-1930).
103) なお，Nail v. CIR, 27 B.T.A. 33 (1932) は，生産物支払を贈与した事例であるが，資本の移転があると判断されて，受贈者に対する課税が認められた。
104) Joyce & Del Cotto, *supra* note 50, at 178.
105) *Id.*

定される所得の実現を加速・促進する将来利益の移転には妥当するものではないとの立場をとっていた[106]。このようなアメリカ税法における所得移転の法理の理解は，我が国において類似の内容を説く稼得者主義について，その意義及び機能について再考を促すものでもある。

7. おわりに

　本章においてはアメリカ鉱物産業における生産物支払という権利に着目して，そこで争われた所得の帰属に関係する素材をみてきた。アメリカ鉱物産業においてみられる法律関係の特徴として，ある一つの土地に関する権利関係を有する主体が複数存在することで，重畳的・複層的な権利関係が形成されていることが挙げられる。そして，所得の帰属という観点からすると，連邦最高裁は，生産物支払に関する権原に拘泥することなく，その判断を行ってきた。ただし，法律関係を所得の帰属にとって無意味なものと把握しているわけではなく，その内容及び機能を緻密に考察することを通じて，その判断を行っている。生産物支払に関する一連の裁判例において，所得の帰属にとって，重要視された要素として特徴的であるのは，経済的リスクの所在をみる考え方である。ここでいわれる経済的リスクは，所得の不発生のリスクを所得の帰属が問題となっている関係者が負担しているのかどうかという意味であり，法律関係に裏打ちされものであった。

　そして，判例法で確立された立場を，連邦議会は，I.R.C§636の制定によって変更し，生産物支払に係る収益については，作業権益の保有者に帰属せしめることとした。そこで，行われた変更は，表面的には，判例法で確立されていたＡ（生産物支払権者）の所得をＢ（作業権益の保有者）に課税することであり，ある者に帰属する所得について，他の者に課税しているとの疑義が出されていた。その疑義に対して示された立場は，I.R.C§636による処理は，Ａの所得をＢの所得として課税するものではなく，Ａの所得は同時

---

[106]　G.C.M. 24849, 1946-1 C.B. 66, 67-68. また，Tax Ruling 4003, 1950-1 C.B. 10, 11, では，無償による移転と有償による移転とを区別して規律している。

にBの所得としても把握できることから，Bの所得として課税しているだけであるという考え方であり，所得の帰属も複層的な構造があり得ることを示している。

　1.において，不動産賃貸借の将来債権譲渡を例にとり，稼得者主義と法律的帰属説との関係に疑問を投げかけた。アメリカでは，既述のとおり，生産物支払について，その法律関係を緻密に考察することで所得の帰属について一定の判断を下している。また，所得移転の法理と生産物支払に関する判例理論とを有償取引・無償取引の区別により説明する見解もみられた。我が国においても，所得の帰属に関する理解を深めるためには，稼得者主義の機能に関する更なる研究に加えて，所得の帰属が認められる局面における，納税者にまつわる法律関係を明らかにしていくことが必要になると考えられる。

第Ⅱ章　アメリカ税法下における帰属

1.　はじめに

　所得税法に内在する当然の原則として，実際の稼得作業に携わることにより所得が生ずる者を納税義務者としてその者に帰属させる，という稼得者主義がある[1]。そして，同主義は，「役務提供からの所得であれば，提供者に帰属する」，「財産からの所得であれば，その所有者に帰属する」と分類できる[2]。この原理は，本邦税法に関して，伝統的に述べられていたことである[3]。

　ただし，このような原理が所得税法に直接明記されているわけではなく，いかなる理由で導出されるのかは明らかではない[4]。この当然の原理を考察することこそが，所得の帰属を明らかにする第一歩となるだろう。

　アメリカ税法では，所得の帰属の領域に関する原理として，本邦税法にお

---

1)　水野忠恒『租税法（第4版）』292頁（有斐閣・2009年）。
2)　岡村忠生『法人税法（第3版）』22頁（成文堂・2012年）。
3)　須貝脩一『税法講義』82頁（有信堂・1953年）は，「所得税法においては〔帰属に関する〕規定は一層複雑であって，多くの規定を総合して知り得ることは，労務報酬はそのような報酬を得る人に，財産から得られる所得は通常その財産を所有する人に財産または労務以外の源泉からの所得はその所得が所属する人に帰属せしめられるべきことこれである」（〔〕部分筆者）とする。
4)　金子宏・増井良啓・渋谷雅弘・佐藤英明『ケースブック租税法（第3版）』230頁（弘文堂・2011年）では，「ひとの労働から発生する所得はその労働を行った者に帰属し，資産から発生する所得はその資産の所有者に帰属する，という命題は，現在の裁判例を適切に要約したものといえるか。」という問題意識が示されている。例えば，山田二郎『租税法の解釈と展開（1）』189頁（信山社出版・2007年）（初出1977年）は，農業所得の帰属等の場面において「裁判例の大勢は，誰が稼いだからということではなく，（いわゆるアーンド・ベーシスによることなく），一家の生計の主宰者は誰であるかあるいは農業経営の全体を支配しているのは誰かということにより，右農業所得の帰属者（法律上の帰属者）をきめている。」と指摘している。

ける稼得者主義と似た内容と考えられる所得移転の法理が確立している。既述のとおり，我が国では，所得の帰属の議論対象として，もっぱら名義が虚偽である場合を扱ってきたために，稼得者主義と所得の帰属に関する素材に不足している[5]。そこで，本章では，アメリカ税法下で所得移転の法理が確立される過程を追って行くことで，我が国税法下での所得の帰属に関する示唆を得ることを目的とする[6]。

2. 判例の展開

我が国では所得の帰属（attribution of income[7]）に関する問題領域として取り扱われるであろう争点について，アメリカでは主に1930年代から1940年代にかけて判断が積み重ねられ，準則が形成された[8]。それは，所得移転の法理（assignment of income doctrine）とよばれるが，家族や親族の間で所得

---

5) 序論注（10）（11）参照。
6) 本項に挙げられる裁判例を紹介・分析した先行業績として，須貝脩一「アメリカ所得税法における家族の課税（一）～（十一）」税法学43号9頁，同44号18頁，同45号12頁，同46号1頁，同47号6頁，同48号9頁，同49号1頁，同50号10頁，同51号31頁，同53号12頁，同54号6頁があり，以下で紹介する連邦最高裁判決の邦訳が掲載されており訳出にあたって参考としている。また，第Ⅰ章注（17）にあげた各文献。
7) 金子宏『租税法（第19版）』163頁（弘文堂・2014年）。
8) Earl 事件以前の分析である，*Allocation of The Income Tax After Assignment of The Right to The Income*, 38 YALE L.J. 1115, 1123-1129 (1928) では，所得移転の事例として，(i) 譲受人が，譲渡人に対する人的債権（personal claim）のみを付与された場合，(ii) 譲受人が，土地又は資本の所有権とともに，第三者から所得を収受する権利を取得する場合（William W. Parshall, 7 B.T.A. 318 (1927)），(iii) 譲受人が，第三者から直接に所得を収受する権利を取得するが，その所得を生産する土地又は資本に対する権利関係を取得しない場合に分類できるとする。同論考では，(i) は譲渡人，(ii)・(iii) は譲受人に課税されるべきとしている。(i) の類型では，譲渡人が課税されるべきであるが，それは譲渡人が所得を受領した後にその一部を支払う約束以上のものではなく，このような場合に譲渡人の所得でなく譲受人の所得として課税がなされると，非公益贈与が控除されないこととの均衡が保てないということを根拠とする。(i) の類型の事例として，Bing v. Bowers, 22 F.2d 450 (S.D.N.Y. 1927) を挙げているところ，同事件は，納税者が，母親に対して，一定の期間又は母親の死亡までの間，納税者の特定の財産に由来する賃料，所得及び収益を原資とした一定の金額を移転するという捺印証書を作成したが，課税庁が当該移転した金額についても納税者の総所得として課税をしたという事案である。租税訴願庁は，課税庁の処分を是認した。

を分割するに当たってなされる技巧的な取り決めをすることによる累進課税制度の潜脱を防止するために発展してきた理論である[9]。

所得移転の法理は,「所得はそれを稼得した者に課税されねばならない」(CIR v. Culbertson) との原則であり, 前記のとおり次の3つの側面に分類され整理されている[10]。

① 役務の提供から生ずる所得の税負担は, 役務を提供した者に帰着する (Lucas v. Earl)。

② 資本[11]を使用して生ずる所得税負担は, 資本の所有者が負担する (Helvering v. Horst)。

③ 資本を使用して生ずる所得税負担は, その基礎となる資本の移転によって他の者に移転しうる。つまり, 資本から来る所得の課税は, 資本の所有権に従う (Blair v. CIR)。

---

9) 第Ⅰ章注 (99) 参照。
10) 第Ⅰ章注 (100) 参照。
11) 第Ⅰ章注 (101) にあげた Earl 事件以前の所得移転の法理に係る各事件の概要は以下のとおりである。 Arthur H. Van Brunt v. CIR,11 B.T.A. 406 (1928) は, 納税者が, 妻に対して, 家事費の支払いとして, 彼が賃貸人である賃貸借に由来する賃料や彼が保有している株式の配当を直接に収受する権限を移転する契約書を作成していたという事案において, 課税庁が, 当該賃料及び配当を納税者の所得とする処分をしたものである。租税訴願庁は, 納税者が賃料又は配当を受領してから妻に渡していたこと, 妻が上記契約書にサインしていなかったこと等を根拠に, 財産の元本の移転 (an assignment of the corpus of such property) ではなく, 財産に由来する所得の移転 (an assignment of income form property) がなされた旨を判示して, 課税庁の処分を是認している。J.V.Leyding v. CIR,15 B.T.A. 124 (1929) は, 納税者が, 石油開発会社に対して, 油田を掘削させ, その対価として, 採掘量の一定割合を取得する条件で, 土地をリースしており, その後, 納税者が, 当該石油開発会社との契約に基づき発生する鉱区使用料 (なお, 鉱区使用料の本質は, 賃料 rent であって, 留保権 reversion とは分離して, 移転可能であって, 財産権 (property interest) である。Note, 43 HARV.L.REV. 1282, 1284 (1929-1930).) に関する半分の権利を妻に物権譲渡 (convey) したという事実関係の下で, 夫婦で所得を分割して申告したが, 課税庁が否認したという事件である。租税訴願庁は, 移転されたものが財産権 (property right) である場合には, それ以後に当該財産から生じた所得は譲受人の所得となる旨を判示している。J.V.Leyding 事件は, 所得移転のメルクマールを Van Brunt 事件における「corpus」の移転という用語から,「property right」の移転という用語に変更しており, 所得移転が認められる範囲を実質的に拡大させている, と評価されていた。supra note 8, at 1124.

この所得移転の法理の位置付けについての整理を行っているのが，2005年の連邦最高裁のCIR v. Banks事件である[12]。同事件は，納税者が損害賠償請求訴訟を弁護士に依頼し，その成功報酬を和解ないし認容された金額に応じて弁護士に支払う委任契約をした場合に，当該弁護士に支払われた成功報酬部分が，依頼者である納税者の総所得に算入されるか否かが争われた事件である。その判旨の中で，所得の帰属の問題に関する先例を以下のように整理して述べている。

① 通常の事例における所得の帰属（attribution）は，納税者が，問題となる所得に対して，完全なる支配を行使するかどうかを問うことによって解決される。

② しかしながら，事前の移転の局面において，譲渡人は，所得が得られる瞬間に，その所得に対する支配を有していない。その場合には，譲渡人が，資本（income-generating asset）に対して支配を留保しているかどうか，という点が問題となる。その理由は，「所得の源泉を所有又は支配している〔納税者〕は，彼が受領し得た〔所得〕の処分も統制しており，彼が望む満足を得る手段として，彼自身から他人にその支払を転化するからである。(Horst)」。

③ 〔資本〕に対する支配をみることは，所得はそれを稼得し，その便益を享受する者に対して，課税されるべきであるという原理を守ることになる。

④ 損害賠償請求訴訟における，資本（income-generating asset）は，原告の法的な損害に由来する請求権である[13]。原告は，訴訟を通じてこの資

---

12) 543 U.S. 426 (2005).
13) Banks事件以前から，依頼人の弁護士に対する成功報酬が，依頼人の請求権の元本部分の移転かが問われた事例があった。所得移転の法理の草創期では，Daugherty v. CIR, 63 F.2d 77 (9th Cir. 1933) がある。当該事案は，弁護士である納税者が，自らが過去に担当していたクライアントの事件を，異なる法律事務所に紹介する代わりに，当該事件から成功報酬が発生した場合には，その一定額を受領するという契約を締結したところ，その後，その契約に基づく権利関係の半分を妻に移転した後に，成功報酬が発生し，妻にも成功報酬の一部が支払われたという事案で，妻に支払われた金額についても夫の所得に合算するか否かが争いとなった事例である。第9巡回区控訴裁判所は，納税者の依頼人との契約は，代理関係を創出するもので，何ら元本等

本に対する支配を有している。

この中で，①の部分において，同判決は，CIR v. Glenshaw Glass Co.[14]を先例として指摘し，CIR v. Indianapolis Power & Light Co.（IPL事件）[15]などを参照事例として挙げている[16]。

したがって，連邦最高裁が所得の帰属の通常の事例として，Glenshaw Glass事件，IPL事件などを想定していることが分かる。Glenshaw Glass事件は，懲罰的損害賠償金が納税者の総所得に算入されるか争われた事例である[17]。同事件を，本邦税法と対比させるならば，まずは所得税法9条1項17号の損害賠償金に係る非課税規定との関係性に目が向く[18]。これは，より大きな枠組みでいえば，所得概念の問題である。次に，IPL事件は，電気料金支払いの担保のために利用者によってIPLに預けられる預託金が，IPLの総所得に算入されるか争われた事例である。本邦税法でいうならば，顧客から受領した金銭が預託金にすぎないか前受金となるのかが問題となる事件である。これもGlenshaw Glass事件と同様に，本邦税法学で位置付けるならば，所得概念の問題となるだろう[19]。

このようにBanks事件判決は，本邦税法においては，所得概念の議論として位置付けられている領域を，所得の帰属が通常問題とされる事例と理解している。所得概念と所得の帰属は，表裏一体ではあるが，わが国において所得の帰属として通常議論される場面と，アメリカ税法において所得の帰属として通常議論される場面とに相違があることが分かる。

(corpus or res) の移転はされておらず，かつ，納税者の妻への権利関係の移転は，発生する可能性のある将来の所得に関するエクイティ上の移転（equitable assignment）にすぎないとして，納税者への全額の課税を認めた。
14) 348 U.S. 426 (1955).
15) 493 U.S. 203 (1990).
16) *supra* note 12, at 434.
17) 本裁判例を紹介する文献として，ホワイト＆ケース外国法事務弁護士事務所・神田橋法律事務所「欧米諸国における主要租税判例の紹介（第12回）総所得の定義（Commissioner対Glenshaw Glass Co.事案）」月刊税務事例35巻6号55頁（2003年）。
18) 所得税法9条1項17号との関係において，Glenshaw Glass事件を検討するものとして，宮崎綾望「所得税法上の損害賠償金非課税規定の理論的根拠 - アメリカにおける議論を参考に - 」産大法学46巻4号103頁，108頁（2013年）。
19) 岡村忠生『所得税法講義』32頁（成文堂・2007年）参照。

わが国においては，所得の帰属に係る問題として，ある所得について誰が納税義務者となるのかという点が主たる関心をもって議論されてきたが，その領域と主に重なり合っているのは，Banks 事件判決のなかでは，②の部分である。連邦最高裁は，②の部分において，Horst 事件のほかに，Earl 事件，Eubank 事件，Sunnen 事件を参照事例として挙げている。これらの先例は，所得移転の法理の確立において重要な地位を占める判例であるが，家族間の取引に係るものであるから，Banks 事件以前においては，所得移転の法理はあくまで家族間の取引に限定された法理であるとの理解も可能であった。これに対して，Banks 事件は，家族間の取引ではなく，独立当事者間の取引の事例であることから，同事件判決は，独立当事者間の取引においても所得移転の法理が妥当することを示した点に意義があると評価されている[20]。以下では，上記で引用されている裁判例も含む所得移転の法理の形成に関わった裁判例を追っていくことにする。

3. 役務提供に由来する所得の移転

(1) Lucas v. Earl[21]

Earl 事件は，婚姻期間中のあらゆる財産を双方の持分を均等に合有（joint tenancy[22]）とする旨の契約[23]を締結していた Earl 夫妻の夫の1920年と1921

---

20) *Recent Developments in Federal Income Taxation*, 8 FLA.TAX REV. 5, 49 (2006). 所得移転の法理は，家族間や関連当事者間の無償取引に適用は限定されるべきであるとの批判もある。Brant J. Hellwig, *The Supreme Court's Casual Use of The Assignment of Income Doctrine*, 2006 U. ILL. L. REV. 751, 754 (2006); Michael Asimow, *Applying the Assignment of Income Principle Correctly*, 54 TAX NOTES 607, 608 (1992).
21) 281 U.S. 111 (1930). 本裁判例を紹介した文献として，須貝脩一「米国所得税法における家族の課税（五）」税法学47号6頁（1954年），浅沼潤三郎「租税回避に関する連邦最高裁判例（6）」税法学216号38頁（1968年）。
22) joint tenancy は，多くは不動産を共同所有する権利関係を意味するが（なお，権利者のうち一人が死亡した場合には相続を生じずに，その権利は survivorship の原則に基づいて他の権利者へ吸収される。)，ここでは，不動産に限らず財産権一般における共同所有を示したものと考えられる。
23) 夫婦財産契約には，「我々のいずれか一方が現在有し又は今後何等かの手段（我々の婚姻が現存している間における，稼得（給与，手数料，その他を含む），または契約

年に稼得した給与及び弁護士報酬について，夫に対して，当該収入全体について課税すべきか，それとも当該契約に従い当該収入の半分のみを課税すべきかが争われた。なお，上記契約は，1901年に締結されていたものであった[24]。

連邦最高裁は，Earl 夫妻の契約の有効性について，まずカリフォルニア州法に基づき当該夫婦財産契約の有効性に問題はないとした[25]。

納税者は，1918年歳入法（1921年歳入法も同様）[26]は，「支払の種類，形式を問わず，…賃金又は給与に由来する所得，役務提供に対する報酬から得られる所得」を含むすべての個人の純所得に課税をする[27]，と規定されているところ，同法は，〔a〕制定法は受領・受益される所得（income beneficially received）にのみ課税をする趣旨であるということ，並びに〔b〕夫の給与と報酬はそれらが受領された瞬間に夫と妻の合有財産（joint property）になるということを主張していた[28]。

又はその他による何らかの権利）により獲得するかもしれない財産，我々若しくは我々のいずれかが贈与，遺産，相続による受領する財産，そして，そのようなありとあらゆる財産から生じるすべての売上，利益，収益は，我々によって合有財産そうでない場合には生存者財産権として，受領され，保持され，獲得され，所有されるものとして取り扱われ，みなされるものとし，かつ本契約書により，そのように宣言される。」と規定されていた。supra note 21, at 113-114.

24) Earl v. CIR, 30 F.2d 898, 898 (9th Cir. 1929).
25) カリフォルニア州は，法律により定められた夫婦共有財産制を採用していたことから，下級審では，本件にける Earl 夫妻の契約の有効性について，カリフォルニア州民法に照らして検討が加えられていた。Id. at 899.
26) 40 Stat. 1057, 1065; 42 Stat. 227, 237-238.
27) 当時の規定は1918年歳入法 §213（a）であるが，I.R.C§61（a）と同様の規定であり，稼得者に課税されるのか，受領者に課税されるのか明示されていない。Hellwig, supra note 20, at 766-767.
28) 本事件の租税訴願庁（Earl v. CIR, 10 B.T.A. 723, 725 (1928).）では，カリフォルニア州法に基づく夫婦共有財産（the community property）に関して，夫にのみ課税をした裁判例である United States v. Robbins, 269 U.S. 315 (1926) を先例として挙げて，夫にのみ課税をすることを認めていた。第9巡回区控訴裁判所でも，課税庁は，夫の給与等は，州法上の夫婦共有財産となる瞬間があることから Robbins に依拠して夫にすべて課税されると主張していた。控訴裁判所は，夫によって稼得された所得はその瞬間に夫婦の合有財産（the joint property）となるとして，課税庁の主張を排斥し，納税者の主張を認めており，下級審では，夫婦共有財産となるのか合有財産となるのかが重要な争点となっていた。

連邦最高裁は，これらの主張が説得的であることを認めながらも，まず〔b〕の主張については，それに与するのには躊躇を覚えるとし，夫は給与と報酬を稼得する契約の唯一の当事者であり，これらの契約の履行過程における最後の段階が，彼以外のほかの誰かによって引き受けられるということはいえないとしてその主張を斥けた。ただし，連邦最高裁は，このように〔b〕の主張を斥けながらも，さらにそもそも本件の結論はこのような些末なこと（〔b〕の主張に関する議論）では判断され得ないとする。

その上で，連邦最高裁は，本事件は，税法の趣旨及び妥当な解釈によって判断されるとした上で，以下のような著名な判示している。「制定法は，給与を稼得した人々に対して給与について課税する権能を有すること，そして，税は事前の取り決め・契約（それが，給与支払時に当該給与が一瞬でも稼得した者に付与されることを阻止するためにどれだけ巧妙に工夫されたものであっても）によっては回避できないということを規定している。我々は，これが制定法の趣旨であると考える。そして我々は，果実をそれらが育った果樹から異なる果樹へ帰属させる取り決めの原因となる動機に従っては，何らの区別もすることはできないと考える。」[29]

Earl事件判決は，その後の裁判例でも度々引用されており，その具体的な引用箇所は，所得移転の第一原理ともいわれる〔i〕所得はそれを稼得した者に課税されなければならないということ[30]，及び〔ii〕事前の取り決めでは，所得税は回避され得ない（そのようなことは些末な事項にすぎない）という判旨である[31]。

---

29) 連邦最高裁の述べた著名な樹木と果実の比喩には批判を述べる見解もある。BORIS I. BITTKER & LAWRENCE LOKKEN, FEDERAL TAXATION OF INCOME, ESTATES AND GIFTS, ¶ 75.1 (2014).

30) *See e.g.*, CIR v. Culberstion, 337 U.S. 733, 739 (1949).

31) *See e.g., infra* note 169, at 604; Griffiths v. CIR, 308 U.S. 355, 358 (1939); United States v. Joliet & Chicago Railroad Co., 315 U.S. 44, 48 (1942). Griffiths事件は，以下のような事件である。納税者が，＄100,000で第三者から株式を購入した後に，1931年に，当該株式を関係会社に売却して，＄92,500の損失を出した。その後，Griffithsが，当該株式をLayから購入したときに詐欺であったと主張し，当初売主である第三者との間で，1933年に，以下のスキームで解決が図られた。その条件は，納税者が関係会社から株式を買戻した後に新会社に譲渡し，新会社が当初売主に当該株式を＄100,000

本判決の上記〔i〕,〔ii〕の構造としては,〔i〕の原則があることから,事前の取り決め・契約により,稼得者以外の者（ここでは妻）が経済的利得を受領したとしても,そのことは所得税の納税義務者の決定において無関係であると,〔ii〕の内容による反論を加えていると読める。〔ii〕の観点から注目されることは,法的に給与等の権利が稼得者に付与されず稼得者以外の者に付与されるようになっていても,それは所得課税との関係では些末なことであると考えていることである。本判決は,Earl夫妻の契約が有効であることをわざわざ宣言しているから,連邦税法の適用場面で,この契約を無視しているわけではない。あくまで私法関係を前提にしているが,その中で,いかなる法的関係が連邦税法の適用にとっては意味があり,いかなる法律関係は連邦税法の適用にとって意味を有さないかという取捨選別を行っているのである。このことは,次のSeaborn事件判決との比較においてより明らかとなる。このような私法関係の取捨選別の判断が,所得の帰属に関してなされていることは,本邦税法との対比においても興味深い。

で売却し,その後40年の利息付分割払いで新会社が納税者に代金を支払うというものであった。このような事実関係の下,1933年度の納税者の所得として $100,000が課税所得に含まれるかが争われた事例である。連邦最高裁は,Earl事件の〔ii〕の部分を引用した上で,当初売主が支払ったものを,現実には納税者が取得した旨を述べて,課税庁の主張を認めた。Joliet & Chicago Railroad Co. 事件は,鉄道事業資産のリースの対価として,レッシーから所定の金額のレンタル料が,レッサーの株主に対して直接に支払われる合意がされた事例において,当該金額が,レッサーの課税所得となるかが争われた事例である。連邦最高裁は,レッシー又は会社の財産の譲受人から行われた,譲渡人の株主に対する直接の支払いは,譲渡人の所得となるとして,納税者が導管とすらならない手段による事前の取り決めがあるという点が,この種の事例において重要でないことは,Earl事件と同様であると述べている。同様の事件として,Hudson Belt & Term. Ry. v. United States, 250 Fed. 1 (5th Cir. 1918); Rensselaer & Saratoga R.R. v. Irwin, 249 Fed. 726 (2d Cir. 1918); Hamilton v. Kentucky & Indiana Term. R.R.,289 Fed 20 (6th Cir. 1923). なお,レッサーに対する課税の根拠として,レッサーは株主に対する義務を負担しており,レッシーからの株主に対する支払いにより,その義務が満足されることが重要であるとの理解もある。41 HARV. L. REV. 675, 676 (1928). この理解は,これらの事案を,既存債務の弁済のために納税者の請求権を移転した場合において納税者に課税を行う擬制受領（constructive receipt）の一環として根拠づけるものである。*See supra* note 8, at 1126.

(2) Poe v. Seaborn[32]

　Seaborn 事件は，1926年歳入法の下で，ワシントン州法によって定められた夫婦共有財産制（贈与，相続又は遺贈により取得された財産を除き，婚姻中に夫婦によって取得された財産はすべて夫婦共有財産となる。）を採用している同州に居住している Seaborn 夫妻が，1927年度の申告において，夫婦所得（community income）の2分の1を各自で申告をしたことが認められるか否かが争われた事例である。Seaborn 夫妻は，不動産，株式，債券などの財産を有していたが，それらはすべて夫婦共有財産であった。そして，係争年度の収入は，夫の給与と夫婦共有財産からの利息，配当，不動産などの売却益等であった。

　なお，本事件のような夫婦共有財産制を採用している州における夫婦所得への課税は変遷を繰り返していた。各州の納税者としては，累進課税が回避されることから，夫婦で所得を分割して申告することが許されるべきとの主張を行っていた。その主張は，所得税は，課税対象である所得からなる資金又はその他財産を州法に基づき所有するものにのみ課税されるという立場を前提とする。そして，夫婦の所得として発生し，それを構成する資金は，夫婦共有財産であって，夫婦は，夫婦共有財産を対等の持分で所有していることから，夫婦それぞれが夫婦の所得の金額の2分の1による申告が認められるべきであると主張するのである[33]。

　財務省は，当初は，すべての所得について，夫の所得として申告することを求めていたが，1919年に，（所得として生じた資金又は財産の所有ではなく）所得が由来する財産の所有をみる基準を導入した[34]。その結果，夫婦共有財産に由来する所得は夫と妻との間で分割した所得の申告を認めるが，特有財産に由来する所得やそれぞれの労働に由来する所得などは分割した申告を認めない立場となった。しかし，その後，司法長官が，テキサス州における制

---

32) 282 U.S. 101 (1930).
33) Douglas Blount Maggs, *Community Property and the Federal Income Tax*, 14 CAL. L. REV. 351, 354 (1925).
34) *Id.*

定法及び判例理論[35]の分析から，夫婦が稼得した収入は，発生した瞬間に夫婦共有財産となるという帰結を根拠にして，妻は1918年歳入法に基づき，夫婦所得の2分の1を申告する権能を有するとの見解を出したことから[36]，夫婦がそれぞれ夫婦所得を折半しての申告が認められることとなった[37]。さらに，その後，テキサス州以外の夫婦共有財産を採用している州においても，カリフォルニア州を除いて，夫婦が夫婦所得を折半して申告することが認められた[38]。しかしながら，夫婦共有財産制を採用しているカリフォルニア州法下での共有所得の夫婦各自の2分の1にした申告を認めなかった判例である United States v. Robbins[39] を契機として，上記の司法長官の見解が破棄されたのである[40]。

　そのような中で，本事件では，課税庁が，Seaborn 夫妻の申告を否認し，夫に対してすべての所得につき課税されるべきであるとした。地方裁判所は，納税者である夫の主張を認めたところ，課税庁が控訴した第9巡回区控訴裁判所が，連邦最高裁に意見確認手続（certification）をし，連邦最高裁は，地方裁判所の判決を是認することとなった。本事件は，上述の Earl 事件判決の9か月後の判決であるにも関わらず，Earl 事件の結論とは逆に，夫婦各自の2分の1による所得の申告を認めたものとなっている[41]。

　連邦最高裁は，1926年歳入法§210 (a) 及び§211 (b) を解釈し[42]，ワシントン州法に基づく夫婦共有財産に対する夫婦の権利に対して，それらを適用することを要するとした。そして，同条は，「個人の純所得」（net income

---

35) Hayden v. McMillan, 23 S.W. 430 (Tex. App. 1893). 妻の特有財産である土地から生じる賃料について夫婦共有財産となり，夫婦の債務の差押対象になるとの判示をした。
36) Opinion of Attorney General Palmer, September 10, 1920, (32 Op. A. G., 298)
37) *See* T.D.3071, 1920-3 C.B. 221.
38) Opinion of Attorney General Palmer, February 26, 1921, (32 Op. A. G., 435); T.D. 3138, 1921-4 C.B. 238.
39) 269 U.S. 315 (1926).
40) Opinion of Acting Attorney General Mitchell of July 16, 1927, (35 Op. A. G., 265).
41) Earl 事件で裁判所の意見を述べた Holms 裁判官も，Seaborn 事件の裁判体を構成していたが，反対意見は述べていない。*See* WILLIAM G. ANDREWS & PETER J. WIDENBECK, BASIC FEDERAL INCOME TAXATION, at 946 (6th ed. 2009).
42) Revenue Act of 1926, 44 Stat. 9, 21.

of every individual) に税を課するところ，何が個人の所得を構成するのかという点について，これ以上の基準や定義は提供されておらず，「of」という単語の用法は，所有 (ownership) を意味している[43]，とした。

その上で，ワシントン州法は，贈与，相続又は遺贈により取得された財産を除き，婚姻中に夫婦によって取得された財産はすべて夫婦共有財産になる旨を規定しているところ，同条の解釈として，妻は，夫婦共有財産及び夫婦の所得について夫と等しい確定的権利 (vested property right) を有する[44]，とした。

他方，課税庁は，ワシントン州法に基づく夫婦共有財産制において，夫は夫婦共有財産の管理処分について広範な権限を有している一方で，その管理処分権限の行使についての妻に対する責任は制限されているということを根拠に[45]，単なる名義や技術的な法的権原を重要視すべきではないとして，実質的にみて，夫が，夫婦の所得の所有者であると主張していた[46]。

このような課税庁の主張に対しては，連邦最高裁は，以下のように回答をした。ワシントン州法の夫婦共有財産制に関する判例によれば，夫の広範な権限及び責任の制限は，夫婦の代理人として付与されたものであって，彼自身が排他的な所有者であるということを理由とするものではない[47]。したがって，夫に広範な権限が認められること及び夫の責任が制限されていることを理由としては，妻の共同所有者としての現在の権利は否定されない[48]。

連邦最高裁は，ここまでの論理の帰結によって，本事件を判断するのは十

---

43) *supra* note 32, at 109.
44) *Id.* at 111.
45) ワシントン州法に基づく夫婦共有財産制における妻の権利関係を紹介した文献として，鈴木喜久江「アメリカ法における夫婦共有財産制（三）」法学研究166号111頁，139頁（1970年）。
46) *supra* note 32, at 111-112.
47) Warburton v. White, 176 U.S. 494 (1900).
48) *supra* note 32, at 112-113. ワシントン州法での夫婦共有財産制は，夫婦は，ひとつの法主体となり，それぞれが等しい権利・持分をその法主体に関して有していた。Alvin E.Evans, *Ownership of Community Property*, 35 HARV. L. REV. 47, 51 (1921). そして，夫婦の財産は夫婦共同体 (material entity) に属するものとされていたが，夫が代理人とされた。Recent Cases, 44 HARV. L. REV. 642, 652 (1930).

3. 役務提供に由来する所得の移転　53

分であると述べているが，さらに，課税庁が自らの主張の根拠として指摘した3つの判例（United States v. Robbins[49]，Corliss v. Bowers[50]，Lucas v. Earl）との区別についても，検討をしている。その中で，まずはEarl事件との区別をみると，以下の旨を述べている。

> Earl事件における移転は，収益が，夫の財産になるということを基礎にする。一方，本事件では法律によって，収益は夫のみの財産となることはなく，常に夫婦の財産になる[51]。

このように，連邦最高裁は，Earl事件では，夫婦財産契約に基づき収益が夫の財産になってから，妻へ移転をすることになるが，Seaborn事件では，夫婦共有財産制に基づき夫から妻への収益の移転がないと考えており，連邦最高裁は，Seaborn事件によってEral事件を覆したとは考えていない[52]。

この説明は，Earl事件の判旨と照らし合わせると，些か背理しているようにも読める。なぜならば，Earl事件では，給与の帰属を些末な事項であると考えているからである（なお，終局的な給与の帰属という点では，Earl事件においても，夫から妻に対して瞬時に給与等が移転しており，夫は半分しか所得を所有していないことから[53]，実質的にはSeaborn事件の夫と同様の立場にあ

---

49) 269 U.S. 315 (1926).
50) 281 U.S. 376 (1930).
51) *supra* note 32, at 117.
52) Burnet v. Leininger, 285 U.S. 136, 142 (1932). また，その後のCIR v. Harmon, 323 U.S. 44 (1944) でも，Earl事件とSeaborn事件の整合性が問われている。Harmon事件は，Seaborn事件判決を受けて，選択的夫婦共有財産制を制定したオクラホマ州の住民が法定の夫婦共有財産制を選択して夫婦で夫の所得を折半して申告した事例が争われた。当該事件では，Earl事件の規律に従うのか，Seaborn事件の規律に従うのかが議論された。
53) ただし，Earl事件では，契約は有効ではあるものの，妻の権利として，エクイティ上のリーエン（equitable lien）が生じていたか疑問があるとの指摘があり（Note, *supra* note 11, at 1283），一方で，Seaborn事件では夫婦共有財産制によれば，妻は夫婦の所得の共同所有者であるという権利の差異は見受けられる。なお，納税者が実際に所得を受領した時に，その所得に対して第三者のリーエン（lien）が付着していた場

る[54]）。）。

　この両判決を合理的に説明するために，論者によれば，連邦税法は私法関係を基礎にしていることは間違いないが，それぞれの私法関係には，連邦税法の基礎として取り込まれるか否かという点に違いがあるという指摘がある[55]。さらに，その差異の実質的な根拠としては，Earl事件で納税者が勝訴していれば，累進課税制度に対する決定的な打撃となるが，一方で，州法に基づく法定の夫婦共有財産制の場合は，夫婦間の自由な契約による結果でないことなどの理由から，切迫した問題ではないと考えていたからであるという点が指摘されている[56]。

　ここで本邦税法との観点から注目すべきことは，アメリカ税法において，所得の帰属者を決定する上で，累進課税制度の保護という観点が，そもそも考慮に値しないとは考えられていないことである。本邦税法を念頭においた

　　　合には，Eisner v. Macomber, 258 U.S. 189（1920）が定義した「所得」に該当せず，当該納税者に対する課税はできないとの指摘もあった（Note, *Id.*）。ただし，Banks事件の事例（統合して審理されていたCIR v. Banaitis事件）では，州法上，弁護士に優先的なリーエン（superior lien）が，損害賠償金の成功報酬部分については認められるという事例であったが，弁護士ではなく依頼者への課税を認めている。

54)　*See Hellwig, supra* note 20, at 768.
55)　Boris I. Bittker, *The Federal Income Tax and State Law*, 32 Sw.L.J.1075, 1078 (1979). この両判決の整合性については，Hellwig, *supra,* note 20, at 769-770は，所得移転の法理が，究極的には公正という点に依拠しているとの前提から以下のように説明を加えている。Earl事件では，夫が稼得する収益に対する課税であり，かつ，夫が積極的行為として妻に収益に関する権利関係を移転しているのであるから，妻に移転された収益についても夫に課税をすることが公正である。しかしながら，Seaborn事件では，法律によって妻に移転される夫の収益の半分について夫が支配を有する可能性はないのであるから，むしろ夫に課税することは不公正である。
56)　MARVIN A. CHIRELSTEIN, FEDERAL INCOME TAXATION at 219-220 (11th ed. 2009); *see* Recent Cases, *supra* note 48; Polsky, *supra* note 9, at 79. なお，Earl事件が累進課税制度を保護したという一般的理解は間違っているとの批判もある。BittkerはEarl事件が，累進課税制度の保護に役立っているという見解を以下のように批判する。夫婦と個別の人物との比較において，夫と同額の所得を有する者と妻と同額の所得を有する者によって支払われる税額が累進課税制度の最も注力するポイントであるならば，その意味では，Earl事件判決は累進課税制度を保護することになる。しかしながら，夫婦の担税力が，夫婦の合計所得の半分を稼得する人物と同等であるとすると，Earl事件判決は累進課税制度の目的達成に寄与しないばかりかそれを阻害している，とする。Boris I. Bittker, *Taxation and the Family*, 27 STAN.L.REV.1389, 1403 (1975).

場合，このことは必ずしも自明ではない。経済的帰属説・法律的帰属説ともに，法律関係又は経済的利得によって帰属が判定されるのであるから，税法の趣旨・目的が法律関係又は経済的利得に影響を及ぼす余地はなさそうにも考えられるのである。このような税法の趣旨・目的は本邦税法の帰属において，どのような位置づけとなるかを問う必要がある。

さらに，本事件は，後述の Blair 事件では，課税が所有 (ownership) に伴うことを示した先例として引用されている[57]。ここで指摘できることは，Seaborn 事件で問題となっている所得は，夫婦共有財産である不動産などに由来する所得だけではなく，夫の給与という役務提供に由来する所得も含んでいることである。そして，Seaborn 事件判決がワシントン州法の規定の解釈として議論の遡上に載せているのは，夫婦共有財産の所有に加えて，夫婦所得の所有のあり方についてであることに留意する必要がある[58]。

Seaborn 事件は，上述のように Earl 事件との区別を根拠づけているが，さらに，Robbins 事件[59]との区別も判示している。Robbins 事件は，カリフォルニア州法に基づく夫婦所得に対する課税が争点となった事件であり，そこでは，夫婦各自による2分の1の申告が認められなかった（Seaborn 事件はワシントン州法下の事件である）。事実関係としては，以下のとおりである。カリフォルニア州に居住していた Robbins 夫妻は，1871年に結婚し，婚姻生活は1919年に Robbins 氏が死亡するまで継続した。その婚姻期間において，財産が形成された。1918年に，Robbins 夫妻は，各自が当該財産に由来する所得の2分の1を申告したが，課税庁は，その所得全体について夫に帰属するものとした。Robbins 氏の死後に，Robbins 氏の遺言執行者が，1918年度に Robbins 氏が当初試みた申告による税額と実際に支払った税額の差額についての還付請求訴訟を地方裁判所に提起した[60]。同裁判所は，納税者の主張を認めたが，連邦最高裁は，原判決を破棄した。

Robbins 事件連邦最高裁判決は，カリフォルニア州法に基づく妻の権利関

---

57) 300 U.S. 5, 12 (1937).
58) *supra* note 32, at 110.
59) *supra* note 49.
60) Robbins v. United States, 5 F.2d 690 (N.D.Cal. 1925).

係を解釈した上で，夫婦で分割して申告することを否定している。連邦最高裁判決は，まず妻の権利関係についての解釈を行っている。その判旨は以下のとおりである。

> カリフォルニア州における夫婦共有財産に対する妻の権利関係が，その他の州で妻が有している実体的特性（the relatively substantial character）を有しているかどうかという点については議論があり，財務省は，妻の権利関係の点を，カリフォルニア州とその他の州との間で，共有所得の申告に区別を設ける理由とした[61]。当裁判所は，財務省がカリフォルニア州において異なる制度を採用しているのは，カリフォルニア州での妻の権利は，夫が生存している間は，単なる期待権であるという立場に依拠するものと考える[62]。
>
> カリフォルニア州が採用している夫婦共有財産制が，スペイン法か又はそれ以外の継受であるのかという点は全く関係がない[63]。カリフォルニア州最高裁判所は，妻の権利は夫が生存している間は単なる期待権にすぎないとしている。最近の判例（Roberts v. Wehmeyer）は，この点を明言しており，Arnet v. Reade[64]は，当州では，踏襲されない[65]。このことは，カリフォルニア州の妻の法的地位について，一般的に理解されていることと一致している[66]。

このように，連邦最高裁は，カリフォルニア州における妻の権利について期待権にすぎないとの判断を行っている。結論を導出するには，上記判示によって十分かにも考えられる。

しかしながら，連邦最高裁は，上記判示に続けて，仮に妻が夫婦所得に対

---

[61] 当時，財務省は，カリフォルニア州においては夫と妻とで夫婦共有所得を2分の1に分割して各自が行う申告を認めておらず，その他の夫婦共有財産制を採用している州では当該申告を認めていた。
[62] *supra* note 49 at 326.
[63] 原審ではこの点が一つの争点となっていた。
[64] 220 U.S. 311（1911）．同判決は，ニューメキシコ州法下においては，妻が単なる期待権を有しているのみではなく権利関係を保有していることを判示した。
[65] Roberts v. Wehmeyer, 191 Cal. 601, 611, 614（1923）.
[66] *supra* note 49 at 326-327.

して単なる期待権ではなく，権利を有していたとしても，夫への課税が認められる旨を続けて述べている。その中心的な根拠として，夫は単独での資金の処分権限を有しており，夫はそれを支出することが可能であり，浪費に消費したとしても，妻は救済手段を持たないこと，そして，課税を受ける資金は，夫の債務の責任を負担するが，妻の債務の責任を負担しないので妻が税の支払いを懈怠した場合の補償を確保することが困難となることを挙げている[67]。これは，夫に，妻に帰属する夫婦所得または夫婦所得を生み出す財産に対する所有が認められなくとも，課税を認める立場といえる[68]。

また，納税資金という側面を納税義務者決定の際の根拠としている面も，本邦税法と比較して興味深い点である。本邦税法でも，最高裁判決は，租税徴収の実効性を確保できない虞があることから，経済的利益の実質的享受者に租税を負担させるべき[69]，と述べているが，具体的に納税義務者を確定させる場面において，果たして理由づけとして用いることは許されるかが累進課税制度の保護という観点と同様に問われよう。

以上のRobbins事件は，Earl事件と同様にカリフォルニア州法下であるが，納税者夫婦はEarl事件のような契約を締結しておらず，Seaborn事件のように，納税者に夫婦共有財産制が適用されていた事件である。上記のRobbins事件判決からすると，夫婦共有財産制の夫婦の事件であるSeaborn事件判決も同じ結論が導かれるとも考えられる。しかしながら，Seaborn事件判決は，Seaborn事件のワシントン州法と異なりRobbins事件のカリフォルニア州法は妻に対して単なる期待権を付与しているだけであるということ[70]，カリフォルニア州法下では夫婦関係が継続している間の夫の権利は

---

67) *supra* note 49 at 327-328.
68) Stanley S.Surrey, *Assignments of Income and Related Devices: Choice of the Taxable Person* 33 COL. L. REV. 791, 811 (1933). また，この判示部分（*supra* note 49, at 327）は，憲法上の所得は，妻と夫に同時に認められており，連邦議会は，妻の所得である夫婦所得の半分を課税することも，夫に対して夫婦所得の全体（妻の所得部分も含めて）に課税し得ることもできることを示したものとの指摘がある。See Maggs, *supra* note 33, at 365; *see* 47 HARV. L. REV. 1209, 1273.
69) 最判昭和37年6月29日集刑143号247頁。
70) カリフォルニア州の財産関係を紹介する文献として，鈴木喜久江「アメリカ法における夫婦共有財産制（三）」法学研究166号111頁（1970年），浅見公子「アメリカ（2）

完全であるから彼は実際には所有者であるということなどの点をSeaborn事件とRobbins事件とが区別される根拠として述べている[71]。つまり，各州法毎の夫婦共有財産制における具体的な夫婦の権能の差異に着目しているのである[72]。

(3) Burnet v. Leininger[73]

　Leininger事件は，クリーブランド州及びオハイオ州で事業を行っていたEagle Laundry Companyというパートナーシップの夫の持分に関して稼得された所得が問題となった事件である。夫と妻との間で，妻が当該パートナーシップに関して対等なパートナーとなる旨の契約が締結されたことで，当該パートナーシップに由来する所得について，夫に全体の納税義務があるのか，夫と妻とで各半分の納税義務があるのかが争われた。課税庁は，夫は，全体の所得に課税をされるべきであると決定し，租税訴願庁はその決定を是認した。連邦最高裁も，納税者の主張を認めなかった。その判決要旨は，以下のとおりである。

　　この問題は，1918年及び1921年歳入法§218 (a) に関する問題である[74]。同法は，「組合により事業を営む個人は，個人としての資格においてのみ，所得税の責任を負担する。各組合員の純所得の算定に当たって，各組合員の純所得に，

　　特にキャリフォーニア州の共有財産制について（法定夫婦財産制）」比較法研究 (37) (1975) 31頁。妻の権利に関する「単なる期待権」という表現についての意味内容について，カリフォルニア州の判例及び制定法においても変遷がみられた（鈴木・同書117頁）。
71)　supra note 32, at 116.
72)　Stanley S.Surreyは，連邦最高裁は，Robbins事件で強調していた支配という要素が，Seaborn事件では夫に対する課税を求めるには不十分であると考えたといえるところ，両者の区別で重要な点は，Seaborn事件での夫の権限が代理人としてのそれであるという点であると指摘している。Surrey, supra note 68, at 813. なお，Robbins事件のカリフォルニア州とSeaborn事件のワシントン州とで，夫の権限に大きな差異はないとする指摘もある。Recent Cases, supra note 48.
73)　285 U.S. 136 (1932). 本裁判例を紹介した文献として，浅沼潤三郎「租税回避に関する連邦最高裁判例 (8)」税法学218号38頁 (1968年)。
74)　40 Stat. 1057, 1070; 42 Stat. 227, 245.

当該課税年度の組合の純所得の分配分は，分配されたか否かに関わらず，算入するものとする。」と規定する[75]。

事実関係からすると，妻がパートナーとなることについて，Leininger 氏以外のパートナーの同意がなく，妻をパートナーとは認められない。そして，Lininger 夫妻の契約は，妻が事業の経営に参加しておらず，その資本形成にも寄与していないことから，Leininger 氏が妻に対して，パートナーシップより受領するべきものの半分をエクイティ上の移転（equitable assignment）をしたという以上のものではない[76]。

納税者は，所得を発生させる彼の権利の「元本」（corpus）の半分を移転したのであると主張するが，本件において，所得を発生させるものは，パートナーシップに関する夫の権利ではなく，パートナーシップによる企業それ自体，すなわち企業の資本，パートナーシップの事業運営に共同して従事するその構成員の労働・技術であって，納税者の主張には意味がない。仮に，妻が彼女の夫のパートナーシップから受領する所得の2分の1について受益者であったとしても，パートナーであったのは，妻ではなく彼女の夫であり，妻は単に派生的利益を有していたにすぎない[77]。

本判決は，組合員の一人が組合の将来の利潤に対する権利を他の者に帰属せしめる契約が存する場合において，Earl 事件と同様の法理を確立したとものとして後の判例で引用されている[78]。本事件において，妻の権利関係は，少なくとも夫との関係においてはパートナーシップに由来する所得の半分を受領する権利を取得していたといえるが，妻の取得した権利は，元本（corpus）ではないとされている。

この事案は，パートナーシップに関する事例であり，役務提供に由来する所得と資本に由来する所得の双方からの把握が可能である。Earl 事件との

---

75) *supra* note 73, at 138.
76) *Id.* at 139-140.
77) *Id.* at 141.
78) *infra* note 121, at 677.

連続性をみると，本件事実関係において，妻は所得を受領する権利を取得しているだけで，何らそれを稼得することに貢献しておらず，妻が受領する部分についても夫が稼得しており，夫に所得税が課されることは素直な帰結であると考えられる。

また，一方，資本に由来する所得という側面から把握すると，連邦最高裁が，資本と把握しているのは，妻が取得したパートナーシップに由来する収益を取得する権利ではなく，パートナーシップ企業それ自体であり，構成員の労働・技術であると認識していることが分かる。

このように，Earl事件やLeininger事件で述べられた立場，すなわち，所得を受領する権利が移転していたとしても，課税対象となるのは，それを稼得した者であるという考え方に対しては，所得を現実に受領していない者に当該所得に関する課税を行うことが許容されるのかという批判が生じるが[79]，この点について，以後の裁判例で詳細に検討されていくことになる。

(4) Helvering v. Eubank[80]

Earl事件やSeaborn事件は，所得移転の時点より将来に行われた役務提供に由来する所得の帰属が争われた事例であったが，所得移転の時点より過去に行われた役務提供に由来する所得の帰属が争われた事例が，Eubank事件である。同事件の事案はこうである。納税者は，生命保険代理業を営んでいた。生命保険会社との契約条項では，彼は代理契約及び代理人としての役務の終了後には，全く役務を行う義務を追わないけれども，この代理業の終了以前に作成された保険証券について，保険会社がその後受ける保険の更新手数料を受領する権利を有していた。納税者は，この契約上の権利，権原及び利益並びに更新手数料を，1924年及び1928年に受託者たる信託会社（受益

---

79) Surrey, *supra* note 68, at 828. Earl事件及びLeininger事件以後の下級審裁判例は，これらの判例の立場を，資本の所有者にそこから生じる所得について課税をするとの規範を定立したものと考えていたようである（*Id.*）。
80) 311 U.S. 122 (1940). 本裁判例を紹介した文献として，須貝脩一「米国所得税法における家族の課税（八）」税法学50号10頁（1955年），梁基恩「租税回避に関する連邦最高裁判例（4）」税法学214号29頁（1968年）。

者は納税者の妻）に譲渡した。1933年に，信託会社に当該譲渡に従い更新手数料が支払われた。課税庁は，1933年に信託会社に保険会社から支払われた更新手数料を譲渡人たる納税者に課税するべき所得としたところ，争いとなった。連邦最高裁は，本件譲渡は，手数料を収受する権能を譲受人に移転するものであって，Horst 事件（親が子に債券の利札を譲渡したが，親に利札の課税がなされた事件）と同様の理由により，譲渡人の所得として課税されるべきと考える[81]，として譲受人へ課税するのではなく，譲渡人たる納税者へ課税するべきとした。

多数意見の判決理由としては，後述の Horst 事件に依拠するという点のみであり，役務提供に由来する所得の先例である Earl 事件を根拠として適示していない。本事件の租税訴願庁及び第二巡回区控訴裁判所では，Earl 事件との区別が議論されており，租税訴願庁は Earl 事件に依拠して，譲渡人への課税を導いたのに対し，第二巡回区控訴裁判所は，Earl 事件は，譲渡人が収入獲得の努力を継続しなければならないという点において，所得に対する支配が譲渡人に残されていたとして，本事件と区別されると述べた[82]。控訴裁判所が述べる意味において，確かに，Earl 事件における譲受人（妻）の権利は，譲渡人（夫）の支配下にあった状態であるともいえる[83]。そして，Eubank 事件では，既に提供した役務に関する所得であるから，譲受人が支払いを受けることができるか否かは，譲渡人の意思（将来的に収入獲得の努力を継続するかどうか）には左右されないので，所得に対する支配は譲渡人に残されていないともいえる。

このような議論が下級審でなされていたにも関わらず，Eubank 事件の連邦最高裁判決は，譲渡人に対する課税を認めた。このことから，Eubank 事件の連邦最高裁判決は，譲渡人が役務提供をするか否かを選択できる点は，所得に対する支配を判断するうえで，重要ではないと位置づけたものと理解できる[84]。

---

81) *Id.* at 125.
82) Eubank v. CIR, 110 F.2d 737, 738 (2d Cir. 1940).
83) Note, *supra* note 11, at 1283.
84) *infra* note 169, at 605. 後述する Sunnen 事件では，Eubank 事件を所得に対する支

また，連邦最高裁は，Earl 事件ではなく，後述する Horst 事件を根拠として引用していることから明らかなように，本事件には，むしろ資本に由来する所得の規律が妥当すると考えている。本判決当時において，移転された所得が，譲渡人への課税となるか譲受人への課税となるかは，単なる所得の移転か，資本の移転もしているのかで区別を行う考え方が認識されており，その両者の区別は，後述の Corilss 事件から，譲渡人が留保する権利の程度に依存すると考えられていた[85]。租税訴願庁は，本件のような権利の移転は，単に譲受人に譲渡人の将来の収益（earnings）を徴収する代理権限を付与するにすぎないという契約法上の古典的理解から[86]，財産権の移転はないとの判断をしていた[87]。連邦最高裁判決では，租税訴願庁のように譲受人が取得した権利は，代理権にすぎないという理解をしているかは不明であるが，連邦最高裁判示の「手数料を収受する権能を譲受人に移転する」という表現からすると，本件は，所得の移転に過ぎず，資本の移転はないと判断されたのであろう。ここで，Horst 事件との差異に着目して注目されることは，それでは本事件における資本とは一体何を指すかということである。事案からすると，更新手数料を受領する権利それ自体を譲渡しており，譲渡人に，Horst 事件におけるような債券元本を観念できない。この点，反対意見は，更新手数料を受領する権利自体が財産であって，資本となるという理解をしたものと考えられる。反対意見は以下の趣旨を述べている。

　　納税者は，本件譲渡により，更新手数料に関するすべての権利を喪失した。既に行われた役務に対する将来の支払を受領する単なる権利は，そのような役務から「得られた所得」として現在において課税されるべきではない。それは譲渡可能な財産である。譲渡人が対価として受領するものは何であれ彼の所得であり得るが，法律は，彼が善意で移転した契約下での他の者への支払について

配によって資本の譲渡人に課税されるという規範の適用は，譲受人の所得の実現が譲渡人の将来の役務提供に依拠する場合に限定されるものではないことを示した先例として引用している。
85) Recent Cases, 53 HARV.L.REV. 1384, 1398; *see* Surrey, *supra* note 68, at 796.
86) 2 WILLISTON, CONTRACTS (rev. ed. 1936) §413.

彼に課税しようとするものではない[88]。

　一方，多数意見には，Eubank事件がその本質において役務提供に由来する所得であることの影響が残存しており，譲渡人自身（または譲渡人と保険会社との役務提供契約）を一種の資本と捉えるべきものという理解が潜んでいるように考えられる。

(5) CIR v. Culbertson[89]

　Culbertson事件は，Earl事件における，所得はそれを稼得した者に課税されなければならないという判示を所得税の第一原理と宣言した判決である。同事件では，Culbertson氏が第三者とのパートナーシップにより牧場を経営していたところ，当該第三者とのパートナーシップの解消に伴い，新たに自らの息子達とパートナーシップを設立した事例において，当該パートナーシップからの所得について，父親のみに課税がなされるか，もしくは父親とその息子達にその持分に応じて所得が分割されて課税がされるかが争われた。具体的な事実関係は以下のとおりである。

　納税者であるCulbertson氏は，1915年から1939年10月まで，R.S.Coon氏とのCoon & Culbertsonパートナーシップにより牧場を経営していた。Coon氏の健康上の理由により，1939年には，当該パートナーシップを解消することになり，当該パートナーシップの保有する牛が残り約1500頭まで売却された。残った牛はヘレフォード種の血統を有する牛であったので，Culbertson氏は，Coon & Culbertsonパートナーシップから，牛を買い取りたい旨をCoon氏に持ちかけた。Coon氏は，これまで維持発展させてきたヘレフォード種の血統が保持されることに関心があったので，老齢の

---

87) Eubank v. CIR, 39 B.T.A. 583, 590 (1939).
88) *supra* note 80, at 127.
89) 337 U.S. 733 (1949). 本裁判例を紹介した文献として，宮谷俊胤「租税回避に関するアメリカ連邦最高裁判例（3）」税法学213号21頁（1968年）。また，アメリカ税法における本裁判例の位置づけに関する詳細な分析については，髙橋祐介「ファミリー・パートナーシップと所得の配賦について」同『アメリカ・パートナーシップ所得課税の構造と問題』328-332頁（清文社・2008年）〔初出2001年〕参照。

Culbertson氏から，その息子達に牧場が引き継がれるよう，当該牛の権利関係の2分の1をCulbertson氏の息子達に売却することを条件とした。この条件にCulbertson氏の息子達も乗り気であったので，Culbertson氏は，Coon & Culbertsonパートナーシップから，残りの牛を買い取り，その後，息子達に当該牛の権利関係の2分の1を売却した。その代金として，約束手形が発行され，1年後に支払うものとされた。そして，代金支払いは，父親と息子達によって新たに契約されたCulbertson & Sonsパートナーシップからのローンと父親からの贈与により支払われた。ローンの返済は，牧場経営からの収益によりなされた。Culbertson & Sonsパートナーシップが設立された時点で，長男は，Coon & Culbertsonパートナーシップの下で，既に2年間，その業務に従事していた。次男は，Culbertson & Sonsパートナーシップの初年度である1940年に大学を卒業して，そのまま軍役についた。三男と四男は，夏季に学校に通い，冬季に牧場で働いていた。

このような事実関係の下，1940年と1941年のパートナーシップからの所得について，Culbertson氏及び息子達との間でパートナーシップに対する持分に応じて，所得を分割し，申告がなされたが，課税庁はこれを否認して，Culbertson氏が，すべての所得について課税を受けるとした。租税裁判所は，課税庁の主張を認めたが，第5巡回区控訴裁判所は，納税者の主張を認め，租税裁判所の判決を破棄した。課税庁からの裁量上訴が連邦最高裁に受理され，同最高裁判所は，控訴裁判所判決を破棄して差し戻しをした。

租税裁判所では，CIR v. Tower[90]及びLusthaus v. CIR[91]を解釈して，所

---

90) 327 U.S. 280 (1946). Tower事件は，納税者が所有する法人の株式を妻に贈与した後に，法人を清算し，法人事業をパートナーシップにより営んだ場合に，妻が連邦税法上のパートナーとして認められるかが争われた事例である。連邦最高裁判所は，組合員が，現実及び真正に，事業を営み，収益，損失又はその双方を共有する目的のために，共に参加することを意図しているかどうかにかかっているとした上で，妻が最初の資本又は不可欠なサービスを提供している場合に，夫婦が連邦税法上のパートナーになりえると述べている。本裁判例を紹介した文献として，北野弘久・越路正巳「租税回避に関するアメリカ連邦最高裁判所判例（2）」税法学212号28頁（1968年）

91) 327 U.S. 293 (1946). Lusthaus事件は，納税者が家具小売商を営んでおり，妻との間で組合契約を締結したところ，妻が連邦税法上のパートナーとして認められるかが争われた事例である。連邦最高裁判所は，組合契約により夫の経済的利益に変化が生

得税法上，パートナーシップに関する二つの本質的な要件を，各組合員はパートナーシップに不可欠なサービス又は最初の資本を出資する，という二点だと述べた[92]。

これに対して，控訴裁判所は，租税回避の意図なく締結されたファミリーパートナーシップは，一部の組合員が資本又はサービスを課税年度に出資する意図を有しているか否か，または，彼らが実際にそのような出資をするかどうかに関わらず，税法上認められるべきであると述べている。その根拠としては，息子達が将来彼らの時間及びサービスをパートナーシップに出資するであろうという十分な期待及び目的をもって設立されているということを挙げている[93]。

この租税裁判所と控訴裁判所の対立点について，連邦最高裁は，控訴裁判所のように何らの出資をしていない個人を将来の意図を主たる根拠として納税義務者とする帰結に対して，所得税の第一原理である，所得はそれを稼得した者に課税されなければならない，を破ることになる[94](Lucas v. Earl, Helvering v. Clifford, National Carbide Corp v. CIR[95]）として，斥けている。その実質的な根拠としては，人間の行動のきまぐれさが，現在の所得課税の基礎として依拠し得ない点に求めている[96]。

このように，Culbertson事件は，Earl事件の所得は稼得するものに課税されるという原理を所得税の第一原理と位置付けた上で，当該原理とパートナーシップの課税とを説明したものである。ここでは，パートナーシップが稼得したのか，それとも支配的なパートナー一人が個人的に稼得したのかを

じていないことを根拠に，パートナーシップが，法的な体裁を外套をまとっているが，その存在は所得税法上認められることはないという租税裁判所の判断を支持した。本裁判例を紹介した文献として，北野弘久・越路正巳「租税回避に関する連邦最高裁判例（4）」税法学214号31頁（1968年）。

92) *supra* note 89, at 737.
93) *Id.* at 728; 168 F.2d 979, 982 (5th Cir. 1948).
94) *Id.* at 739-740.
95) 336 U.S. 422 (1949). 完全子会社である納税者が，納税者は完全親会社の代理人であり，納税者の事業に由来する所得は親会社の所得であると主張した事例であるが，連邦最高裁はEarl事件を引用し，納税者の主張を否定した。
96) *supra* note 89, at 740.

判断する上で，真実のパートナーシップが意図されているかどうかという主観的意図に依拠することが提示された[97]。そして，最初の資本や不可欠のサービスを出資しているかどうかは，その主観的意図を認定するための事情であるという判断となっている[98]。さらに，家族間では，支配を手放さずに税負担が移転するような外観を仮装する取引を行うことが容易に実行可能であるが，その性質から，常に家族間の所得の移転が仮装であることを意味するわけではない旨を判示する[99]。

上記の事実関係からすると，Culbertson 氏が Coon 氏から事業を引き継ぐに当たっての条件が，Culbertson 氏の息子たちが事業へ参画することであったので，息子たちがパートナーシップに加わることは Culbertson & Sons パートナーシップにおける事業展開上の必要な条件であった。ただし，Culbertson & Sons パートナーシップにおいて，息子たちが具体的な役務提供をしたか否かという観点においては，長男は事業に従事していたが，次男は軍務中であり，三男・四男も学生であり冬季だけの役務提供であった。したがって，仮に Earl 事件が述べた第一原理における所得を「稼得する」ということの意味を，具体的な役務提供と捉えるならば，少なくとも次男への所得の帰属は，税法上のパートナーシップの有無にかかわらず否定されるはずである。しかし，連邦最高裁は，息子らによる出資を考慮対象として加えて，パートナーシップが租税法上認められるかどうかという観点を重視する判断を下しており，Earl 事件の事実関係を下にした判示からは所得税の第一原理の拡がりがみてとれる。

こうして，所得税の第一原理として本事件判決で宣言された，所得はそれを稼得した者に課税されるという規範は，2005年の事件である Banks 事件判決でも引用されるように現在でも規範として生き続けている[100]。

---

[97] *supra* note 89, at 741-742. それは，「全体として検討された契約及びその条項の執行における彼らの行動によって」明らかにされる。Drennen v. London Assuarance Co., 113 U.S. 51, 56 (1885). Ralph S. Rice, *Judicial Trends In Gratuitous Assignments to Avoid Federal Income Taxes*, 64 YALE L.J. 991, 1004 (1955).

[98] *supra* note 89, at 741.

[99] *supra* note 89, at 746-747.

[100] Banks 事件のほかにも，Earl 事件に言及する近年の事例として，Schneer v. CIR, 97

4. 資本に由来する所得の移転

　アメリカ税法においては，資本（income producing property；income generating asset；corpus）を移転すれば，当該資本から発生する所得に関する税は，譲受人が負担することとなる[101]。この資本の移転は，私法上（州法上）有効であることはもちろんであるが，連邦税法上の効力を有する程度に完全なものでなければならない。譲渡人が何らかの支配権を留保している場合には，税は移転しない。さらに，所得を発生させる資本それ自体の移転でなければ，その発生した所得に係る税も移転しない。

　以上のことから，資本に由来する所得の移転については，〔i〕譲渡人が引き続き当該財産の所有者とみられる程度に支配権を保持しているかどうか，〔ii〕資本の移転か，所得のみの移転か，という点が争点となる[102]。ここで

　T.C. 643 (1991) がある。事案は以下のとおりである。弁護士である納税者が，顧客を彼が勤める法律事務所に紹介をした場合に当該顧客からの報酬の所定の割合を受領する旨の合意をしていた。納税者は，その後，当該法律事務所を離れて，異なる法律事務所（パートナーシップ形態）の共同経営者となったが，最初の法律事務所との上記の報酬に関する約束は維持されていた。そして，新しい法律事務所との条件として，納税者が将来に受領する上記の最初の法律事務所の顧客に係る報酬についても，新しい法律事務所に移転するものとした。納税者は最初の法律事務所を離れた後も，紹介した顧客に対する助言等の法律事務は行っていた。納税者が，上記の報酬について，新しい法律事務所における利益分配の割合に応じて申告をしたところ，課税庁が全体について納税者に課税されるとして争われた事例である。租税裁判所は，納税者が最初の法律事務所を離れる前に発生していた報酬については，納税者に課税されるとしたが，最初の法律事務所を離れた以後に発生した報酬については，新しい法律事務所の利益分配の割合に応じて納税者に課税されると判示した。なお，本邦税法でも，広島地判平成19年5月9日税資257号順号10707において，兄弟での共同事業か否かを真実の組合契約が認められるか否かという観点から所得の帰属の結論を導出した事例があった。組合契約の成立を問題にする場合には，本邦私法においても契約は当事者の意思の合致により成立することから，Culbertson 事件判決が述べたように，突き詰めると真実の組合契約が双方で意図されていたか否かという主観的意図が，組合契約成立の鍵となるであろう。

[101] この法理自体は，当然のことと理解されており，この法理自体が争われた特筆すべき裁判例も存在していない。Bittker and Lokken, *supra* note 29, ¶75.3.1.

[102] 以上の説明については，Martin J. McMahon Jr. & Lawrence A. Zelenak, Federal Income Taxation of Individuals, ¶34.03（2 nd・2013）.; Note, *supura* note 11, at 1283-

も，主に現在の法理の起源となっている1930年代から1940年代の裁判例をみてゆくこととしたい。

(1) Irwin v. Gavit[103]

　Gavit 事件は，遺言信託により，信託から納税者に支払われた金銭が，納税者の所得となるか否かが争われた事件である。事案の詳細は以下のとおりである。問題となる遺言は，遺産を信託に付して，これを六等分して，受託者が適当と認める場合には，その一の所得を遺言者の孫の Marcia Ann Gavit の教育及び扶養に充て，さらに，その部分の所得の残額を二等分して，遺言者の女婿である納税者に毎年四半期に等分して支払うものとしていた。当時6歳である Marcia が成人すると，信託は終了し信託元本は Marcia に移転するとされていたから[104]，納税者の権利は15年程度の限定的な期間に過ぎなかった。アメリカ税法では，純所得には「贈与，遺贈，または相続によって取得した財産の価額を含まないがそれからの所得を含み，いかなるものであるかを問わず，すべての源泉から得られる利得または利潤及び所得」を含むと規定されており[105]，遺贈によって取得された財産自体は，課税対象となる所得から除外されていた。この点，課税庁は，納税者が取得

　　1284. 資本に由来する所得移転について，アメリカで頻繁に利用されていたのは，信託であった。アメリカでの信託に対する課税は，1916年税制改正により導入され，遺産財産及び信託が納税主体と規定されていた。39 Stat. 756, 757. §2 (b). 所得帰属の点から注目をしたいのは，委託者課税信託制度である。この制度は，撤回可能信託に関して委託者への課税を定めるものとして，1924年歳入法により導入されている。43 Stat. 253, 277. §219 (g). 同法の導入以前は，委託者課税信託は，累進税率を回避するための所得分割による節税目的で多用されていたが，同法の導入・整備により，そのような節税メリットは喪失していった。現在では，この信託は，「遺言に代わる処分」，又は「能力喪失時の管理」の2つの機能を期待して利用されている（沖野眞已「撤回可能信託」樋口範雄・大塚正民編著『現代アメリカ信託法』82-83頁（有信堂高文社・2003年））。現行法の委託者課税信託制度は，1954年に極めて詳細な規定が設けられて以来，各種の租税回避的な行為に対応するために膨大な内容を有している。
　　　See ANDREWS & WIDENBECK, *supra* note 41, at 1008.
103)　268 U.S. 161 (1925). なお，同事件を紹介した文献として，須貝脩一「アメリカ所得税法における家族の課税（一）」税法学43号9頁（1954年）。
104)　Irwin v. Gavit, 295 F. 84, 85 (2d Cir. 1923).
105)　Revenue Act of 1913, 38 Stat. 114, 167.

するのは遺贈の元本に由来する収益を原資とする金銭であったことから，遺贈によって取得された財産にあたらずに，遺贈からの所得であって，純所得に含まれる旨の主張をしていた[106]。連邦最高裁は，大要，以下の旨を判示して納税者の請求を否定した。

　　法は，「連邦のすべての国民に前年度においてすべての源泉から生じまたは生ずるべき全純所得に対し」課税されるべきことを定めている。仮に，本件の支払金が，その言葉の通常の理解として，所得と正当に呼ばれるものであるにも関わらず，同法がこれを課税除外としたのであれば，それは法の総括的目的から多くのものを逸したことになるであろう。連邦議会は，その課税の権能を完全に行使することを意図した（Eisner v. Macomber[107]）[108]。

　　遺贈を課税除外とする規定は，遺贈の元本部分と元本から生ずる所得とを区別しているところ，単に元本たる資金と切り離されていることを理由にして，適切にそのように呼ばれる所得を課税除外とする趣旨ではない。そのような帰結は，Macomber 事件判決から導かれ得ない。本件で支払われる金銭は，受託者が手にする所得であったのであり，それは受贈者にとっても所得として支払われる[109]。

本事件は，納税者が受領した支払金が，遺贈に該当するか，遺贈に由来する所得に該当するかが，争われているが，本稿において，注目をしたいのは，課税の対象者として，受益権者である納税者が想定されていることである。

この信託において納税者は，受益権者ではあったが，残余権者ではなかった（Marcia Ann Gavit が残余権者であった。）。したがって，この事例を所得の帰属の文脈から語るとすると，受益者と残余権者の二名が存在していた場面において，受益者が，現実に支払金を受領していることを根拠にして，受益

---

106) *supra* note 104, at 87.
107) 252 U.S. 189 (1920).
108) *supra* note 103, at 167.
109) *Id.*

者に課税を行ったものと評価される[110]。また，この事例においては，受益者たる納税者が信託所得の所定割合を受領する権利それ自体が，資本となっており，それを保有している納税者に対して課税をされたとも理解されている[111]。

所得に対する支配又は資本に対する支配という観点が，アメリカ税法における所得の帰属の内容となっている。そのことを念頭におくと，Gavit 事件において，受益権者である納税者に課税をしたことも理解ができる。本事件では，残余権者である遺言者の孫娘は，その意思によって，受益権者に所得を移転したわけでもなく，受益権者の受領する所得に何らの影響も及ぼすことはできなかった。残余権者自身の意思によって受益者に所得が移転されたわけではないという事実は，後述の判例である Corliss 事件や Clifford 事件をみると，本事件において残余権者に課税されなかった根拠となると考えられる。

(2) Corliss v. Bowers[112]

Corliss 氏が彼の妻及び子供達を信託受益者として設定した信託財産に由来する所得について，1924年歳入法 §219（g），219（h）[113]に基づき彼自身に課税されたことに対して，Corliss 氏が還付請求を地方裁判所に提起した事件である。Corliss 氏の主張は，彼の妻及び子供達を信託受益者として設定された信託財産から生じた所得について彼自身に課税することは，彼の所得に対する課税ではなく，憲法違反であるというものであった[114]。この主張

---

[110] CHIRELSTEIN, *supra* note 56, at 228.
[111] Surrey, *supra* note 68, at 797.
[112] 281 U.S. 376 (1930). なお，同事件を紹介した文献として，須貝脩一「アメリカ所得税法における家族の課税（五）」税法学47号6頁（1954年），浅沼潤三郎「租税回避に関するアメリカ連邦最高裁判所判例（6）」税法学216号39頁（1968年）。
[113] 43 Stat. 253, 277.
[114] *See* Recent Cases, 42 HARV. L. REV. 948, 958 (1928-1929); Corliss v. Bowers, 34 F.2d 656, 657-658 (2d Cir. 1929). ここで，問題となっているのは，憲法修正第16条及び憲法修正第5条である。憲法修正第16条は，連邦議会に対して，各州の人口比率に依拠しない直接税として，所得税のみを認めている。憲法修正第5条は適正手続を定める条項であり，恣意的な税法は同条違反となる。

を地方裁判所は認めず，第二巡回区控訴裁判所も地方裁判所の判決を支持した。これに対して，連邦最高裁は，Corliss 氏の裁量上訴を受理した上で，控訴裁判所の判決を是認した。その判決は以下の旨を述べている。

　　Corliss 氏が設定した信託の条項からすると，彼は，彼の意思によって信託を取消し又は変更する完全なる権限を留保していた。§219（h）は，「信託設定者が，課税年度のいずれかの時点において，…当該信託の信託元本の一部に対する権原を自らに復帰させる権限を有しているとき，当該課税年度における当該信託の当該部分に関する所得は，信託設定者の純所得を算定する上で算入されるものとする。」と規定している。§219（g）も同様である。同条は，本事例における原告に課税をすることを目的としていることに疑問の余地はない。しかし，1924年度の純所得は妻に支払われており，彼の主張は，本件のような事情の下において，その所得は彼のものではなく，彼はそれについて課税され得ないというものである。コモン・ロー上の物権は信託が有しており，エクイティ上の権利は妻が有していた[115]。
　　しかし，課税は，権原（title）の工夫には関心を持たない，むしろ，課税される財産に対する現実の支配（actual command），税がそのために支払われる現実の利益に関心を持つ。例えば，ある人物が彼の銀行に対して，その所得を，更なる命令があるまでは，代理人又は友人へ受領されるよう支払いを行えとの指示をする場合，誰もが，彼がそのように支払われる金額に対して課税をされ得ることを疑わないだろう。その事例では，彼は権原（title）を有しているが，本事例では彼は有していなかったと反論があり得る。しかし，課税の観点からは，違いは存在していない。そこでの権原は，支払いが行われる前にそれをとどめる権利（right）を単に意味する。同じ権利が本事件には存在していたといえる，ただし，それは権原と呼ばれるものではなく，権限（power）と呼ばれるものではあった[116]。原告が自らに留保した権限を行使しないときにのみ，妻による所得の

---

[115] *supra* note 112, at 377-378.
[116] 納税者は，目的となる財産について，信託を設定していることから，権原は，受託者が有している。

取得は，完全になった。例えば，他の人物がその所得を享受することが許されるような方法で，A が資金を処分する場合に，処分に同意するか，それとも，処分についての不同意を表明しないかのいずれによって処分されるかということは重要ではない。所得の処分が A の自由な指令により行われ，そして，A が自身の選択によって享受できる所得は，A がそれを享受する気持ちになるかなるまいかに関わらず，A の所得として彼に課税をされる[117]。

Corliss 事件判決の中で，特徴的であるのは，「課税は，権原の工夫には関心を持たない，むしろ，課税される財産に対する現実の支配（actual command），税がそのために支払われる現実の利益に関心を持つ」という点である[118]。Corliss 事件においては，納税者が，信託の撤回権を留保していることが，所得に対する「支配」の根拠となっている。所得を自ら受領する権利を有する者がそれを受領するときに第三者に支払うように指示する場合と，事前に将来の所得を移転しそれが支払われるときに自らに支払うよう指示する場合とで差異はなく，前者では，当然に指示した者が所得税を課されるのであるから，後者である本事件も同様という帰結が導かれた。いずれの事例においても，所得を受領する者を自らに変更する権限を有していることが，所得に対する支配を有していると判断されたといえる[119]。

本事件では，納税者が所得を処分する権限を有することが，実際に経済的

---

[117] *supra* note 112, at 378.
[118] Noël B. Cunningham & Deborah H. Sche, *Taxation Without Realization: A "Revolutionary" Approach to Ownership*, 47 TAX L. REV. 725, 725 (1991-1992) は，この判示を捉えて，裁判所は権原を無視して，所有の経済的実質を特定しようと試みているとする。また，Corliss 事件は以後の事件でさらにその射程が広がっている。Reinecke v. Smith, 289 U.S. 172（1933）は，夫が妻及び子らを受益者とする信託を設定し，受託者を自分自身，息子及び銀行とし，信託契約の条項として，設定者はその他の受託者の一人の同意によって取り消すことができる旨の条項が定められていたという事実関係において，連邦最高裁が，夫への課税を是認したものである。同事件は信託設定者に信託の取消について対立する利害関係を有していない銀行による同意が必要とされる信託契約がなされていた場合にも，Corliss 事件の「支配」を認めたものと評価されている。Surrey, *supra* note 68, at 819.
[119] Vernon J. Veron, *Taxation of The Income of Family Partnerships*, 59 HARV. L. REV. 209, 256 (1945-1946).

利得を得ていない納税者に対する課税を正当化する根拠とされている。これが何故正当化根拠となるのかという点は，後のWells‐Clifford‐Horstという流れの中で，徐々に意識されて敷衍して議論がされることになる[120]。

(3) Burnet v. Wells[121]

Wells事件は，信託所得に関して，それが設定者の生命保険の保険料支払いに充てられる限度において，信託設定者に対して帰属するものとして課税がなされた事件である。1924年及び1926年歳入法は，このような事案における信託設定者への課税を明示的に定めていることから，本件での問題はこれらの規定が合憲であるか否かということである。

1922年に，Frederick B. Wellsが撤回不可能な信託を設定した。その信託の一つの信託財産として，額面価額10万ドルの株式を信託会社に信託した。この信託の所得は，信託設定者にかけられた10万ドルの保険証券に対する毎年の保険料支払いに用いることとされた。保険料支払いの後に，その所得に残余がある場合には，これを積み立てて，別の保険の保険料を支払うのに十分な金額に達するまで留保することになっていた。さらに，所得に残余があれば，受託者の自由裁量により，娘に支払われることになっていた。設定者の死後は，受託者が保険金を受け取り，その保険金でWellsの遺産に属する評価額10万ドルの有価証券を購入することになっていた。その有価証券は，娘の生存期間中は信託の一部として保有されて，娘が信託所得を受け取ることとなっていた。娘の死後，その信託は，終了し，その元本は彼女が遺言により定めるところにより，遺言またはその子がないときは信託設定者の息子たち分割されることになっていた。納税者は，保険会社に移転された財産に関して何ら権利や権益を有しておらず，何の支配も及ぼしえないものである

---

120) 既述のとおり，Seaborn事件では，このCorliss事件が課税庁の根拠として主張されていた。連邦最高裁は，Corliss事件とSeaborn事件の区別の根拠として，Earl事件の区別で述べたことと同様に，そもそも所得の移転がないということを，述べている。*supra* note 32, at 116.

121) 289 U.S. 670 (1933). なお，同事件を紹介した文献として，須貝脩一「米国所得税法における家族の課税（十）」税法学48号9頁（1955年）。

ことから，その信託所得を自らに課税することは憲法修正第5条に違反しており許されないと主張した。これに対して連邦最高裁は，納税者の主張を否定して，信託設定者への課税を是認した。連邦最高裁は以下の旨を述べている。

　　撤回権を留保する信託を利用した所得を分割する工作等の共通目的は，家族の連帯性から鑑みて，納税者が権原を他の者に与えていながらも，その支配または法的な支配ではなくとも実質的享受を自己に留保することを可能にするということである[122]。

　　政府は課税対象を求めるに当たって，権利又は財産の伝統的な分類によって制限をされるものではない。所有（ownership）に課税するだけでなく，所有の要素となる何らかの権利関係に課税することも認められる。納税者を所有者であるかのごとく取扱い，このことに基づいてこれに課税することが合理的かつ公平であるとされ得るほどに実質的かつ重要な利益を納税者が享受するときには，これに義務が課せられるべきである[123]。

　　彼は，彼の所得の一部を，生涯に渡り，保険契約の維持に充てることにしたのであって，それほどに，この契約は，彼の心の平和と幸福のために重要であったといえる。納税者の行為により，永久に充てられた所得は，自己のために用いられた所得であり，その者の所得としてこれを課税することは恣意的でもなく，圧制的でもない[124]。

　　保険料支払は義務でないとしても，保険は家族の予算において普通の方法であり，犠牲を払ってでも必ず維持される。息子や娘のための生命保険の保険料を支払うため，父親が設定した信託が，保険料を支払うことを要する者を利するものでないということは，一般通常人の観点からはあり得ない[125]。

　　保険契約維持を目的とする信託は設定者がその所得の用途を予定の計画にしたがって決定する権能を継続的に行使することを意味する。これは，受益者が制

---

122) *Id.* at 677.
123) *Id.* at 678.
124) *Id.* at 680-681.
125) *Id.* at 681.

限なく信託所得を浪費できるような設定者が自己の意思を強制できない信託とは区別される[126]。

　反対意見。憲法修正第5条がある限り，連邦議会は，Aの財産にBの財産として課税し，またはAの所得にBの所得として課税してはならない。本件の事実は履行された完全なる贈与である。贈与の対象たる財産は，その後は贈与者には課税され得ない。設定者が予定の計画に沿って所得の使用を指図する権能を継続的に行使しているという指摘は正確ではない。設定者がそのような指図をする権能は，撤回不能信託を設定することで始まり，かつ終了している[127]。

Wells事件では，納税者は信託を撤回することはできなかった。したがって，将来的に保険料支払いを停止することもできなかった。その点において，信託設定者が，支払いを停止することが出来たCorliss事件とは異なる。Corliss事件判決では，支払いを停止できる権能が重要視されているかに読めるが，本事件は，そのような権能を信託設定者が手放していても，信託設定者に課税がなされることを是認したのである。この意味において，本事件では，Corliss事件判決で言及されていた，課税において「現実の支配」が重要であるという考え方が問われたこととなる[128]。

本事件では，4名の裁判官が反対意見を述べているが，そこで争点となっているのは，息子や娘の所得を納税者の所得として課税をしているのではないか[129]，という点である。多数意見は，(i) 保険料支払いが，納税者自身にとっての心の平和と幸福のためになされるのであり，彼自身の利益といえるということ，(ii) 当初の設定が彼自身の意思によるものであるから将来的に繰り返される保険料支払いは，その意思が継続的に行使されているにすぎないということを根拠として，納税者自身の所得であることを根拠づけてい

---

126)　*Id.* at 681-682.
127)　*Id.* at 683-685.
128)　47 Harv. L. Rev. 126, 137.
129)　反対意見は，Hoeper v. Tax Commission of Wisconsin, 284 U.S. 206（1931）を根拠としていた。

る[130]。

　前者の議論は，Corliss 事件においても既に意識されていた問題，すなわち何故他人に受領される経済的利得が譲渡人の所得として正当化できるのか，という問いに答えようとしたものだといえる。ここでは，保険料という用途に制限されていることこそが，譲渡人たる父親の満足であると述べている。そして，そのこととの比較対象として，単純に受益者が制限なく浪費できる場面と異なると指摘していることが注目される。

　また，納税者が，保険料支払のために用いられる所得に対して何ら権限を行使することができない，という点は，既述の Gavit 事件の残余権者と同様なのであるが，Wells 事件では，そもそも自らの意思で贈与したものであり，その意思が継続しており，すなわち，その点において，支配と統制が及ぶとされたと考えられる。

　さらに，Wells 事件の判示で注目されるのは，政府が，課税の適切な対象を検討する当たって，権利又は物権の伝統的な分類に制約されないと明示した上で，所有に課税するだけでなく，所有の要素となる何らかの権利関係に課税することも認められる[131]，と判示している点である。そもそも，アメリカ税法においてしばしば言及されている所有という概念は[132]，我が国の所有権とは異なるものではあるが，私法と税法との関係性という観点から，この判示の意味するところを捉えると，伝統的な概念への該当性をもって所得の帰属を決定的とするのではないことを明言している点が本邦税法と比較して特徴的な部分である。このような考え方は，近年の所得の帰属に関する我が国の論者による主張にもみられる[133]。

---

130) *See supra* note 128, at 138.
131) *supra* note 121, at 678.
132) Cunningham & Sche, *supra* note 118, at 715 では，税の判断のために所有（ownership）という概念を使用することは蔓延しており，そして，この概念こそが，矛盾し時には恣意的な結論を導いてきたあまたの訴訟の元凶であると評価している。そして，議会は，所有（ownership）を定義せず，課税庁や裁判所の判断に委ねられてきたといえるが，所有（ownership）概念の発展は，漠然とした分析及び統一性の欠如によって特徴付けられると述べている。
133) 第Ｉ章注（67）参照。

(4) Blair v. CIR[134]

　Blair事件は，遺言信託によって信託財産から生じる所定の金額を受領する権利を有することになったEdward Tyler Blair（納税者）が当該権利を分割して子供達へ譲渡した事件である。課税庁は，信託から子供達に支払われる金額についても，父親に課税されるとして不足税額を決定し，それに対して納税者である父親が争った。結論として，連邦最高裁は，納税者の主張を認めて，子供達への支払われる金額は，子供達に課税され，父親には課税されないものとした。事実関係は以下のとおりである。

　納税者の父親であるWilliam Blairが遺言により信託を設定して，信託財産からの所得を妻と息子（納税者）とで折半して受領するものとした。William Blairは，イリノイ州の住民であり1899年に亡くなった。彼の息子であって納税者であるEdward Tyler Blairは，母親の死亡後は，信託所得の全体を受領することとなった。1923年に，納税者は，彼の信託所得を受領する権利から，彼の娘のLucyに暦年毎に9000ドルを受領する権利を譲渡した。さらに，娘のEdithと息子のEdwardに対しても，同時期に，信託の純所得から毎年9000ドルを受領する権利を譲渡した。本件は，まず1923課税年度に関して争われたが，巡回区控訴裁判所が，本件信託はイリノイ州法によれば浪費者信託（受益者の生活を保護するために受益者による受益権の処分を禁止する信託）であって，納税者から子らへの譲渡は無効であるとし，課税庁の主張を認める判決をした。そこで，信託受託者は，遺言信託の受益者（納税者）がそのエクイティ上の権利の一部を譲渡する権能に関する遺言の解釈を求めて，納税者の行った譲渡の効力を確定するためにイリノイ州クック地区上級裁判所に訴えを提起した。その結果，当該譲渡は有効であることが認められた。租税訴願庁は，係属していた1924課税年度以降について，上記上級裁判所の判決を適用して，課税庁の決定を覆した。巡回区控訴裁判所は州裁判所の信託に関する解釈の拘束力を認める一方で，納税者の権利は所

---

134) 300 U.S. 5 (1937). 本裁判例を紹介した文献として，須貝脩一「米国所得税法における家族の課税（十）」税法学53号12頁（1955年），山川勇一「租税回避に関するアメリカ連邦最高裁判所判例（9）」税法学219号12頁（1969年）。

得を生み出す信託財産の元本に対するものではなく，信託所得は納税者がこれを受領するまでは彼の処分に委ねられていないという理由に基づき，この所得は納税者に課税すべきものと判決した[135]。それに対して，連邦最高裁の判決要旨は以下のとおりである。

> 本件の移転は，州法に基づき有効である。問題は，納税者である譲渡者が連邦所得税法によりその所得に関して課税されるかどうかということであって，連邦税法の問題である。課税庁は，父親に課税されることの根拠として，Earl事件とLeininger事件を援用する。Earl事件は，人的役務に対する報酬に関する法の意味を明らかにしたものであり，所得を稼得した者が課税に服するとした判決である。Leininger事件は，妻はパートナーシップのパートナーとならなかったのであり，歳入法は各パートナーの純所得に対する分配分を課税しているのであるから，夫はその分配分について課税されるとした判決である。両事件とは異なり，本件での課税は，稼得する者に稼得されるものを課税するものではなく，両事件とは区別される[136]。
>
> 本件の課税は，所得に対するものであり，これに関しては，歳入法の一般的適用において，租税債務は所有（ownership）に付随するものである（Seaborn, Hoeper v. Tax Commissioner[137]）。受益権の権利者（the owner of the beneficial interest）として所得を受領すべき者が税金を納めるべきである[138]。

---

135) CIR v. Blair, 83 F.2d 655, 662 (7th Cir. 1936).
136) *supra* note 134, at 11.
137) *supra* note 129; 45 HARV. L. REV.740. 州所得税法の規定により，妻の所得を夫の所得に合算して課税されることについて，納税者たる夫が，憲法修正第14条違反（州政府に対する適正手続条項及び平等保護条項）であると主張して争った事例である。連邦最高裁は，ウィスコンシン州法上，妻の所得は完全に妻の特有財産であり決して夫の特有財産ではなく，夫が妻の財産又は所得の所有者ではなく，妻の所得は一瞬又は一部たりとも夫の財産にはならず，夫は所得に対する権原や支配を有していないとして，上記条項が適正手続条項違反であるとした。なお，憲法修正第14条は，州法に関する規定であるので，同様の主張を連邦税法の事例で主張する場合には，憲法修正第5条に基づく主張となる。
138) *supra* note 134, at 12. なお，本文中に記載の先例の他にも，Old Colony Trust Co. v. CIR, 279 U.S. 716; Douglas v. Willcuts, 296 U.S. 1とは，所得がその者の債務の弁済にあてられるが故にその納税者に所得を帰属せしめる場合でないこと，Corliss事件と

本件の遺言は，納税者の生存中，納税者に信託財産の純所得を受領する権利があるものとした。このようにして，納税者は，財産の元本に対するエクイティ上の権利の権利者（the owner of an equitable interest）となった。この権利は，譲渡可能な現在の財産であった。本件の受益者的権利の譲渡は債権の譲渡ではなく，「財産における及び対する権利，権原及び物権」の譲渡である。本件では，譲渡が有効であり，譲受人がそれにより所得に対する特定の受益者的権利の権利者となり，譲受人が当該課税年度において課税される[139]。

本事件は，後述する裁判例（Horst 事件）で引用されているが，そこでは，所得の移転であるのか，資本の移転であるかが争点となった事件として扱われている[140]。本判決では，納税者が譲渡した信託財産に由来する所得を受領する権利は，単なる債権の譲渡ではなく，エクイティ上の権利を移転したものであるとの判断がなされた。すなわち，単なる所得の移転ではなく，資本の移転であると判断されたのである。

そもそも，納税者である Blair 氏は，信託所得を受領する権利を有しているが，信託財産の元本に対する権利を有しているわけではない。したがって，信託財産を資本とみれば，Blair 氏が有しているのは所得を受領する権利であるから，その移転は単なる所得の移転に過ぎないという課税庁や控訴審裁判所の判断は理解できる。しかし，連邦最高裁は，Blair 氏の信託所得

は，租税回避の問題や，統制権を留保する場面ではないことから，区別されるとしている（*supra* note 134, at 11-12）。Douglas 事件の事実関係は以下のとおりである。1923年，納税者である Edward B. Douglas は，彼が彼の妻を受益者として，証券を信託会社に信託設定するという契約を締結した。信託財産の所得から，受託者は，妻に所定の金額を支払うこととされた。欠損分は，既定の方法により補填されることとされた。超過した所得は，納税者に支払われることになった。Douglas 夫妻の合意で，妻の権利は，離婚後扶養料その余のあらゆる法定の利益の代替であり，かつ決済であるとされた。この3日後に，判決により両者は離婚した。課税庁は，妻に分配された信託所得について，納税者の所得であると判断した。連邦最高裁は，信託財産から妻への支払いによって，夫は離婚後扶養料から解放されること，夫が所得を受領した後に離婚後扶養料を支払う場合と同様であることなどから，妻の受領する金額も夫に対して課税をされることを認めた。

139) *supra* note 134, at 13-14.
140) *infra* note 149, at 118.

を受領する権利自体を資本とみることで，その資本の移転がなされたとするのである。この帰結は，Eubank 事件と比較してみると対比的である。Eubank 事件も，反対意見は，更新手数料を受領する権利自体が資本であるとみたが，多数意見はそうはみなかった。このように，所得移転の法理に基づいて所得移転が許容されるかは，役務提供に由来する所得が資本に由来する所得と比較して厳しい判断がなされていることを指摘できる。

　なお，後述する Schaffner 事件は，本事件と同様の事例であったが，資本の移転は認められなかったことから，Blair 事件及び Schaffner 事件は対比されて，資本の移転と所得の移転との境界線をひいた事例として評価を受けている[141]。

(5)　Helvering v. Clifford[142]

　Clifford 事件は，納税者である Clifford 氏が，5 年間の信託を設定して，信託からの所得は妻に支払われるものとした事実関係の下，当該信託からの所得が，Clifford 氏の所得として課税されるか否かが争われた事件である。詳細な事実関係は以下のとおりである。1934年，納税者である Clifford 氏は，所有していた有価証券を信託財産として自己信託を設定した。当該信託からの純所得は，Clifford 氏の妻の「独占的利益」として把握されるものとされた。この信託は，Clifford 氏又は妻のいずれかが死亡した時点でより早期に終了する場合を除き，5 年の信託期間とされた。信託終了時点で，すべての信託元本は Clifford 氏に移転するが，投資からのすべての収益は，妻により絶対的に所有される財産として取り扱われた。信託の継続中，被告は，彼の妻に対して，彼の裁量の下で，その純所得の全部又は一部を支払っていた。そして，当該期間，彼は，(a) 信託された株式持分に応じるすべての議

---

[141]　*See supra* note 56.
[142]　309 U.S. 331 (1940). 本裁判例を紹介した文献として，須貝脩一「米国所得税法における家族の課税 (11)」税法学54号 6 頁 (1955年)，浅沼潤三郎「租税回避に関するアメリカ連邦最高裁判例 (9)」税法学219号18頁。海原文雄「信託の所得税におけるクリフォード原則」同・英米信託法の諸問題 (上巻) 基礎編179頁。佐藤英明『信託と課税』43頁 (弘文堂・2000年)〔初出1998年〕。

決権を行使し，(b) 信託宣言を受けた有価証券について，それが信託財産又はそれから生じる所得であるかどうかを問わず，それを処分する完全なる権限を有し，(c) 信託財産又はそこから得られる所得の中の現金を投資し，(d) 所得を徴収し，(e) 和解等をなし，(f) 別段の定めのあるものを除き，他のものの名又は自己の名において，信託財産のいかなるものをも保有する完全な権限を有した。さらに，信託財産は妻の債務に対して，責任を負わず，妻は自らに支払われる前のものに対して譲渡等することはできないものとされていた。連邦最高裁の判決要旨は以下のとおりである。

　1934年歳入法§22 (a)[143]は，「総所得」の中に，すべての「専門的職業，生業，営業，事業，商業又は不動産若しくは動産の売却若しくは取引…から得られ，そのような財産の所有，使用若しくは権利関係から生じ，さらに利子，賃貸料，配当，証券，又は利得若しくは利潤のために遂行される何らかの事業上の取引から得られる利得，利潤，及び所得または源泉の如何を問わずにそこから得られる利得または利潤及び所得」を含むと規定している。この制定法に関する解釈は，課税権を十分に行使するという議会の意図と調和しなければならない。信託法や不動産譲渡法に関する技術的問題や法的に微細な事情は重要でない。本件の問題は，信託が設定された後の設定者がいまだに，この制定法の枠組の下で，信託財産の所有者として取り扱われるか否かということである（Blair 事件参照）。この問題への回答は，信託条項及びその創設及び運営に関するすべての諸事情を分析しなければならない。家族の一員を信託受益者として信託が設定された場合には，特別の精査が必要である[144]。

　法律上の問題として，信託が短期間であること，妻が受益者であること，そして，納税者による支配権の留保は，納税者が，§22 (a) の適用上，所有者 (owner) であり続けたという結論を導く[145]。

　納税者の支配と管理に関する限り，本件信託は何らの実質的な変化をもたらさ

---

143)　48 Stat. 680, 686.
144)　*supra* note 142, at 334-335.
145)　*Id.* at 335.

なかった。確かに，厳格に法的権利のみをみれば，信託設定以前とは異なる点はあるかもしれない。しかし，納税者が留保した法的権利と，妻を通じて間接的に納税者に流入する利益を併せて考えれば，その総体は，信託以前に納税者が有していたものに相当する。この総体から，間接的利益を除外することは，§22(a)を無力化してしまう。世帯主が，通常必要な所得を超えた所得を有する場合，家族間で所得の一部を移動させても，〔所得税以外は〕世帯主にとって，ほとんど違いはない。世帯主にとって，重要なことは元金に対する支配権を留保することである。これらの事情は，所有（ownership）の問題について，適切な根拠となる事情である。これらの事情を考慮しないことは，家族間の連帯性を適切に考慮しないことになり，所有概念を，家族間の協定においては信頼のおけない法的精密さから成立させることになってしまう[146]。

　Clifford事件は，Blair事件と同様に，信託を撤回することはできず，受益者に所得の処分を任せており，また期間中の信託財産に由来する所得を納税者は受領することはできなかった。しかしながら，納税者が，信託財産の運用等の権限は留保していたこと及び残余権者でもあったことが，Blair事件とは異なる帰結をもたらすことになった。

　所得移転の法理という観点からは，Clifford事件では，資本の移転がなく，単に資本に由来する所得のみが移転したと捉えられたことになる。Blair事件では，譲渡者であるBlair氏が有していたものは信託に由来する所得を得る権利に過ぎなかったので（信託の設定はBlair氏の父親の遺言信託による），その権利自体が「資本」であり，当該権利の子供達への譲渡は，「資本」の移転とみられた。これに対して、Clifford事件では，信託を設定したのもClifford氏自身であり，信託財産自体に対する権限もClifford氏自身が留保していた。このことから，Clifford事件において，「資本」として想定されたのは，Clifford氏が信託設定した信託財産自体となり，当該「資本」はClifford氏の下にあると考えられたのである。

---

[146]　*Id.* at 335–337.

本判決においても，納税者による信託設定後における資本に対する税法上の所有（ownereship）が認められるか問題となっているが，アメリカ税法における所有（ownereship）という概念が私法上の法律関係のみに依拠して語られるものでないことが明示的に示されている。本判決では，納税者自身の留保した法的権利だけでなく，家族関係の密接性を勘案した上で，資本を納税者が所有し続けていたと考えられているのである。

　これを仮に，本邦税法において引き直すとすれば，法的権利と事実関係とを双方ともに勘案した上で，所得の帰属を決定するということになる。法律的帰属説からは，このような視点が認められるのかは疑義があるだろう。

　なお，所得移転の法理に関する裁判例は，Earl事件以来，累進課税制度への考慮を明示的には指摘してこなかったが，Clifford事件ではそれを示唆していると指摘されている。また，これ以後の裁判例では，所得移転の法理を「累進課税制度の礎石」であると述べている[147]。今日では，アメリカ税法では，累進課税制度の保護が所得移転の法理の根拠であることが，裁判例及び学説において承認されている，との評価がある[148]。

---

[147] United States v. Basye, 410 U.S.441, 450（1973）．同事件の事実関係及び判旨は以下のとおりである。医療従事者のパートナーシップであるPermanenteと，加入者にプリペイド式の医療保険を提供するKaiser基金健康保険とが，Kaiserの会員に医療サービスを提供するための契約を締結した。そして，Kaiserから，Permanenteの提供する医療サービスに対する対価の一部分については，Permanenteの構成員（Permanenteのパートナー以外の者も含まれる。）に対する退職手当とするために，Permanenteの構成員を受益者とする退職基金信託に支払うこととされた。当該金員はPermanenteの構成員のための独立した臨時口座において管理されるが，構成員は，在職中については何らの権利を有さないものとされ，また条件を満たさずにPermanenteから脱退する構成員の臨時口座は失権し，残りの構成員に再分配されるものとされた。本件は，Kaiserから信託への支払いが，Permanenteのパートナーの分配割当額に応じた課税所得となるかが争われた事例である。連邦最高裁は，パートナーシップへの対価の一部を退職基金信託へそらす契約を，Earl事件判決（所得は稼得した者に課税され，事前の取り決めにより回避され得ない。）の射程内に明白に入るとして，パートナーシップが当該所得を稼得したものであり，パートナーの課税所得となることを認めた。当該判旨の中で，所得移転の法理を，累進課税制度の礎石と述べている。

[148] Ronald H. Jensen, *Schneer v. Commissioner: Continuing Confusion Over The Assignment of Income Doctrine and Personal Service Income*, 1 FLA. TAX REV. 623, 632 (1993).

(6) Helvering v. Horst[149]

　Horst事件は，納税者である社債の所有者が，その債券から履行期日の直前に，利札を切り離して息子に贈与したという事実関係の下，利札の支払分の課税が父親に対してなされるかどうかが争われた事件である[150]。巡回区控訴裁判所は納税者の主張を認めて，父親と子との間での所得の分割を認めた。その判旨の中では，所得の分割を認めなかった二つの先例であるEarl事件及びLeininger事件と本件とが区別される理由として，本件では，納税者が，利札の対価を発行者に支払ってしまっていることから，納税者は利札を子に贈与することで，その利札及び支払に対する支配を失っていることを挙げている。それに対して，連邦最高裁は，父親に課税される旨を判示した。その要旨は以下のとおりである。

　　納税者は，利子支払請求権又は他人に対する利子の支払の命令をする権能を取得しているが，それは経済的利得（economic gain）である。確かに，経済的利得がすべて課税所得となるわけではない。そして，歳入法は，課税の機会として，「実現」を要すると考えている。「実現」は原則としては所得が支払われることが必要であるものの，既に納税者に発生した経済的利得の結実を得るところの最後の一歩が踏まれるときに「実現」は生じる[151]。

　　所得が「実現」するまでは課税されないとの法理は，行政的便宜に基づくものであって，所得の享受の最終的事実があるまで課税を延期するものにすぎない。納税者自らによる金銭又は財産の受領以外の何等かの事実によって享受が完成される場合に課税を免除するものではない。享受の完成は，彼が所得を受領し又は支配する権能を行使または処分することによって，その代わりに経済

---

149) 311 U.S. 112 (1940). 本事件を主に所得の実現という観点から分析した先行業績として，岡村忠生「所得の実現をめぐる概念の分別と連接」論叢166巻6号94頁（2010年）。また，本裁判例を紹介した文献として，宮谷俊胤「租税回避に関するアメリカ連邦最高裁判例（3）」税法学213号17頁（1968年）。

150) 本判決以前の利札の贈与に係る分析として，John M. Maguire, *Capitalization of Periodical Payments by Gift* (1920) 34 HARV. L. REV. 20, 27; Magill, *Taxation of Unrealized Income* (1925) 39 HARV. L. REV. 82, 91.

151) *supra* note 149, at 115.

価値のある他の満足を取得したときに生じる。これまでの諸判例からして，現実に金銭を受領しなかったという理由で課税を免れることはできない[152]。

諸判例の法理は，所得の源泉を所有または支配する者は，自らが受領し得たものの処分をも支配し，自分の欲求の満足を得る手段として，自分から他人に支払を転換することを理由にして，譲渡者によって，所得が「実現」されるということである。納税者は，自分の欲望の満足を得るために所得を受領し使用するか，それともそのような満足を得る手段としてこれを受領する権利を処分するか，いずれにしても同様に，自分の労働または投資の結実を享受し，欲望の満足を得た（Wells）[153]。

経済的利得，所得を受領する権利を使用して，金銭又は支出によってのみ得られることのできる満足を得るということは，その満足が，食料品店で物を買うことであろうと，自分の愛児に贈与することから生じず非物質的な満足であろうとを問わない。彼は，金銭を受領しなくとも，金銭価値の支出によってのみ得られる満足を取得するために用いた利札の譲渡から金銭価値を得るのである。利札の取得によって生じる経済的便益の享受は，納税者がその利子を金銭で受領した後に，上述の目的のいずれかにこれを支出したときと全く同じように完全に実現されている[154]。

所得を処分する権限は，所得の所有（ownership）に等しい。所得の支払いを他人になさしめるためにこの権限を行使することは，享受であり，これを行使する者の所得の実現である[155]。

受贈者に支払われるものであっても，贈与者に対してその所得を課税することは，法である（Earl, Leininger）。両事件では，移転の後に所得を創出する役務提供が行われたので，法理論的には，支払時に報酬に対する権利が譲渡者に瞬間的に与えられたと論ずることも可能であった。本事件では，所得を受領する権利がその移転に先だっており，そのような瞬間的な付与も不可能である。

---

152) *Id.* at 116.
153) *Id.* at 116-117.
154) *Id.* at 117.
155) *Id.* at 118.

しかし，法は，そのような希薄で微妙な議論には正当化の根拠を見いだしていない[156]。

このように本判決は，利札による支払について，譲渡人である父親自身が，支払を受領しておらず，譲受人である息子が受領しているのであるが，何故譲渡人に所得があるとされるのかを正当化する理由に多くの記述を割いており，その根拠の多くは，Wells事件に依っている。Wells事件では，父親が子どもたちのために保険料を支払うことが父親自身の満足であるという具体的な用途を述べて父親の所得であることを根拠づけているが，本事件判決では，保険料の支払いといった用途の限定はなく，所得を処分するということ自体が，満足なのであるとまで述べており，Wells事件の判示をさらに拡張したともいえる。

また，興味深い点として，所得を処分する権限は，所得の所有に等しい，と述べている点が挙げられる。既述のとおり，Seaborn事件において，連邦最高裁が，夫と妻とがそれぞれ夫婦の所得の2分の1を申告することを認めたのは，妻による所得の所有を決定的な根拠としており，その点の判示は先例とされている（Blair事件）。Horst事件判決では，譲受人である息子が利札の支払いを受領しているが，父親が保有していた所得を処分する権限と所得の所有とが等しいという理由によって，先例との統一性を確保しているのである。

他方で，Horst事件は，利札を分離した時点において，所定の利子が所定の時期に支払われることが予定されており[157]，譲渡人である納税者は利札を分離した以後，その利札の支払いに関して何らの影響力も行使することができない。この点を捉えて，Eubank事件と同様の反対意見がある[158]。

---

[156] *Id.* at 119-120.
[157] このことは本判決にとって意味ある事実ではなく，あくまで資本に対する支配を保持しており，第三者にそこから生産される所得を分割することによって，便益を実現させた点が重要であると考えられている。*See, supra* note 12, at 435.
[158] *supra* note 149, at 121-122. 反対意見は，以下の旨を述べている。Earl事件及びLeininger事件は，本結論を支持しない。本件では，利札は受贈者の絶対的な財産となり，贈与者の支配を離れている。Blair事件に依拠した場合に，そのことは，両事件

なお，Clifford-Horst の裁判例は，譲渡人が，移転された財産又は譲受人に所得の受領に対する，譲渡人に所得税を課することを認めるだけの十分な支配を留保しているかどうかの指標となっていると評価されている[159]。

(7) Harrison v. Schaffner[160]

Schaffner 事件は，Blair 事件と対比して言及される事件である。事案としては，遺言信託の終身受益者であった納税者である Schaffner が，1929年12月に翌年の信託所得の所定部分について，自らの子女を受領者として指定したというもので，受託者から納税者の子女に支払われた金額について，納税者に課税されるか否かが争われた。連邦最高裁の判決の要旨は以下のとおりである。

> Earl 事件から，ある者が利子または役務の対価を将来において受領する権利を有し，事前の指定でこれを贈与するとしても，この部分の所得について課税所得が実現することは，彼が所得を徴収してから後に贈与した場合と全く変わりがない（Horst, Eubank）。所得を処分する権限を有することは，所得を所有することと同様である。そして，この所得を他人に対して支払わせる権利を行使することは，それを債務の支払に充てるか贈与するかを問わず，税法上の課税所得を「源泉の如何を問わずにそこから得られる」という範疇に入る。先例との間で，本件で問題となるのは，贈与者に支払うべき利益を他人に支払うように事前に指定するにつき，信託収益と，利子，配当，賃料，その他これに類するもの

が，財産の無制限で完成された移転でないことを示すものである。Clifford 事件は，Clifford が譲渡人かつ受託者として，以前について有したすべての権利の完全な享受の実質を保有したのであって，本件とは異なる。確かに，この反対意見の主張にように，Blair 事件判決との対比において，利札自体が，譲渡可能な現在の財産である（*supra* note 134, at 13-14.），ともいえそうであり，Blair 事件判決との明確な区別をすることは困難なようにも思われる。*See also* BITTKER & LOKKEN, *supra* note 29, ¶75.3.3. ただし，後述する Schaffner 事件と対比すると，Horst 事件においては移転された利札の資本たる債券自体を父親が継続して保持していたことが重要であったと考えられる。

159) *infra* note 169, at 606.
160) 312 U.S. 579 (1941). 本裁判例を紹介した文献として，梁基恩「租税回避に関するアメリカ連邦最高裁判例（２）」税法学212号23頁（1968年）。

との間で相違があるか否かという点となる[161]。

本裁判所の判例は，所有名義の修飾とはあまり関係がなく，むしろ課税される所得に対する現実の支配や，その為に納税される現実の利益と関係があるという意見であった（Corliss, Earl, Horst, Eubank, Clifford）。これらの事件の判決はいずれも次のように判示する。所得を受領する権利を授けられたものは何人も，いかなる方法による事前の取り決めによっても所得税を免れることはできない，仮にそれがいかに巧妙に設計され，その所得を他人に対して支払わせようとしても同様である。なぜならば，彼は所得を左右できる権利を行使したことにより，彼はこの課税される所得についての利益を享受しているからである[162]。

信託の受益者が他人に終身の期間において，何らの移転された権利関係に対する支配の方式も留保せずに，所得の持分を移転した場合には，本裁判所は，信託財産の元本に関する終身の権利関係の，受贈者に対する現在の譲渡として解釈した（Blair）。しかしながら，所得の移転が明らかにその目的と効果であるにも関わらず，彼が信託財産の譲渡という形式で取引行為の装いを意図して税を免れることは，上述の判旨とは全くの別問題である。信託受益者によって為された一定期間に信託財産より生じた所得の一部の贈与は，信託財産の実質的な処分を含むものではなく，これにより彼が継続的に受益者となっている信託より生ずる利益を享受しているという真実を隠すものではない。仮に所得の贈与が所得を生ずる贈与者の財産の一時的な処分という方式をとったとしても，贈与者はそれについて実質的な利益を留保している以上，我々は，この真実がぼやかされることを許容しない[163]。

信託所得の持分を終身期間によって贈与することによる終身期間のエクイティ上の財産に係る権利関係の贈与と，本事例におけるような一年間の期間における全部または一部の所得の贈与との間での境界線を引くことに関する論理的な困難さに我々は悩まされない。程度の相違が，種別の最終的相違を生じる場合において，「境界線を引くこと」は，法的にはこのような領域において，繰り返される

---

161) *Id.* at 580.
162) *Id.* at 581-582.
163) *Id.* at 582-583.

難問である。本件においては，実質的な観点から，納税者が特定の所得の支払い（その他の所得の贈与のように贈与者に課税されるべきもの）以外の財産に関する実質的な権利関係を何ら手放していないと我々が認定することは，十分に根拠がある。どこに境界線を引くかを正確に決定することは将来の司法判断にゆだねることとする[164]。

 Blair 事件と Schaffner 事件は，双方共に信託所得を受領する権利を譲渡した事例であり，Blair 事件では譲渡人への課税は否定されて，Schaffner 事件では，譲渡人への課税が肯定されたが，両判決は，統一的で矛盾のないものとして捉えられている。すなわち，Blair 事件では，譲渡人である父親は，譲渡の対象となった信託所得を受領する権利を今後自らに復帰させることはできず，譲渡した部分について信託所得を受領できない。Schaffner 事件では，譲渡人は，一年間の信託所得の所定金額を受領する権利を譲渡しているにすぎないことから，次年度以降の信託所得については譲渡するかどうか決定することができ，あらためて譲渡しなければ自らが受領することができる。このような違いが理由となり，Blair 事件は所得を発生させる資本の移転であったが，Schaffner 事件は所得の移転にすぎないと理解された[165]。また，Blair 事件との対比において興味深いのは，Blair 事件では，受益権の所有者となることが譲受人に課税される根拠とされていたが，本事件では，現実の「支配」という観点を出していることである[166]。

 また，裁判所は，Blair 事件のような事案（信託所得の終身期間の譲渡）と

---

[164] *Id.* at 583-584.
[165] CHIRELSTEIN, *supra* note 56, at 232.
[166] Blair 事件で示されたような，所有（ownership）を所得課税の基準とする考え方については，そもそも租税法の体系は，租税の公平負担を狙いとしているが，財産の所有に関する財産法体系はそのような文脈と無関係であり，法技術的に移転の対象が財産であるということを単に表示することで累進課税の潜脱を招きかねないといった指摘や，ownership という概念は多義的であり，その定義に関して，租税の公平負担と合理的な関連をほとんど有さないコモン・ローは，ここで用いられるこれら概念の定義に何らの助けも与えないといった批判がある。*See* Ralph S. Rice, *Judicial Trends In Gratuitous Assignments to Avoid Federal Income Taxes*, 64 YALE L.J. 991, 995-998 (1955).

本件におけるような事案（信託所得の1年間の譲渡）との境界線を引くことは難しく，BlairとSchaffnerは，程度の相違（譲渡した期間の相違）によって種別が異なってくる事例であると把握している。つまり，信託所得の譲渡期間の程度の差異（譲渡の期間について1年間から終身期間と程度が異なっている）が，所得の移転から資本の移転へと認定を変えることになると考えている[167]。

そして，本事件では，Horst事件判決で述べられていた，「所得を処分する権限を有することが，所得を所有することと同じである」という考え方が再び確認されている。所得を処分する権限を行使することは，満足をもたらし，そして，その満足の享受は課税される所得を受領することと等しいと考えられているのである[168]。

(8) CIR v. Sunnen[169]

納税者であるJoseph Sunnenは，考案者兼特許権者であり，研磨器具その他の器具の製造・販売をしているSunnen社の社長であった。Sunnen社は，納税者が89％の株式を保有する会社であった。納税者は，会社との間で，自らが保有する特許権について，非独占的なライセンス契約を締結し，当該契約では，会社は，諸種の考案品を製造・販売することが許諾されて，その対価として，会社は，納税義務者に各商品の総売上の10％に相当する特許使用料を納税者に支払うものとされた。納税者は，上記ライセンス契約から生じるすべての権利を妻に譲渡し，妻は，特許使用料に対する権利を与えられた。これは，妻への贈与としてなされた。その譲渡は，会社に通知されており，会社は，妻に特許使用料を支払った。妻に支払われた特許使用料が，納税者に課税されるかが争われた。

　　納税者が，ライセンス契約を締結し，その契約から生じる特許使用料を妻に譲

---

167) Horst事件とBlair事件との比較においても同様の指摘が可能であろう。
168) supra note 166. at 994.
169) 333 U.S. 591 (1947). 本裁判例を紹介した文献として，宮谷俊胤「租税回避に関するアメリカ連邦最高裁判例（9）」税法学219号30頁（1968年）。

渡した場合には，その支払いは，納税者に対する課税所得となる。本件は，納税者が，特許使用料を受領する権利を付与するだけでなく，ライセンス契約を譲渡したことを理由に，何らかの異なった結果が生じるかどうかが問題である[170]。

　重要な問題は，譲渡人を税目的において所得の受領者として取り扱うことを合理的といえるだけの，十分な権限及び支配を対象となる財産又は所得の受領に対して有しているか否かである。Corliss 事件判決において，当裁判所は，「課税は，権原の工夫には関心を持たない，むしろ，課税される財産に対する現実の支配（actual command），税がそのために支払われる現実の利益に関心を持つ。」と述べている[171]。

　納税者は，以下の事情からすると，妻に譲渡した特許使用料の支払を支配する権限を有する他に，その契約に係る実質的利益を有していることから，Clifford-Horst 事件判決で述べた種々の課税基準を満たしている。まず，納税者は，Sunnen 社の支配株主であること及びライセンス契約は当事者が何らの責めを負わずに取り消せることから，納税者自身が，ライセンス契約そのものを取り消しうる権限を有しているといえる。さらに，ライセンス契約及び特許使用料は，近親家族内にとどまっている。したがって，納税者は妻に与えた利益を間接的に享受できる。そこで，これらの諸事実及び納税者が有しているライセンス契約及び特許使用料に対して有する法的拘束力を加味して考えると，納税者は譲渡前に有していたすべての権利の実質を留保したままとなる[172]。

　以上のことから，本件譲渡は，ライセンス契約及び特許使用料における納税者の権益の完全なる譲渡ではなく，所得を受領する権利を譲渡しているにすぎない。この取引は，家族内での所得の再分配にすぎない。再分配は所得税債務の負担を転換しない[173]。

本事件では，特許使用料だけを譲渡するのではなく，特許使用料を発生させるライセンス契約自体が譲渡された。そこで，納税者の主張は，本件の譲

---

170) *Id.* at 603-604.
171) *Id.* at 604-605.
172) *Id.* at 608-610.
173) *Id.* at 611.

渡はBlair事件タイプであり，所得を発生させる資本自体を移転しているというものである。これに対して，連邦最高裁は，Clifford事件と同様に，ライセンス契約の譲渡以前と譲渡以後との法律関係及び事実関係を比較した上で，納税者にライセンス契約前後によってその法的地位に変化はなく，ライセンス契約の譲渡は，所得を発生させる資本の移転とはならない旨を判示している。

　本事件は，ライセンス契約か特許権のいずれが所得の源泉となるのかという形式主義的な問いは斥けた上で，譲渡人が（譲渡人を税目的において所得の受領者として取り扱うことを合理的といえるだけ）十分な権限及び支配を対象となる財産又は所得の受領に対して有しているか否かを問うた[174]。そして，譲渡人が，そのような支配を保持していることが，譲渡人への「所得税を賦課することを公正とする」と述べている[175]。

　ここで翻って考えてみると，既述のとおり，連邦最高裁は，所得を処分する権限を有することは，所得の所有と同一であり，所得を処分すること自体が譲渡人にとっての満足であるということを繰り返し述べてきた（Wells‐Clifford‐Horst）。とすれば，極端にいえば，本件でも，特許使用料を受領する権利を譲渡しており，本件判示のように，ライセンス契約の内容や家族内取引であることの強調などを検討する必要もなく，納税者は所得を処分することで，満足を得ており，納税者への課税は正当化されるともいえそうではある。ここでライセンス契約の内容や家族内取引であることにこだわりをみせた連邦最高裁判決は，資本の所有に課税は従うという所得移転の法理との連携を意識し，納税者が資本を所有することを根拠づけるための言説になっているものと考えられる。

---

[174] Id. at 604. 連邦最高裁は，この点が，「決定的な問い」であると述べている。このようにSunnen事件判決は，基準を設定しているが，Sunnen事件判決が要求する支配を保持してないと判断する水準は極めて厳しい。Sunnen事件判決は，納税者に「思い出以外の何ものか」(something more than a memory) が留保されていたと結論づけている。この水準からすると，資本の移転により租税負担からの解放を求める納税者としては，移転する資本に対する，あらゆるつながりを遮断するほかない。BITTKER & LOKKEN, supra note 29, ¶75.3.2.

[175] supra note 169, at 606.

5. おわりに

アメリカ税法では，以上のような議論が積み重ねられて，所得移転の法理が形成されることとなった。これらの判例を経て，役務提供に由来する所得は，役務の提供者に帰属し，資本に由来する所得は，資本の所有者に帰属するという整理（その帰結として，資本に由来する所得は，資本自体を移転することでそこから由来する所得が帰属する者の移転する）がなされている。抽象的には，このような帰結となるのは，役務提供に由来する所得は，役務の提供者自身が最も強固な繋がりを有し，資本に由来する所得は，その資本の所有者が最も強固な繋がりを有しており，したがって，資本が移転された場合には最も強固な繋がりを持つ者である譲受人に所得は帰属することになるとも説明される[176]。

ここでいわれる「繋がり」とは何かであるが，Banks 事件判決は，一連の裁判例を踏まえて，所得の帰属は，誰が「所得に対する支配」をしているかが問われるべきことであり，譲渡人が，所得が得られる前にその所得を移転しており，当該瞬間において所得に対する支配を有していない場合には，譲渡人が，資本に対して支配を留保しているかどうかを検討すべきと述べている。その根拠は，所得の源泉を所有又は支配している者は，彼が受領し得た所得の処分も統制しており，彼が望む満足を得る手段として，彼自身から他人にその支払を転化するからである。

ただし，この理解は，所得を事前に移転し所得を支配していない譲渡人に対する課税も，「所得」課税であるということの説明にはなるが，所得税を課す対象者として，譲渡人と譲受人とが考えられる場合に譲渡人に課税すべきということまでは導出しない。というのも譲渡人を選択せず，所得を移転された譲受人に対して所得税を課すことも考え得るからである。ここで，譲渡人が選択されるのは，連邦所得税法が採用している累進課税制度の保護や

---

[176] MCMAHON & ZELENAK, *supra* note 102, ¶ 34.03.

租税徴収の実効性の確保という実践的観点にたった選択であることに留意が必要である。

　所得は，現実に所得を受領するだけでなく，当該所得を処分する権限を有することによっても，その帰属を認めうる（その背景にあるのは，所得が複層的・重層的に帰属しうるという理解である）。Banks 事件判決は，資本に対する支配を検討することが，所得を稼得し（earn），それを享受する（enjoy）当事者に課税するという原理を守ることになると述べており，この観点は，資本に由来する所得だけでなく，役務提供に由来する所得についても共通するという理解があると考えられる。

　このように，アメリカ税法では，所得を処分する権限を有するものが，所得が現実に発生する前に，当該所得を受領する権利を処分し手放したとしても，所得を処分する権限を有する者への所得の帰属が指向されてきた。そこでの説明は，所得を処分することこそが心理的満足であるという所得の原義に立ち返った根拠と累進課税制度の保護である。本邦税法においても，所得の原義は，心理的満足であると認識されており[177]，また，累進課税制度を採用している。アメリカ税法学のかかる理解は，本邦税法における所得の帰属にとっても，重要な視点を提示している。

---

[177]　岡村・前掲注（19）10頁。

第Ⅲ章　事業所得の帰属について

1. はじめに

「AとBとは，夫婦で飲食店（ポップ＆モム）を経営している。店舗の敷地の所有権や食品衛生法の許可などの名義は，夫Aとなっていたが，材料の仕入れについては，その時々の状況により，それぞれの名義A，Bを用いて取引を行っていた。このような場合，当該飲食店（ポップ＆モム）から生ずる所得はどのように課税されるか。」[1]

本事例が課税要件の一つである所得の帰属を問うていることは[2]，一読して分かる。結論へ至る論理を構築する上で頭を悩ます問題は，所得の帰属に関する代表的な二つの学説，法律的帰属説及び経済的帰属説と，事業所得の帰属を決定する基準であるいわゆる事業主基準との関係性をいかに整理するか，という点である。

このような場面では，実務的には、事業主を誰か一人に判定して，所得を事業主（通常は世帯主）に集中する課税が行われてきた（事業主基準）[3]。事業主基準に依拠する場合，上記事例では，Aが店舗の敷地の所有権や食品衛生法の許可などの名義を得ていること，仕入れもAの名義で行う場合があ

---

1) 新司法試験が実施される前に公表された租税法に関する新司法試験サンプル問題である（http://www.moj.go.jp/content/000002104.pdf ［最終確認日：2015年9月18日］）。
2) 特定の課税物件に対して何らかの関係を有する者が複数存在するような場合，誰に納税義務が生ずるかという判定基準を与えることに課税物件の帰属の問題が取り上げられる意味がある（碓井光明「租税法における課税物件の帰属について（Ⅰ）」税通26巻14号59頁，同頁（1971年））。なお，谷口勢津夫『税法基本講義（第4版）』242-243頁（弘文堂・2014年）は，帰属を課税要件としない考え方も成り立ち得るとする。
3) 岡村忠生『所得税法講義』95頁（成文堂・2007年）。

ることは，Aが事業主であるという認定を支える要素である。他方で，Bが自らの名義で仕入れを行っていることは，Bも事業主であるという認定を支える要素である。

さらに，問われることは，Bが自らの名義で仕入れを行っている以上，通常は，仕入れに係る権利義務（仕入れた物品の所有権，代金支払債務等）は仕入れの取引相手方との関係ではBに帰属することである[4]。この法的権利義務が，法律的帰属説からすると所得の帰属，すなわち納税義務者と課税物件を結びつけると思われる。それでは，法律的帰属説からは，AとBのいずれが仕入れた物品かを分離して考えて，Bが仕入れた物品に関する所得は，Bに帰属すると考えるのだろうか。事業主基準に加えて，法律的帰属説又は経済的帰属説を持ち出すと，このように社会一般にありふれた事業でさえ，所得の帰属をどのように判定していくのか，判然としない。

本稿では，法律的帰属説及び経済的帰属説との対立関係及びこれらの見解と事業主基準との関係性を，事業主にまつわる法律関係を視座に据えて検討していくこととしたい。

2. 法律的帰属説と経済的帰属説

まず，所得税法12条について，現在の対立軸である法律的帰属説及び経済的帰属説について確認をしておこう[5]。法律的帰属説は，課税物件の法律上（私法上）の帰属につき，その形式と実質とが相違している場合には，実質に即して帰属を判定すべきである，とする見解である。経済的帰属説は，課税物件の法律上（私法上）の帰属と経済上の帰属が相違している場合には，経済上の帰属に即して課税物件の帰属を判定すべきである，とする見解である。その上で，経済的帰属説に対しては，①所得の分割ないし移転を認める

4） なお，BがAの代理人であれば，顕名がなくとも商法504条の適用により，Aに権利義務が帰属する可能性はある。
5） 以下の議論は，金子宏『租税法（第19版）』165-168頁（弘文堂・2014年）に依拠する。谷口勢津夫「所得の帰属」金子宏編著『租税法の基本問題』189頁（有斐閣・2007年）も参照している。

ことになりやすい，②納税者の立場からは法的安定性が害される，③執行上経済的に帰属を判定することは困難を伴う，④所得税法13条が，みなし規定をおいていることから，所得税法に通有する原則は経済的帰属説ではないとの批判がある[6]。裁判例上，判示内容から，その背景に，法律的帰属説又は経済的帰属説の考え方を基礎にしていると読み取れるものがあり，双方の支持者から，それぞれの説を採用しているとの主張がなされている[7]。

3. 学　説

上記の法律的帰属説と経済的帰属説に関する理解の枠組は，主に現在の法律的帰属説の代表的論者である金子宏の記述に従ったものである。金子以外にも，法律的帰属説と経済的帰属説について各論者が論じているのであるが，その表現には当然ながら差異があり，法律的帰属説又は経済的帰属説のいずれかを採用すると述べている論者の中でも見解が一致しているとは言い難いと思われる[8]。

各学説を俯瞰して注目されることは，法律的帰属説にも，法律上の帰属の

---

6) 谷口・前掲注（2）245頁は，所得税法13条は，信託財産の権利を判定基準にしていないという意味で，法律的帰属説ではないとしながらも，受益権という信託法上の権利が帰属に係る「みなし」の実質的根拠である以上，経済的帰属説を採用したものとも解されない，と指摘している。

7) 例えば，竹下重人「『実質所得者課税の原則』規定の現実的機能」税法学300号53頁，同頁（1975年）は，判例は所得の帰属に関し法律的実質主義を採用していると理解している。金子は，経済的帰属説を承認した最高裁判所の判例はまだないと評価している（金子宏「所得の人的帰属について—実質所得者課税の原則」自由と正義58巻1号19頁，31頁（2007年））。他方で，事業所得の帰属について，判例は経済的帰属説を採用するとの主張として，水野忠恒『租税法（第4版）』293頁（有斐閣・2009年）参照。なお，判例は，所得税法12条が定める実質所得者課税の原則を応能負担の原則及び租税徴収の実効性の観点から基礎づけている（最判昭和37年6月29日集刑143号247頁（同旨，最判昭和39年6月30日集刑151号547頁）。さらに問われることは，応能負担の原則・担税力という概念が，法的解釈の基礎となり得るほどの厳密さを有していないという点である（岡村忠生ほか『ベーシック税法（第7版）』58頁（有斐閣・2013年））。

8) 実質所得者課税の原則についての学説の紹介と検討をしている先行業績として，吉良実『実質課税論の展開』284-322頁（中央経済社・1980年）がある。

みを認めているように読める見解と，法律上の帰属以外の所得の帰属を明示的に認めている見解があることである（以下では，便宜上，前者を法律的帰属説Ⅰとして，後者を法律的帰属説Ⅱとする。）。

さらに，経済的帰属説にも，初期の見解では経済的帰属の内容を具体化していなかったが，その内容を具体的に提示する見解が現れている（以下では，便宜上，前者を経済的帰属説Ⅰとして，後者を経済的帰属説Ⅱとする。）。

ここでは，金子の枠組を指標に，各論者の中から特徴的な記述を抽出して，本稿の検討材料としたい（なお，金子の見解は，枠組として上記で紹介しているので，以下では省略する。）。

(1) 法律的帰属説Ⅰ

中川一郎は，以下のように説く。経済的実質的な利益の享受は，必ず法律上も権利が帰属する。法律上の権利者と経済的実質的な利益の享受者とが一致しない場合は考えつかない。所得税法12条は名義人と権利者とが異なる場合には，権利者に課税客体は帰属するという当然のことを規定したものである[9]。

中川において，特徴的であるのは，法律上の権利者と経済的実質的な利益の享受者とが一致しない場合はないとの理解である。中川のこの理解は，一方の極であり，中川以後の学説において，ここまで断言するものは見当たらない。しかしながら，後述するが，経済的帰属説が想定する実質所得者課税の原則の妥当領域に関して，法律関係を緻密に考察すると，実は中川の指摘が的を射ている可能性がある[10]。

この見解からは，一つの視点として，〔法律関係と経済的利得の分離があるか否か〕という点が見出される。仮に，法律関係と経済的利得に分離がなければ，そもそも法律的帰属説と経済的帰属説との対立に意味があるのかという，両説の根本的意味を問われることになるであろう。

---

9) 中川一郎『税法学体系』130頁（ぎょうせい・1977年）参照。
10) 北野弘久も，経済的実質的な利益の享受には，法律関係が背景に存在することを指摘している（北野弘久編著『現代税法講義（5訂版）』29頁〔北野弘久〕（法律文化社・2009年））。

次に特徴的な見解として，谷口勢津夫は，違法所得（とりわけ私法上無効な行為によって得た所得）の帰属については，実体法的意味での法律的帰属説は限界に突き当たる，と指摘した上で，それを克服できる論拠を以下のように説く[11]。実質所得者課税の原則は，所得の人的帰属に関する課税要件事実の認定についてのルール（事実認定規範）である。それは，納税者や税務官庁が所得の帰属を判定する場合に遵守すべき行為規範である。私法は裁判規範であるため，私法上の真実の権利者が違法行為の瑕疵を主張したとしても，裁判でその主張が確定するまでは，違法所得の現実の管理支配者は真実の権利者の蓋然的様相を呈しているのであるから，手続法的意味での法律的帰属説によれば，その帰属の判定が可能である。

しかしながら，申告や課税処分の時点で，すでに不法所得であることが明らかな場面や租税訴訟において不法所得であったと裁判所が認める場面では，谷口の見解によっても説明が難しいようにも思われる。

他方で，谷口による不法所得の観点からの法律的帰属説の限界という指摘は，正鵠を射た指摘である。翻ってみれば，不法所得を認める根拠となる所得の経済的把握という所得概念と所得の帰属との関係性がそもそも問題になるだろう。所得の経済的把握という理解は，「所得」とは，固有概念の一つであり，「経済上の利得を意味するから，ある利得が所得であるかどうかは，その利得の原因をなす行為や事実の法的評価を離れて，実現した経済的効果に即して判定すべき」であるとする[12]。したがって，この理解は，直観的には法律的帰属説と齟齬が生じ，経済的帰属説と親和的なように思われる。この点，法律的帰属説を主張する論者の中に，所得の経済的把握を否定している者は見当たらないが，法律的帰属説との関係をいかに考察しているのかは不明である。

なお，不法所得の観点からの法律的帰属説の限界という指摘に対しては，所得税法12条・法律的帰属説は形式と実質が異なった場合にのみ機能するから，不法所得の局面は同説の対象とする領域の範囲外であり，法律的帰属説

---

11) 谷口・前掲注（2）248-250頁参照。
12) 金子・前掲注（5）117頁。

の限界とはならないとの反論もあり得る。例えば，AからBが現金を窃取したとする。この場合，Aの収入金額か否かが問われるということはなく，ただ単にBの収入金額に算入するかが問われるのみである。Bが窃取した金員については，既にAが取得した時点で，本来はAに課税がされるべきであるから，「法律上帰属するとみられる者」と「収益を享受する」者とが異なっているわけでもなく，所得税法12条及び法律的帰属説・経済的帰属説の規律の範囲外となるということである。これは，所得税法12条及び法律的帰属説・経済的帰属説は，形式と実質が異なった場合にのみ機能すると考える場合の反論である[13]。この点について，所得の帰属が，不法所得の場面だけその性質を異にする根拠がなく，当該反論は妥当でないと考える。

(2) 法律的帰属説Ⅱ

清永敬次は，以下のように説く。課税物件たる所得を「取得する」者が，単なる名義人でなく，例えば当該事業を実際上経営している者であることは当然である。「収益を享受する」者とは事業の場合には，当該事業を実際上経営している者である。このように考えることができるならば，実質所得者課税の原則は税法上特に特有の内容をもった原則ではない。経済的な成果は通常法律上の関係によってその帰属者が決まってくるのであるから，法律上の関係をはなれて経済的な帰属が存するとされる場合が仮にあるとしても，それは限られた場合である。そして，それは，とくにそう考えなければ課税上著しく不都合を生ずる，すなわち担税力を欠く者に課税をする結果となるというような場合でなければならない[14]。

清永自身は，法律的帰属説に親和的な立場を採用していると考えられるが，特別の場合には，所得の経済的な帰属が認められる余地を残している。

---

13) 例えば，武田昌輔「事例研究第139回」税研161号49頁，51頁（2012年）では，本条を形式と実質が異なった場合にのみ機能する規定との理解が読み取れる。しかしながら，所得税法12条の体裁はそうであるとしても，同条を端緒にした法律的帰属説と経済的帰属説との間の議論は，形式と実質が異なる場合に限定された議論ではなく，課税要件たる所得の帰属とは法律的帰属と理解するか経済的帰属と理解するかという，所得の帰属の意義自体を問う議論ではないかと考えられる。

14) 清永敬次『税法（新装版）』72頁（ミネルヴァ書房・2014年）参照。

碓井光明は，以下のように説く。所得税法12条は，法律上の帰属に関する規定と解するのが妥当である。私法上の権利を有する者は，その権利を行使し得ない合理的理由があって収益を支配していない場合を除いて，所得の帰属者となるというべきであり，その例外的場合の要件は具体的事案に即して吟味される必要があるものと考える[15]。

　これらの見解の共通点は，原則として法律関係によって所得の帰属が判定されるが，一定の場合（清永「担税力を欠く者に課税をする結果となるというような場合」，碓井「権利を行使し得ない合理的理由があって収益を支配していない場合」など）には，法律関係とは離れて所得を帰属する者を認めていることである。すなわち，法律的帰属説Ⅰが，明確に述べていない〔所得の経済的把握と所得の帰属との関係性〕の解決を，所得の経済的把握がされる場面は法律的帰属説の例外である，として説明を試みている。

　しかしながら，このように一部の例外であっても，法律関係を離れた所得の帰属を認めることは，それはすなわち経済的帰属説を採用しているとも考えられる[16]。ここでは，なぜ，例外が認められるかについてのさらなる理論的根拠が必要となるであろう。

(3) 経済的帰属説Ⅰ

　田中二郎は，以下のように説く。所得や財産が法律形式上帰属する者とその経済的実質を享受する者とが異なっている場合に，かような事実に租税法

---

15) 碓井光明「租税法における課税物件の帰属について（Ⅱ）」税通27巻2号48頁，50頁（1972年）は，法律上の帰属者以外の者が収益を事実上支配している場合において，当該法律上の帰属者と収益の事実上の支配者との間に争いがあって，訴訟にまで及ばねば回復できないような事情のときは，別箇の考慮が必要であり，このような場合にまで，法律上の帰属を貫くことは納税者に過重な負担を強いるものである，とする。さらに，実質所得者課税の原則は，当然のことを宣言した無意味な規定というわけではなく，納税者と課税庁との間においては，所得の帰属が不明確な当事者間で紛争が発生した場合の処理と同じ法的取扱いをすべきことを求めるところに実質所得者課税の原則の意味があるとする。また，山田二郎も，清永・碓井と類似の立場と考えられる（山田二郎「実質課税の原則」同『租税法の解釈と展開（1）』189-190頁（信山社出版・2007年）〔初出1977年〕参照。
16) 清永敬次「吉良実著『実質課税論の展開』及び『所得税法の論点』」税法学381号17頁，42頁（1982年）参照。

上の評価を加え，経済的実質に実現されたところを捉えようとする考え方である実質課税主義又は実質課税の原則は，特別の規定をまつまでもなく，租税法の解釈運用に当たって，当然に承認されるべき考え方である。ただ，通常は，法律上の形式がそのまま経済的実質を反映しているものということができるので，実質課税の原則が適用される場合は，実際上には，比較的限定されることになるであろう。表見的・形式的な所有者のほかに，資産・事業等の収益を実質的に享受・支配している者がある場合には，その者を税法上の所得者と認めるべきであり，所得税法12条はこの実質課税の原則を明文で定めた例である[17]。

この田中の理解は，中川の理解とは反対に，法律関係と経済的実質を享受する者との分離を明確に認めた記述となっている。中川・田中という同時代の代表的論者の間に，〔法律関係と経済的利得の分離があるか否か〕という両説の前提となる点に，根本的理解の相違があったことが分かる[18]。

田中は，経済的利得は法的権利にもたらされるという認識の下に，原則として法律的帰属により処理がなされて，経済的帰属が認められるのは，一定の場合に限られるとする。これは，上述した法律的帰属説をとっている清永・碓井とも近似する見解である。

ただし，田中は，所得の帰属を，経済的帰属・経済的実質的利益の享受とみていることから，清永・碓井において説明が困難であった，〔所得の経済的把握と所得の帰属との関係性〕という観点について，一貫した説明が可能となる。

というのも，この見解は，あくまで所得の帰属とは経済的実質的利益の享受であることを前提とする。そして，通常の状態では，法律的帰属説が妥当するが，それは，通常は法律関係に基づき経済的実質的利益の享受があることを根拠としている。すなわち，法律関係を，経済的実質的利益の享受を判

---

[17] 田中二郎『租税法（第3版）』176-177頁（有斐閣・1990年）参照。
[18] なお，山田二郎の初期の見解でも，田中と同様に，経済的実質主義が正しいが，収益の享受は法律上の権利の取得に基づいて享受するものであるので，通常この両者は一致するとしていた（山田二郎『税務訴訟の理論と実際』41頁（財経詳報社・1973年）参照）。

定するために用いているにすぎない。したがって，法律関係と経済的実質的利益の享受との間に乖離が生じているような場合に，後者によって帰属を判定することがむしろ所得の帰属の本旨に従った方法である，と説明できるのである。これに対し，清永・碓井の見解では，例外的に経済的帰属が妥当する領域について，なぜその場面では経済的帰属が妥当するのかについての説明ができない。

さらに，所得概念との関係でも一貫した考え方がとれるのは経済的帰属説である。既述のとおり，所得は，「経済上の利得を意味するから，ある利得が所得であるかどうかは，その利得の原因をなす行為や事実の法的評価を離れて，実現した経済的効果に即して判定すべき」とされる。したがって，所得の帰属を，所得概念から，演繹的に導出すると，「経済的利益を現実に支配し自己のために享受している」のは誰かということが所得の帰属において問われることとなり，これはまさしく経済的帰属の内容として説かれていることと近似すると考えられる。

(4) 経済的帰属説Ⅱ

吉良実は，以下のように説く。「所得の帰属者」とは，所得という経済的な利益が特定の人格者に結合し，それを支配し，占有するに至った者，ということである。そしてそのような結合関係・支配関係・占有関係等が生じているかどうかの判定に当たっては，必ずしも法律的な評価によることを必要とせず，つまり私法上の形式的「取得」の要件を備えているかどうかという評価（所有権を有しているかどうかという評価）を要せず，所得という経済的な利益の効果が現実に及んでいるかどうか（事実上享受し占有しているかどうか）という観点から判定すればよい[19]。法形式上の帰属と法実質上の帰属とが異なる場合の問題であれば，本条を「法律上の帰属に関する実質主義」の規定だとみてそれに適用する。法律上の帰属と経済上の帰属とが異なる場合の問題であれば，本条を「経済上の帰属に関する実質主義」の規定だとみて

---

19) 吉良・前掲注（8）271-272頁。

それに適用し，その具体的な問題を解決する[20]。法律的帰属説と経済的帰属説との対立にはあまり意味はない[21]。

　吉良の見解において，特徴的なのは，所得の帰属を，「所得という経済的な利益が特定の人格者に結合し，それを支配し，占有するに至った」こととして，より具体的な意味内容を提示していることである[22]。ここで，さらに問われるべきことは，この結合関係・支配関係・占有関係等によって所得の帰属を導出する根拠は何なのかということである。その根拠としては，既述した，所得の経済的把握から演繹すると，このような理解となるということはいえるであろう。

　なお，吉良の見解のうち，法律的帰属説と経済的帰属説の双方が場面に応じて妥当するという立場は，経済的帰属説の内容をより明快にする。

　すなわち，経済的帰属説Ⅰも，経済的利得は法律上の関係によってその帰属者が決まってくることから，「形式・外観上の権利者」≠「法律上の真実の権利者」の場合には，「法律上の真実の権利者」に所得が帰属すると考える（通常は「法律上の真実の権利者」＝「経済的実質的な利益の享受者」となるからである。）。そして，例外的な「法律上の真実の権利者」≠「経済的実質的な利益の享受者」の場合には，「経済的実質的な利益の享受者」に所得が帰属すると考えていると整理できよう。すなわち，吉良の立場のように，経済的帰属説とは，それぞれの場面に応じて法律的帰属説と経済的帰属説とを適用しているともいえる[23]。

---

20) 吉良・前掲注（8）270頁参照。
21) なお，吉良は，自らの見解を法律的帰属説と経済的帰属説の双方の差異には拘らないとの立場を採用されているが（吉良・前掲注（8）270頁），同見解は経済的実質主義そのものにほかならないとの指摘もあり（清永・前掲注（16）同頁），便宜上，本稿では経済的帰属説として位置付けている。
22) 木村弘之亮『租税法総則』166-167頁（成文堂・1998年）も，経済的帰属説を支持した上で，経済上の帰属について，「資産（および収益）に対して事実上の支配力を行使する場合」と表現している。
23) 清永・前掲注（16）同頁参照。

(5) 小　括

　以上の検討から，法律的帰属説・経済的帰属説を理解するための視点として，〔所得の経済的把握と所得の帰属との関係性〕，〔法律関係と経済的利得の分離があるか否か〕という視点が浮かび上がってきた。以下では，これらの視点から考察を進めていこう。

4. 所得の経済的把握と所得の帰属

　所得すなわち収入金額には不法な所得（違法[24]ないし私法上無効な利得）も含むとされ，それを課税対象とすることが一般に認められている。とすれば，私法上無効な利得であっても，所得の帰属が認められていることになる。しかしながら，この理解は，法律的帰属説との関係においては，説明が困難なようにも思える。この直観は正しいだろうか，以下では「法的評価を離れて，実現した経済的効果に即して判定」される所得が認められる場面の法律関係を検討することにしよう[25]。

(1) 不法所得（「金銭」・「物」）

　不法所得の原因となる犯罪行為（窃盗，強盗など）の場合，加害者は，被害者に対して，当然，何らの権利も有していない。他方，被害者との関係ではなく，所得税法が「収入する」対象として予定している「金銭」，「金銭以外の物又は権利」，「その他経済的利益」（所得税法36条1項参照[26]）との関係

---

[24] 法律上禁止された行為によって得られる所得には，所得の原因となる行為が無効とされる場合と有効とされる場合の双方の場合が含まれる（清永・前掲注(14)50頁）。ここでは，私法上無効な利得を念頭に置く。

[25] 不法所得は，いわゆる所得の年度帰属との関係では，管理支配基準が妥当すると考えられる。この点，所得の年度帰属の問題と所得の人的帰属とは密接に関連する問題である（谷口・前掲注(2)243頁）。所得の年度帰属におけるもう一つの基準である権利確定主義は，権利の「発生」を前提とするから，法律的帰属説と特段の矛盾は生じないであろう。しかしながら，管理支配基準が妥当する場面は，通常，不法所得の場面と同様のことがいえる。

[26] 同項は，「金銭以外の物又は権利その他経済的な利益をもって収入する場合」と規定しているので，法は，「金銭」を「収入する」場合を，当然に予想していると考えら

については，別途の考慮が必要である。犯罪行為の場合，通常，加害者が取得するのは，「金銭」又は「物」であろうから，それらの法律関係についてみてみよう。

「金銭」は，所有と占有が一致する[27]。加害者は，金銭を現実に支配し占有しているので，「金銭」の所有権を取得している。また，「物」の場合には，加害者が，所有権を取得することはないが，占有権が観念できる。このように，加害者は，被害者に対する関係では，義務を負担するのみで何らの権利も有していないが，「収入する」対象に対しては，所有権や占有権という法的権利を取得している。よって，法律的帰属説からは，不法所得の場面を，こういった法的権利を取得しているという意味において，加害者は所得の「真実の法律上の権利者」であり所得が帰属すると説明することも考えられる[28]。

しかしながら，このような説明は，逆に法律的帰属説の疑問点を浮かび上がらせもする。それは，「収入する」対象に対して所有権や占有権を取得することが，所得の「真実の法律上の権利」と考えてよいのか，という疑問である。私法は，所得概念を規律していないので，所得に対する「真実の法律上の権利者」を判定しようとしても，その「真実の法律上の権利」とは，私法上のいかなる法律関係をいうのか，私法から導出され得ない。いかなる法律関係が，所得の真実の法律上の権利者か否かは，税法が検討しなければならない問題である。

れる。また，「その他経済的利益」を「収入する」場面（無償による金銭の貸し付けや役務提供を受けた，債務免除を受けた場合など）では，所得が帰属する者に法的権利を観念し難いが，これらの者が得ている経済的利益も，法律関係に基づくものであることにかわりない。

27) 最判昭和28年1月8日民集7巻1号1頁，最判昭和29年11月5日刑集8巻11号1675頁，最判昭和39年1月24日判時365号26頁。我妻栄〔有泉亨補訂〕『新訂物権法』235-237頁（岩波書店・1983年）。
28) この点，渕圭吾は，資産の実質的な帰属と所有権の所在とが乖離している場面では，所有権ではなく自主占有こそが基準として機能しており，所有権より小さい単位で資産を観念し，それを所得帰属の法的基準とする可能性を示している（第Ⅰ章注(67)参照）。

(2) 不法所得（「権利」, 収入実現の蓋然性）

次に,「権利」を「収入する」場面はどうであろうか。この点, 利息制限法による制限超過の未収の利息及び損害金に対する課税の許否が争われた事件において[29], 判例は, 未収の制限超過利息については,「法律上, 貸主として履行強制のためのいかなる手段も有しない制限超過の利息・損害金につき, 単に約定の履行期が到来したというのみで所得ありとすることは, 制限超過部分についてもその支払のあるのが常態であるとする論証のない限り, 究極的には実現された収支によって齎される所得について課税すべきであるという, 課税上の基本原則に背馳するものというべきである。〔傍点筆者〕」と判示して, 所得であることを否定はしている。

しかしながら, この判示の傍点部分からすると, 制限超過部分についてもその支払のあるのが常態であるとの論証があれば, 収入金額に計上することが許される余地があるとも読める[30]。仮に, 制限超過利息の履行が常態化していたとする。消費貸借契約書上だけの法的には無効な債権を有する貸主は, そもそも法的権利は有しておらず,「債権の履行が常態である」という事実上の地位（裁判で請求権が認められることのない地位）にいるにすぎない。そこには, 何ら法的権利は認められない。しかし, 判例理論から推測すると,「権利」を全く有さない場合にも所得が認められる可能性がある[31]。したがって, 仮に, このような場面において所得が認められることがあるならば, その所得の帰属を法律関係から説明することは困難である。以上のことから, 法律的帰属説の立場から, 所得概念と帰属との連接を考えるとき, 理論面において, その両概念の連接は破れるおそれがある。

---

29) 最判昭和46年11月9日民集25巻8号1120頁。
30) 可部恒雄「判解」最判解民事編昭和46年度668-669頁（1972年）は, 制限超過利息・損害金の「未収分についても, その収入実現の蓋然性があると解すれば, これを現実に収受された場合と同視して,『収入すべき金額』に該当し, 被課税所得を構成するとしたであろう。税法上の所得の成否につき, 権利の有無は, ほんらい, その問うところではないからである」としている。
31) なお, 藤谷武史「不法な所得—制限超過利息」水野忠恒ほか編『租税判例百選（第4版）』57頁（2005年）は, この判旨部分を個別事案の立証によっては未収の制限超過利息でも所得を構成しうる, という趣旨ではなく, 未収の制限超過利息という類型については一般的に課税所得該当性を否定した, と読むのが妥当であろう, とする。

5. 法律関係と経済的利得の分離

　中川一郎は，法律関係と経済的利得が分離する事態は存在し得ないと主張していた。また，法律関係と経済的利得の分離という場面が存在することを前提にする論者も，その事態が通常ではなく例外であるという認識の一致はみられる。そのような例外の場面としては，既述の不法所得の場面が挙げられるが，不法所得の場面以外にも果たして，法律関係と経済的利得が分離する事態というものは生じ得るであろうか。

(1) 昭和29年通達の指摘する局面

　経済的帰属説といわれる昭和29年通達3条の2関係11・12は[32]，経済的帰属が妥当する場面として，〔i〕会社が商法その他の法令の規定により自己の株式を所有することができないため重役等の名義で所有し配当金を取得している場合，〔ii〕登記その他一般に行われる財産権移転の手続未済の土地，家屋等の譲受人が当該土地，家屋等から生ずる収益を取得している場合，〔iii〕仮装売買の売主が当該売却したことを仮装した財産から生ずる収益を取得している場合，〔iv〕他人（法人を含む。）名義で事業を行っている者が当該事業から生ずる収益を取得している場合を挙げている。

　これらの事例は，名義人と名義人以外の者（現実の収益の取得者）とのどちらに収益が帰属するかが問題となっている。一見すると，名義人以外の者は，法律関係に基づかずに経済的利得を取得しているかにみえるが，実はそうではない。そのような誤解を生む原因は，名義人と第三者との法律関係と名義人と名義人以外の者（現実の収益の取得者）との法律関係を意識していない点にあると考えられる。

　例えば，〔ii〕において，土地，家屋等の賃貸借に基づき収益を取得しているとすると，その賃借人との間で賃貸借契約を締結しているのは名義人た

---

[32] 吉良・前掲注（8）262-263頁。

る譲渡人であるかもしれない。そのような場合には，譲受人から譲渡人への賃貸があり，譲渡人から第三者たる賃借人への転貸があると整理できるであろう。この類型では，譲受人が収益を取得しているのであるから，名義人たる譲渡人と現実の収益の取得者である譲受人との間で，最終的に，譲受人が収益を取得するとの賃貸借契約又は何らかの合意が存在するであろう。そのような契約や合意に基づき，名義人たる譲渡人は賃借人から受領した賃料を譲受人に引き渡すことになる（なお，仮に，譲受人が，譲渡人の許可を得ずに，無断で，譲渡人名義で賃貸している場合は，契約当事者は，「譲渡人こと譲受人」であって，譲受人はまさしく契約当事者として法律関係に基づき経済的利得を取得している。）。

　以上を前提にすると，上記通達の指摘していた各類型においても，実際に収益を取得している者は，法律関係に基づき経済的利得を取得しているといえる[33]。とすれば，法律的帰属説・経済的帰属説の双方の立場から，上記場面において，収益の取得者に所得が帰属すると考えることとなる。そして経済的帰属説も，法律関係に基づき経済的利得が把握される局面では，法律的帰属と同じように所得の帰属をみることからすると，この場面を経済的帰属の場面と理解するのは適当ではない。

(2) 吉良実の指摘する局面

　吉良実は，法律関係と経済的利得が分離する場面として，私法関係には処分権主義が妥当することから，利害関係人が特に異議を述べない限り，作出された法律関係が，あたかも真実ないしは実質的帰属であるかのごとくに取り扱われる可能性を指摘する[34]。

　これは，具体的には，納税者とその関係者が馴れ合い訴訟をするような場

---

[33] 大阪地判平成12年12月8日税資249号順号1055頁（控訴審：大阪高判平成13年9月7日税資251号順号8969）では，「収益が法律上だれに帰属するかの問題は，名義人と名義人以外の者の間において法律上どちらに帰属するかの問題であり，本件における収益のように収益が第三者から支払われた報酬であるような場合に，その報酬の支払者との関係で，何者が法律上その報酬を受領する権限を有するかとは別個の問題であるというべきである」と判示されている。

[34] 吉良・前掲注（8）305-306頁。

面を想定していると考えられる（例えば，夫婦が所得の分割を計画し，当事者間で組合契約があることを前提とした判決を取得することなどが考えられる。）。しかしながら，民事訴訟法上，判決の既判力は訴訟物を対象として，かつ，相対効であるから，馴れ合い訴訟により虚偽の関係を作出した納税者と関係者との間の判決は，納税者と課税庁との間の租税訴訟において拘束力を有さない。したがって，例えば，裁判所が，後訴の租税訴訟において，前訴と異なる事実認定や法律関係に基づいた判断をすることに法的障害はない。

また，納税者と課税庁との租税訴訟の中では，課税庁も訴訟活動をした上で，双方の主張・立証を踏まえて，裁判所が事実認定と法的判断をするのであるから，その結論がいずれになろうと問題視することではない。例えば，裁判所が，租税訴訟での証拠を検討した上で，馴れ合い訴訟に基づく判決と同様の法律関係を認めた場合，むしろそれが正当な裁判の結果である。したがって，吉良が提示する局面も，法律関係と経済的利得が分離する場面としては妥当でない。

(3) 水野忠恒の指摘する局面

水野忠恒は，銀行預金を例にとり，利子の帰属者は，預金の名義人ではなく実際に預金利子をすべて引き出していたものになるとする[35]。例えば，夫が自己の名義のキャッシュ・カードを単に保管という趣旨でたまたま妻に預けており，妻が自由に預金を利用することは許していないが，妻が利子をすべて引き出していたものとして法律関係をみてみよう。この場合，妻は，法的権限なく利子を引き出していることからすると，既述の不法所得の場合とパラレルに考えられ，所得の帰属に関するいずれの見解からも，妻に所得が

---

35) 水野・前掲注（7）295頁。この説例のような裁判例として，水野は，山口地判昭和46年6月28日訟月17巻10号1671頁を指摘する。当該事案は，個人が金銭信託を現物出資として会社を設立したところ，現物出資について定款の記載がなく，現物出資は無効となり，金銭信託に係る収益が，出資者である個人と会社のどちらに帰属するのかということが争われた。本事件では，金銭信託の現物出資は無効であるので，金銭信託の法律上の帰属は個人にある。しかしながら，金銭信託の収益は，経済的に会社に帰属し，実際にも会社の運転資本として使用されていたため，収益の帰属は会社にあるとされた。

帰属して，預金利子相当額が妻の収入金額に算入されることになると考えられる（所得種類は問題として残る。）。

　また，仮に夫が妻に預金利子の利用を許していた場合，妻は法律関係に基づき利子を取得しており，妻にとって非課税所得となるだろう（所法9条1項15号）[36]。以上からすると，水野の指摘する局面においても，法律関係に基づかない経済的利得が生じており経済的帰属として説明しなければならないのは不法所得の局面ということになる。

(4) 経済的利得を喪失する側の所得の帰属

　これまでの検討からすると，経済的帰属説が，経済的帰属を認めてきた者（昭和29年通達での収益の取得者）は，法律関係に基づく経済的利得を得ているか，または不法所得を得ているかのいずれかと整理できる。そして，これらの者たちに対する所得の帰属を認める点で，法律的帰属説と経済的帰属説の帰結に差異は生じない。

　ここで逆に浮かび上がってくる問題は，経済的利得を喪失している側の所得の帰属の問題である，つまり，名義人の側の所得の帰属をどう理解するのかという問題である。この点では，経済的帰属説と法律的帰属説との間で差異が生じるとも考えらえる。

　このことを昭和29年通達の〔ⅱ〕の事例でみてみよう。譲渡人をA，譲受人をBとして，Aが賃借人との間では契約当事者となっており，終局的に収益はBに帰属せしめる何らかの合意がAB間にあるものとする。この場面では，Aは，賃借人に賃料を支払うよう請求できる。ただし，仮にAが賃料を受領したとしても，AB間の合意に基づき，Aは賃料相当額をBに引き渡す義務を負うので，終局的な収益の取得者はBとなる。

　経済的帰属説は，この局面では，Aには経済的帰属がないと考えて，Aを課税の対象者とはしない。他方，法律的帰属説からは，このような場面で

[36) 本問のように親族に自由に収益を消費させるような場面について，後藤昇ほか編著『所得税基本通達逐条解説』113頁（大蔵財務協会・2012年）は，「その親族は単に二次的にその分配にあずかっているにすぎないものと解すべきである」とする。

の処理として，以下の二通りが考えられる。第一は，Aが賃料請求権者である以上，Aに所得が帰属する。その上で，Aは，賃料相当額をBに引き渡しているので，そのことが，Aの必要経費などの控除項目となるかどうかの問題となる。第二は，Aが賃料請求権者ではあるが，相殺的債務の存在により，所得を構成しないので，Aに課税関係は生じないという理解である。ここで，第一の処理と第二の処理のいずれとなるかは，マイナスの収入金額が機能する場面と捉えるか否かという点に依拠すると考えられる。

現在，マイナスの収入金額が存在し，収入金額に固有の計算段階があり，収入金額の中で，差引計算が行われていることが認識されている[37]。上記場面は，Aは法的権利に基づき経済的利得を取得するが，それと同時に，当該利得を引き渡す義務を負担するので，マイナスの収入金額が機能する局面と捉えることもできる。さらに，マイナスの収入金額は，法律関係に基づく債務だけではなく，経済的利得が奪取される事実状態すら取り込む可能性もある[38]。

以上の検討から，法律的帰属説からも，経済的利得を喪失するAに対して所得の帰属を認めず，法律的帰属説と経済的帰属説との間に差異が生じない可能性もある。

---

37) 岡村忠生「収入金額に関する一考察」論叢158巻5・6号193頁，195-197頁（2006年）。
38) この考え方の可能性を示唆するものとして，東京高判平成23年9月21日訟月58巻6号2513頁参照。遺産分割未了の土地について，遺産分割審判手続の過程で競売されたが，遺産分割審判の結果として，相続分が認められず代金を取得できなかった納税者である共同相続人に対しても，当該競売による譲渡所得が帰属するとして課税処分がなされた事例である。競売代金は遺産管理者名義の口座に保管されていたこと等により，納税者は，「収入の実現可能性」がなかったとの主張をしていた。これに対して，裁判所は，遺産管理者は相続人の代理人であり，代金は「遺産管理者が，取得・管理していたのであるから，本件売却時点において，〔納税者〕は，本件売却代金のうち持分相当額を支配し，本件売却による譲渡益を実現していたといえるのであって…「収入の実現可能性」もなかったということはできない。」（〔〕部分は筆者）と述べている。私法上の権利の帰属という観点のみからすると，そもそも「収入の実現可能性」自体を論じる必要がないはずであるが，裁判所は，そのことを根拠に納税者の主張を退けるのではなく，遺産管理者は相続人の代理であるという構成によって，収入の実現可能性があったという認定をして納税者の主張を否定している。

(5) 相殺的債務

　ここで，相殺的債務について触れておくと，相殺的債務は，「金銭の受領に対応した債務」として言及される[39]。マイナスの収入金額として機能する相殺的債務として，民法の規定から挙げるとすると，貸金返還債務（587条），使用貸借契約・賃貸借契約・寄託契約に基づく目的物の返還債務（593条，601条），委任契約に基づく受取物の引渡し債務（646条），組合契約に基づく受取物の引渡し債務（671条・646条）などが認められるであろう。

　一方，不法行為に基づく損害賠償債務（709条），不当利得返還債務（703条）などは経済的利得と同じ原因で相殺的に生じる債務ではあるが，マイナスの収入金額としては機能していない（仮に機能していれば，不法所得は認められない。）。

　この二つの類型の差異は，債務の履行可能性である。後段のマイナスの収入金額として機能しない相殺的債務は，実際に履行される可能性がないと認められる範囲において，課税上，債務の金額とは評価されず，収得した（借り入れた）金銭を相殺することはできない。これは，課税における金額（価値）評価の問題であると理解されている[40]。

(6) 法律的帰属説と経済的帰属説の関係

　以上の検討から，中川一郎が，法的権利関係と経済的利得の分離は存在しないと主張したことは，各当事者の法的関係を考察すると，現在でも，原則として，妥当な指摘であるといえる。課税関係を考察していくと，法的権利を有している者と経済的利得を得ている者とが別箇となる局面は，違法行為の場合に限られる[41]。

　あらためて，法律的帰属説と経済的帰属説の関係をまとめると，以下のようになると考えられる。

---

[39]　岡村・前掲注（3）31頁。
[40]　岡村・同上。
[41]　なお，不法所得の場面も加害者は損害賠償債務を負担している点で，法律関係と経済的利得との間に分離はないとも考えられる。中川の指摘は，ここまでを念頭においている可能性もある。

①法律的帰属説は，不法所得を説明することが困難である。
②法律関係と経済的利得が分離する場面とは，不法所得の場面に限られる。
③経済的帰属説が，経済的帰属の場面として想定する事例は，その背後に法律関係が潜んでいる。
④法律関係と経済的利得が一致する場面では，法律的帰属説及び経済的帰属説共に，法律関係に基づいて所得の帰属を判定する。

この関係からすると，法律的帰属説と経済的帰属説とで帰結が変わる場面はほぼ想定し難い。法律的帰属説からは，不法所得の説明が困難であるが，それを否定はしていないので，経済的帰属説と所得の帰属の帰結が異なることはない。経済的帰属説からも，そもそも論者が経済的帰属として把握される局面としてあげる事例は，法律関係が背景として存在していることから，法律関係に基づいて所得の帰属を把握することになる。

そして，所得概念との間で論理一貫性を有しており理論上の難点が認められないのは，経済的帰属説であることからすると，法律的帰属説は，経済的帰属説における法的帰属の局面を解明するものとして，同説に解消されるべき見解なのではないかと考えられる[42]。ただし，法律的帰属説が，経済的帰属説の中において解消されるといっても，実際の所得の帰属の問題として表面に現れてくるのは，法律的帰属説であり，経済的帰属説は不法所得の場面においてのみその姿を表すにすぎない。

---

[42] 吉良は，そもそも両説の対立の意味があるのかを問うていた（吉良・前掲注（8）270頁）。また，近年，谷口勢津夫により，所得の年度帰属について，「所得の人的帰属は所得の『享受』（12条）の事実によって判定されるが，この事実が確定するのは，所得の処分可能性を確実に自分のものにしたときである。すなわち，所得の実現は，所得の処分可能性を確実に自分のものにしたこと」を意味すると説かれており（谷口・前掲注（2）332-334頁。谷口勢津夫「税法における所得の年度帰属について」税法学566号267頁，293頁（2011年））、筆者もその方向性が妥当だと考えるが，所得の人的帰属についても，本文のように把握することが，この年度帰属の考え方とも調和するのではないかと考えられる。

6. 事業所得の帰属

(1) 事業主基準に係る裁判例

　ここまでは，所得の帰属に関する理論面を検証してきた。ここでは，事業所得の帰属に関する裁判例を，俯瞰していきたい。事業所得の人的帰属に関して，判例・課税実務は，事業の事業主（当該事業を業として営んでいる者[43]）に事業からの所得を帰属させるという事業主基準を採用している（所得税基本通達12-2）[44]。裁判例では，事業の名義人と実質的な経営者とが異なっている場合にいずれの者に事業からの所得が帰属するかを争うもの，複数人で共同して事業を行っている場合に全員が事業主となり所得が分散して帰属するか，一人だけが事業主となり所得が集中して帰属するかを争うものが多い。

　いかなる者が「事業主」に該当するのかについては，一般的な規範は定立されておらず，様々な事情を総合考慮して，直接「事業主」を認定するアプローチを採るものが大半である[45]。近年の事例においては，「組合」という枠組を経由するアプローチを採る裁判例も存在している。

---

[43]　最判昭和37年3月16日税資36号220頁。

[44]　この考え方は，本邦税法上の伝統的な考え方である。例えば，杉村章三郎ほか『所得税法〔税法学体系Ⅰ〕』55頁（大蔵出版・1953年）は，「事業の所得が何人の所得であるかについては，必ずしも，事業の用に供する資産の所有権等若しくは賃借権者，免許可名義者若しくはその他の事業の取引名義者，その事業に従事する形式等にとらわれることなく，その実質的に事業を経営しているものが何人であるかにより，これを判定する。例えば，妻が酒類販売の名義人であつても実体は夫が経営を行っているときは夫が所得者として課税される」と説明している。

[45]　例えば，名古屋高判平成18年12月6日税資256号順号10596（最決平成19年9月21日税資257号順号10788により上告不受理決定）は，「事業所得の帰属者は，自己の計算と危険の下で継続的に営利活動を行う事業者であると考えられるところ，ある者がこのような事業者に当たるか否かについては，当該事業の遂行に際して行われる法律行為の名義に着目するのはもとより，当該事業への出資の状況，収支の管理状況，従業員に対する指揮監督状況などを総合し，経営主体としての実体を有するかを社会通念に従って判断すべきである。」（第一審：名古屋地判平成17年11月24日判タ1204号114頁を引用）と判示している。

(2) 直接認定アプローチと組合契約アプローチ

　裁判例を概観すると，総合考慮の要素としている事情として，生計の主宰者（家族構成員間の場合)[46]，事業の歴史的経緯[47]，役務提供の態様[48]，資産提供の態様[49]，収益管理状況[50]という事情が抽出できる。各種裁判例が，事

---

46) 所得税基本通達12-3，12-4及び12-5。最判昭和33年7月29日税資26号759頁，最判昭和37年3月16日税資36号220頁。生計の主宰者を事業所得の帰属先とすることは，本邦税法にとって伝統的な考え方といえる（前掲・杉村ほか注（44）55頁参照）。生計の主宰者と「事業主」とを結びつける理由は，上記最判昭和33年7月29日税資26号759頁の下級審判決（第一審：岐阜地判昭和32年1月30日訟月3巻3号111頁，控訴審：名古屋高判昭和32年4月16日税資25号360頁）によれば，「一般に，社会的にみて家族を扶養すべき地位にある生計の主宰者がある場合，その家族構成員の生計を支える重要な事業は，如何に家族構成員の協力があつたとしても他に特段の事情のない限り右生計の主宰者がその家族を扶養すべき地位との関連においてこれを主宰しているものと解するを相当とする」という考え方である。また，生計の主宰者が家族の生業の経営を主宰するのが通例であるとの経験則があるとの考え方がある（日本税理士連合会・清永敬次ほか編『税務署の判断と裁判所の判断‐逆転判決の研究―』275頁（六法出版社・1986年)），谷口勢津夫「趣味と実益」佐藤英明編著『租税法演習ノート（第2版）―租税法を楽しむ21問』69頁（弘文堂・2008年）。この考え方に対する批判として，田中治「事業所得の人的帰属」税務事例研究54巻27頁，38頁（2000年)，酒井克彦「所得税法通論の再検証（第22回）所得税法における実質所得者課税の原則（下）」税通65巻1号90頁，95頁（2010年）。

47) 最判昭和37年3月6日税資36号220頁，東京高判平成3年6月6日訟月38巻5号878頁。

48) 最判昭和33年7月29日税資26号759頁は，所得の帰属は，「何人が主としてそのために勤労したか」の問題ではないとする（東京高判平成3年6月6日訟月38巻5号878頁も同様の立場と考えられる。)。他方，広島高判昭和50年6月27日税資92号646頁は，Aが経営していたパチンコ事業にBが参画した後の事業所得の帰属が争われた事案において，AがBに「その経営を委かせ，同人が主になつて事業経営に専念し，これにより業績を好転させた」ことをAとBとが「共同経営者」であったことを認定する積極要素としている。名古屋高判平成18年12月6日税資256号順号10596は，「従業員に対する指揮監督状況」を事業所得帰属先の認定要素としている。

49) 広島高判昭和50年6月27日税資92号646頁，東京高判昭和57年9月27日税資132号1491頁，東京高判平成3年6月6日訟月38巻5号878頁及び最判平成4年4月28日税資189号401頁は，事業の為の資金調達をし，事業用の資産を提供していることを「事業主」認定の積極要素としている。また，名古屋高判平成18年12月6日税資256号順号10596は，事業用店舗の賃借人と事業の経営者は特段の事情がない限り一致するとしている。ただし，上記広島高判昭和50年6月27日税資92号646頁は，資産を提供していない者も事業主として認定しており，資産提供が必須とはしていない。

50) 最判平成4年4月28日税資189号401頁は，預金の帰属を「事業主」認定の積極要素としている。大阪高判平成13年9月7日税資251号順号8969は，預金の名義ではなく，実際の保管・出入金の行為者を所得の帰属の積極要素とする。なお，預金債権の帰属

業主基準の検討で行っていることは，関係者の法律関係を論じることなく，裁判所が考える考慮要素を総合考慮して事業主を決定しているだけのようにみえ，当事者の法律関係に配慮が払われているようにはみえない。判例は，事業所得に関して経済的帰属説を採用していると理解する見解もある[51]。しかしながら，既に見てきたとおり，経済的帰属説からも原則として法律関係に基づき所得の帰属を判定することになるから，そもそも法律関係を精査していないようにみえる上記裁判例は，同説の立場からしても，批判の対象となるはずである。

　他方，新たなアプローチとして，組合契約の成立の是非が争点となった事例がある[52]。同事例では，兄弟で行っていた事業が兄の単独事業か兄弟の共同事業かが争われた。同判決は，組合契約の成立要件を二人以上の当事者の間で，各当事者において出資をして，共同の事業を営むことについて意思の合致があることが必要であるとした。そして，「共同の事業を営む」というためには，「各当事者が自ら利害関係をもって一定の事業を営むこと，及び，各当事者が当該組合の事業の遂行に関与しうる権利を持つことが，合意の内容とされることを要する」とした上で，民法上の規律を列挙し（民法670条1項，672条2項，673条，683条，668条674条1項），「これらの定めにかんがみれば，組合契約が成立するために必要な『事業の遂行に関与しうる権利』とは，少なくとも，業務の執行を監督する権限を含んでいなければならない」としている。ここでは，任意組合の要件を民法上抽出して，兄弟の関係が当該要件を充足するかが検討されている。

　この事例では，当事者間の法律関係が民法の組合契約に該当するかを組合

　　について，諸説の対立がある（議論状況を整理するものとして，岩原紳作・森下哲朗「預金の帰属をめぐる諸問題」金法1746号24頁（2005年））。
51)　水野・前掲注（7）293頁は，最判平成4年4月28日税資189号401頁を，自らの責任と計算で行ったものを事業主判定の根拠としている点を捉えて，事業所得について，経済的帰属説を採用した判例として理解している。
52)　広島地判平成19年5月9日税資257号順号10707。同事件の控訴審である広島高判平成19年9月14日税資257号順号10777において，更正処分の取消額については第一審の判決を変更したが，共同事業の点について，課税庁は不服申立てをしておらず，共同事業の認定のまま確定している。

契約の権能と具体的事案の事実とを比較して検討している。そして，組合契約の成立の是非が争点となったのは，「組合契約に該当すれば所得は分割される」という考え方が前提となっていたからと考えられる。この組合契約アプローチは，民法典の典型契約の一つである組合契約該当性に所得の帰属の判定を依存させている。

このことからは，組合契約アプローチにみられるような，本邦税法における典型契約の意味をどう把握すべきなのかが問われる[53]。裁判実務では，権利の発生根拠は法律であり，契約の拘束力の根拠も法律であるとする考え方（法規説）が採用されており[54]，法律効果を導くためにまず典型契約の該当性が検討される。では，逆に，典型契約に該当しなければ典型契約に導かれる法律効果が発生しないのかというと，そうではない。法規説であっても，当事者の合意は民法91条という法規を経由して法律効果をもつと考えている。法規説と対立する合意説からは，合意自体によって権利が発生し，契約の拘束力があると考えている。いずれの説に立っても，当事者の合意の内容に従った法律効果は発生するのである。

したがって，組合契約でなくとも，組合契約と同様の法的状態にある契約であれば，同じく所得が分割して帰属すると解釈されることもありえ，組合契約か否かが所得分割の決定的メルクマールにはなりえない。

このように考察を進めると，組合契約アプローチの出現は，「事業主」とは何かという点について，依るべき規範なく事案の総合考量により所得の帰属を決定してきた伝統的な直接認定アプローチに関する判断の危うさに対して，一定の判断枠組みを与える試みとして評価できるものと考えられる。し

---

[53] 民法学では，典型契約に意味があるのか，という点について議論が積み重ねられている。特に典型契約制度そのものを否定する方向性を持つ立場は，来栖三郎『契約法』736-756頁（有斐閣・1974年）に叙述された考え方である。このような消極的評価に対して，近年では，典型契約類型に対する積極的評価をする動きがみられる（山本敬三「契約法の改正と典型契約の役割」山本敬三ほか著『債権法改正の課題と方向―民法100周年を契機として』別冊NBL51号4-10頁（1998年），潮見佳男『契約各論Ⅰ』（信山社出版・2002年）3-14頁）。

[54] 権利の発生根拠は何か，契約の拘束力の根拠は何かという点について，法規説と合意説との対立がある（村田渉＝山野目章夫編著『要件事実論30講』93頁〔村田渉〕（弘文堂・2007年））。

かしながら、さらにその一歩先、民法上の組合契約に該当しない場合であっても、所得の帰属に影響する法律効果が発生しているかどうかの検討も必要である。

(3) 事業主・経営主体とは

既述のとおり、裁判例からは、事業所得の帰属に関して、事業主基準を採っており、事業主・経営主体の認定において、法律関係を意識しているようには、一見すると思われない。学説においては、事業主基準に関して、より詳細な説明を加えている見解に、谷口勢津夫と酒井克彦の見解がある。谷口は、事業所得の帰属について、「事業所得の直接基因となる財産について私法上の真実の法律関係を認定し、それに即して事業所得の帰属を判定すべきであり、この考え方をさらに展開して、所得は、自己の財産及び労働力（雇用により手に入れた労働力を含む）を市場に供給し市場取引の対象にした私法上の真実の取引主体に帰属すると考えるべきである」とする。酒井は、収益の帰属者が法律的に確定して、その者に所得が帰属されると考えるべきであるとする。

Ⅱ. における検討からは、不法所得以外は、法律関係を緻密に考察すると法律関係に基づいて経済的利得を得ているといえることから、終局的に法律関係に基づき経済的利得を取得している者が、谷口・酒井が説くところの取引主体や、法律的に確定した収益の帰属者と表現される存在ではないかと思われる。そこで、まずは「事業主」とは、どのような法律関係に取り囲まれた存在なのかを考察していきたい。

(4) 契約当事者の確定

例えば、商品を売買することによる、売買代金請求権の帰属者は、契約の当事者であって、当然契約内容によって決定される。契約内容を確定するための契約解釈に関する伝統的な通説は、当事者が合意した契約の客観的意味を明らかとすることであり、当事者の内心の意思を探求することではないと考えられている。現在の考え方では、次の二つの場合を区別して考える見解

が一般的となっている。第一に，当事者の意思が合致している場合には，表示の客観的意味にかかわりなく，その一致した意思にしたがって契約を解釈すべきであるとする。第二に，当事者の意思が一致していない場合に，客観的意味を基準とすべきとする[55]。以上の規律からすると，契約当事者を確定するために検討すべき事項は，売買代金請求権を発生させる売買契約に係る当事者の内心的意思，表示の客観的意味などである。

これらの諸要素に基づいて，契約当事者が確定されて権利の帰属先が決定される。民法上，「事業主」という存在に，売買代金請求権などの権利が帰属すると考えられているわけではない。したがって，後述するが，例えば事業の外部者（顧客など）との関係においては，事業主以外の当該事業に関与する者に売買代金請求債権などの権利が帰属すると解釈される場面も想定できる。

(5) 事業に関与している者の法律関係

事業所得の帰属が問題になるのは，通常は，複数人が事業に関与している場面である。そして，複数人が事業に関与する場面として，法律上は，主に次の類型が考えられる。

(i) 任意組合

任意組合は，各組合員又は全員から代理権を与えられた者による法律効果が各組合員に帰属する[56]。各組合員は組合財産を合有する（民法668条）。例えば，組合債権は組合員全員に帰属し，総組合員の共同によらなければこれを請求しえない。各組合員は組合債権全額につき「自分1人へ」の給付を請求できず，その者の持分額に応じた一部について履行請求をすることもできない[57]。

また，組合業務を処理するに当たって受け取った金銭その他の物及び収取

---

[55] 山本敬三『民法講義Ⅰ総則（第3版）』135-137頁（有斐閣・2011年）。
[56] 我妻栄『債権各論 中巻二』786頁（岩波書店・1962年）参照。
[57] 実際上は，業務執行組合員を定めている場合その者が請求する（鈴木禄彌編著『新版注釈民法（17）債権（8）』79頁〔品川孝次〕（有斐閣・1993年））。

した果実は組合に引き渡し,自分の名をもって取得した権利はこれを組合に移転しなければならない（民法671条による同646条の準用）[58]。したがって,対外的に,業務執行者に権利が帰属する場合であっても[59],組合契約に基づき,受領物引渡債務,権利移転債務等を同時に負担することとなる。

　税法は,この法律関係（決して各自が分割して権利を有している状態ではないが）を把握して,組合事業から得られた所得は分割して各組合員に所得が帰属すると判断している。この検討から確認されるように,合有を所得が分割して帰属する状態と捉えるに当たって,そこには税法の解釈が入っている。つまり,いかなる法律関係が,所得の帰属の判定に当たって重要かは税法が判断することである[60]。

(ii) 雇用,請負,委任

　委任について,受託者の法律行為は,委託者から代理権を与えられている場合,委託者に法律効果が帰属する。代理権を与えられていない場合であっても,受託者が委託業務を処理するに当たって受け取った金銭その他の物及び収取した果実は組合に引き渡し,自分の名をもって取得した権利はこれを委託者に移転しなければならない（民法646条）。したがって,いずれにせよ委託者に所得が帰属し,受託者に帰属しない。

　次に,雇用,請負の関係にある場合にも,雇主又は発注者から代理権を授与されていれば,雇主又は発注者に法律効果が帰属する。ただし,雇用,請負には,委任における民法646条と同様の規定は存在せず任意組合のように

---

[58] 我妻・前掲注（56）779頁参照。
[59] ある特定の行為を業務執行者自身の名で行うことを委任する場合,「その特定の行為について,対外的には,行為者だけが権利義務を取得し,内部的にそれを組合の計算で処理すべきことになる。かような事例は,実際上も稀ではな」い（我妻・前掲注（56）787頁）。このような財産は,直ちに組合財産となるのではなく,まず業務執行者自身に帰属し,組合への移転行為を経てはじめて組合財産となる（ただし,取得行為と同時に組合に帰属する旨の合意がある場合はこの限りではない。）（鈴木・前掲注（57）57頁参照）,と考えられている。
[60] 岡村忠生「Limitd Partnership の法人性（3）」税研174号71頁,74頁（2014年）では,「租税法上の帰属は,民事法ではなく,租税法が規律するものです」と明言されている。

同条を準用する規定もない。したがって，雇用，請負において，その業務の履行過程で，雇主又は発注者に帰属すべき権利義務が，使用人又は請負人に帰属した場合にいかなる処理がされるかは問題であるが，民法646条の類推適用[61]によって解決され得るであろう。

(iii) 問屋

問屋契約とは，自己の名をもって，他人のために（他人の計算で）物品の販売又は買入をなすことを引き受けることを業とする契約（商法551条）である（例えば，証券業）。問屋は，自己が行為の当事者となり，その行為から生じる権利義務の帰属の主体となるが，当該行為の経済上の効果，損益は顧客・他人に帰属する[62]。したがって，法的権利は問屋に帰属しており，その経済的利得は委託者に帰属するということになる。

問屋契約の法律関係としては，委任契約の一種であり，委任の規定が適用され，代理の規定が準用される（商法522条2項，最判昭和31年10月12日民集10巻10号1260頁）。民法99条の準用により，売買の効力が委託者と問屋の間では，当然に委託者に帰属させる趣旨であると解されている[63]。

(6) 経済的利得の集合・収斂

事業主を取り囲む法律関係は，上記のように整理できた。ここで指摘できることは，複数人が事業に関わっている場合，対外的にみて，その中の1人が，所有権の帰属者，債権の帰属者であったとしても，事業内部の関係において，当該者に対する物の引渡請求権や金銭債権が成立することがあるとい

---

61) 例えば，来栖・前掲注（53）736-756頁は，典型契約制度への消極的評価の中で，個々の条文毎の適用の是非についての検討が重要であることを指摘する。この立場からすると，民法646条を雇用や請負に対しても類推適用できる可能性があると考えられる。
62) 森本滋編著『商行為法講義』108頁〔小林量〕（成文堂・2004年）。
63) 石井照久＝鴻常夫『商行為法』118頁（勁草書房・1978年）。なお，牛枝肉の卸売業を営み，「問屋」である納税者に消費税法39条1項に基づく貸倒れに係る消費税額の控除が認められるかが争われた事例において，裁判所は，課税資産の譲渡を行った者は法的実質により判定すべきとして，「問屋」である納税者に貸倒れに係る消費税控除を認めている（大阪地判平成25年+6月18日税資263号順号12235）。

うことである（なお，通常は，事業主自身が契約当事者と解釈されるか，代理構成によって，事業主に本来的に権利義務が帰属しているであろう。）。

　例えば，冒頭の事例において，Aが事業主である場合を想定する。そして，Bと顧客との間に売買契約が成立したと解釈される場面があり，Bが売買代金請求権に基づき代金を受領したとする（売買代金請求権の帰属はBと顧客との意思の合致で決まることであり，表示行為と顧客の契約意思の解釈によっては，そのような可能性はある。また，Bが自己の名でAに損益を帰属させる意思で契約をする場合もありえる。）。とすれば，Bに所得が帰属したようにみえるが，その売買が事業の一環である場合，対内的には上述した何らかの法律関係に基づきAがBに対して受領物引渡請求権を有することとなる。このような場面において，Bは対価の受領と同時に等価値の債務（相殺的債務）[64]を負担することから，権利の帰属はあるが，所得の帰属は認められず，一方，Aに所得の帰属が認められる。

　これを意識した上で，上記場合のA及びBの法律関係は以下のようになる。Aは，事業活動で，対外的に，自らが（またはBの代理により）取得した権利を保持する権能を有しており，仮にBに権利が帰属する場合があったとしても，Bに対して当該権利と等価値とみなせる法的権利を取得する。一方，Bは，事業活動で，対外的に，法的権利を取得する場合があったとしても，Aに対して，その取得した法的権利と等価値の法的債務を負担する。

　この整理によって判明することは，ある事業に由来する経済的利得は，法的権利義務を媒介として，一定の者に集合・収斂していく，ということである。例えば，組合であれば，組合員の誰が権利を取得しようとも，終局的には各組合員全員に合有という法形式で法的権利は集合・収斂する。また，雇用・請負・委任の場合にも，使用人，請負人又は受託者がそれぞれの契約に基づく業務において稼得した権利は，雇主，発注者又は委託者に法的権利として集合・収斂していく。仮に，契約関係に基づき処理できない場合であっても，当該所得獲得活動から得る収益を保持する権能を有していないもの

---

64)　相殺的債務の税法上の効果に関して，岡村・前掲注（3）31-34頁を参照。

は，不当利得法理により，正当な権利者が不当利得返還請求権を有することになり，一定の者に集合・収斂する（履行可能性の問題は残る。）。

このように法的に経済的利得の集合・収斂している者が，「事業主」であると理解することは，所得の帰属に関する本稿における理解とも整合する。また，このことは，事業の意義とも整合的である。事業とは，自己の計算と危険において営利を目的とし対価を得て継続的に行う経済活動のことであるから，事業主とは，「自己の計算と危険」において事業をするものである[65]。最終的に経済的利得が集合・収斂する者こそが，「自己の計算と危険」で事業を行っているといえる。

なお，納税義務者の法律関係を考察することは，必ずしも関係者の法律関係を明らかにすることができるとは限らないとの批判があり得る。例えば，事業所得については，そもそも，法律上の帰属者を明確に認定できない場合が多いという理解を前提に，事業所得の帰属は経済活動の実態をみることにより収益の帰属者を判定する必要があることから，経済的帰属説を採用するしかないと考える見解もある[66]。

しかしながら，そもそも私法関係を規律する民法は，実際におこなわれる合意の内容が不明瞭・不完全であることが多いことを認識している。そして，それを明確・完全にするための典型契約制度を採用するという措置もとっており[67]，当事者の合意が不明瞭・不完全であることを理由に法律関係も曖昧になるという理解はしていないものと思われる。また，裁判所においては法律関係を決する事実関係の真偽不明について，立証責任の制度によって解決され，訴訟上の法律関係は明確に決定されるのであるから，このような批判は当たらないであろう。

---

[65] 岡村・前掲注（3）152頁。前掲注（45）の裁判例。
[66] 水野・前掲注（7）292頁。
[67] 我妻栄『債権各論上巻』47頁（岩波書店・1954年）以下。

7. おわりに

　本章では，法律的帰属説と経済的帰属説との関係と，事業主基準との関係性への疑問を端緒にして，両見解の関係性と事業主基準の内容を法的側面から検討してきた。本章の立場からすると，1.において提示した問題にどう答えることになるだろうか。それは，当該問題の最初の一文が最も重要になるだろう，すなわち，「AとBとは，夫婦で飲食店（ポップ＆モム）を経営している」という箇所である。双方が共に経営しているという関係にある以上，仕入れの名義などがどうであろうと，民法に基づき，どちらか一方に経済的利得が集合・収斂するような法律関係とは判断されないであろう。したがって，A及びBの双方に所得が分割して帰属することになる。

第Ⅳ章　違法所得に係る諸問題

　違法所得は，法律関係と経済的利得が分離する場面であるが，所得の帰属が認められており，経済的帰属が認められる場面として理解される。そこで，本章では，違法所得を法律関係に基づき分類して，経済的帰属が認められる違法所得の局面が具体的にいかなる場合かについてさらなる検討を加えたい。

1．はじめに

　違法所得に対する課税を認めることに関して，現在の学説・実務上，特段の争いはないものと考えられる（所基通36―1参照）[1]。また，違法所得の範疇において，特に近年注目すべき問題として，反社会的勢力（暴力，威力と詐欺的手法を駆使して経済的利益を追求する集団又は個人）が犯罪行為ないし違法な手段で取得した違法所得に対する課税の問題がある。そこでは，反社会的勢力からの違法な収益剥奪の手段として課税が位置付けられている[2]。平

1）　清永敬次『税法（新装版第3刷）』50頁（ミネルヴァ書房・2014年），金子宏『租税法（第21版）』183頁（有斐閣・2016年）。違法所得課税に関する文献として，金子宏「租税法における所得概念の構成」同『所得概念の研究』93頁以下（有斐閣・1995年）〔初出1966年-1975年〕，玉国文敏「違法所得課税をめぐる諸問題（1）～（8）」判時744号16頁（1974年），748号11頁，750号9頁，755号14頁，761号7頁（1975年），764号9頁，767号7頁，770号13頁，碓井光明「違法行為と所得課税」北野弘久編『税法の基本原理』276頁（学陽書房・1978年）などがある。

2）　違法収益剥奪と課税とをリンクさせる議論として，警察庁が「犯罪収益対策推進要綱」（平成19年4月26日警察庁乙刑発第2号等）を定めて，各都道府県警察において，国税庁への課税通報等を積極的に実施し，犯罪による収益の剥奪に資する措置を講ずるよう努めることを求めている。これに対応して，各都道府県警察でも，同様の要綱が定められている。同要綱の解説として，中村寛「犯罪収益対策推進要綱の制定について」捜査研究56巻7号35頁（2007年）。なお，暴力団の資金源対策として，課税が強調されるのは昨今の話ではなく歴史は長い。昭和39年には，警察庁が各都道府県警

成27年には，暴力団の上納金（構成員から組織に定期的に納められる金員）に関する脱税により暴力団組長が起訴される事件も発生しており[3]，違法所得に対する課税の動向は活発化する可能性がある[4]。

反社会的勢力の違法所得について租税法という視点からみた場合，反社会的勢力への課税は困難であり，その捕捉は十分なものではないと考えられる。反社会的勢力への課税が十分になされていないという事態は，租税法の基底的な価値である公平性を著しく傷つける[5]。

さて，このような新たな展開をみせている違法所得に対する課税である

対して暴力団の資金源をたたくための脱税捜査の摘発に全力をあげるよう指示している（朝日新聞昭和39年6月9日朝刊14面）。また，国会でも暴力団への課税に関して，昭和39年6月26日参議院法務委員会や昭和48年3月8日衆議院地方行政委員会などで議論されている。志村健「暴力団に対する課税作戦（組織暴力犯罪とその周辺）」警察学論集26巻10号15頁（1973年），35頁によれば，昭和40年頃から警察庁と国税庁とが協力して暴力団に対する課税強化作戦が行われてきたようである（これまでの暴力団組長への課税に関する主たる事件として，朝日新聞昭和54年6月15日夕刊15面，朝日新聞昭和56年10月26日夕刊10面，朝日新聞昭和57年8月26日朝刊23面，朝日新聞平成6年8月29日夕刊18面，朝日新聞平成9年10月1日朝刊31面などを参照されたい。）。

3) 日本経済新聞平成27年12月11日朝刊43面。暴力団組長に対する課税について争われた裁判例として，神戸地判平成6年11月30日税資206号513頁がある。なお，暴力団に対する課税の実態に関する公式文書として，国税庁が昭和50年7月3日に「暴力団課税白書」を発表しているとの報道があったが（朝日新聞昭和50年7月4日朝刊23面），同白書は入手できなかった。

4) 我が国の犯罪に関連する違法収益として公表されている情報としては，例えば，平成27年の特殊詐欺被害額（いわゆる「オレオレ詐欺」などによる被害）は，482億円にのぼるとされている（国家公安委員会・警察庁編『警察白書（平成28年版）』20頁（日経印刷・2016年））。海外の報道機関には，山口組の年間収益が，66億ドルにのぼると報道するものもある。FORTUNE誌webサイト，http://fortune.com/2014/09/14/biggest-organized-crime-groups-in-the-world/?iid = sr-link 1（最終確認日：平成29年4月13日）。また，昭和54年には，警察庁が，全国の暴力団の1年間の収入は1兆円にのぼると発表していた（朝日新聞昭和54年3月29日朝刊22面）。

5) 他方で，被害者側では必要経費・損金への算入が認められている場合もあり得る（総会屋への費用につき法基通61の4（1）-15参照，いわゆる「みかじめ料」についても控除を認めるべきとする見解として，三木義一「不法利得課税論」金子宏編『21世紀を支える税制の論理 第2巻 所得税の理論と課題（二訂版）』107頁，112頁（税務経理協会．1996年））。反社会的勢力が違法収益をあげる手法として，たとえば物販などの正常な取引の形式をとっていることも多く，そのような場面では，必要経費や損金への算入は認められ得るだろう。なお，いわゆる振り込め詐欺による被害について雑損控除として認めなかった事例として，国税不服審判所裁決平成23年5月23日裁決事例集83巻566頁がある。

が，違法所得に係る私法上の法律関係と租税法律関係との整理が不十分なようにも思われる。違法所得といっても様々な性質のものが含まれ得る。例えば，犯罪に関連する違法所得に限定してみても，賭博による利得，窃盗・強盗による利得，覚せい剤売買による利得などその所得の基因となる行為の法的性質は区々である。さらに，必ずしも刑罰が課されるわけでもない，利息制限法違反の利息による利得，錯誤無効・詐欺取消となる取引に基づく利得なども，反社会的勢力の収益源ともなっており，統一した整理が必要である[6]。

そこで，本稿では，違法所得をその原因毎に類型化を行い，その法律関係を確認し，違法所得に対する課税に関する基底を再確認した上で，昨今の反社会的勢力と課税に関する問題点についても考察を加えることとする。

2. 違法所得を巡る法律関係

(1) 違法所得への課税
(i) 所得の経済的把握

まずは，違法所得に関するこれまでの議論を整理しておこう。違法所得が課税対象となるか否かに関する議論として，私法上有効に保管しうる利得のみが課税所得を構成するという所得概念の法律的把握と，経済的にみて利得者が現実にそれを支配し，自己のために享受している限り課税所得を構成するという所得概念の経済的把握の立場がある[7]。所得の経済的把握が支持される根拠を列挙すると，①国税通則法71条1項2号などが無効な行為や取り消しうべき行為により生じた経済的成果に課税されることを前提とすると読めること，②所得は本来経済的の概念であること，③違法所得に課税しなけれ

---

6) 清永・前掲注（1）49-50頁では，取消しうべき行為，無効の行為の場面と法律上禁止された行為によって得られる所得の場面を分けており，後者の意味において違法所得を論じている。谷口勢津夫『税法基本講義（第5版）』206-207頁（弘文堂，2016年）では，上記の二つの場面を包含した形で「違法所得あるいは不法所得」という用語を用いて論じている。
7) 両見解の根拠や批判について，前田寛「違法所得と課税」徳山大学論叢11＝12号89頁，91-95頁（1979年）。

ば所得税の応能負担原則の要請に反することになることが挙げられる。これらの点から，所得の経済的把握の立場が広く支持されている。

(ii) 違法所得の取得と返還

　違法所得への課税を認めるとしても，違法所得の原因となる行為はおおむね契約当初から無効であるか（例えば民法90条），取消等により遡及的に無効となるので（例えば民法96条，同121条本文），違法所得の稼得者は法的には返還債務を負担し，現実として違法所得としての金銭や物が返還されることもある。したがって，違法所得の問題を時系列で眺めるならば，第一段階として，違法所得を取得した時点での取扱いと，第二段階として，違法所得を返還した時点の取扱いに分けることになる。

　違法所得の取得と返還の生じた時点が異なる課税期間である場合，第一段階としては，違法所得について権利確定ないし管理支配が認められる課税期間に収入金額を算入する[8]。第二段階としては，違法所得について，その返還などの調整事由が生じた場合[9]，「不動産所得，事業所得又は山林所得を生ずべき事業」に係る違法所得（以下「事業に係る所得」という。）については，その調整事由が生じた課税期間の必要経費に算入する（所法51条2項，所令141条3号）[10]。上記以外に係る違法所得については，その調整事由が生

---

8) 違法所得といえども，例えば，取消事由や解除事由のある事例では，それらの取消又は解除の意思表示がなされるまでは，所得発生の原因となる契約は有効であるから，権利の確定は考えられる。
9) なお，調整事由を定めている規定は不明点が多い。例えば，所令141条3号，同274条各号では，無効の場合は経済的成果の喪失を要件としているが，取消の場合は経済的成果の喪失を要件としていない。所令274条2号に関しては，同条は更正の請求の手続規定にとどまり，取消についても所得税法の実体法上違法となるためには（国通23条1項参照），経済的成果の喪失を要件とすると解するべきであろう（大淵博義「更正の請求制度の改正とその周辺を巡る論点の考察（上）」税通68巻12号17頁（2013年），25頁参照，田中治「過払金の返還による後発的違法とその是正方法」税研160号16頁（2011年），24頁参照）。所令141条3号については，裁判例には，無効な行為による利得について返還合意がなされており，仮に債務が確定したといえる場合であっても，経済的成果が失われたとは解されず現実の返還が必要であるとしたものがある（東京高判平成23年10月6日税資261号順号11780。なお，山田二郎「判批」ジュリ1452号135頁，137-138頁（2013年）も参照）。
10) このように事業に係る違法所得については，必要経費への算入により調整はしてい

じた場合に遡及的調整[11]を行うという取扱いをする（所法64条1項，所令180条1項，所法152条[12]，所令274条各号）。

違法所得の取得と返還の生じた時点が，同じ課税期間である場合にいかなる処理をするかについて，所得税法の明文からは明らかでない。所法64条1項に基づく所令180条2項1号は，納税義務の確定を前提にしており，同じ課税期間に違法所得の取得と返還が生じた場合の規定ではなく，また，所法152条及び所令274条は更正の請求に係る規定である。しかしながら，所得税法が内在する前提として，異なる課税期間である場合の処理と同様の取扱いになると思われる[13]。

(2) 違法所得の分類

違法所得は，その源泉が違法行為あるいは不法行為である所得といわれる[14]。ここでいう違法の対象となる行為とは，一般的には，所得を発生させる法律行為（例えば契約）を取消可能とする詐欺行為や，法律効果を持たな

るものの，過年度に対する遡及的調整を認めていない。遡及的調整が認められないのは，所得税法51条2項などの適用があり違法所得を返還した年度に必要経費に算入し処理するとされている以上は，遡及的調整に必要となる実体要件（「国税に関する法律の規定に従っていなかったこと又は当該計算に誤りがあったこと」国通23条1項1号，同24条参照）を充足しないからである。東京高判昭和61年7月3日訟月33巻4号1023頁参照。

11) 本稿では，「遡及的調整」という用語を納税義務確定後に過年度に遡って修正することを意味するものとして用いる。
12) 所法152条が適用される事実は，条文上，所法63条に規定する事実，所法64条に規定する事実，その他これに準ずる政令で定める事実（所令274条各号）である。「その他これに準ずる政令で定める事実」である所令274条各号は，無効や取消が遡及的調整に関する実体要件であることを前提とした手続規定又は実体要件を包含した手続規定と理解すべきであろう。
13) 所法64条1項に基づく遡及的調整の計算方法を定める所令180条2項1号は，その文言上，納税義務の確定を前提としている（「回収不能額等が生じた時の直前において確定している…年分の総所得金額」〔傍点筆者〕）。最判平成2年5月11日訟月37巻6号1080頁は，譲渡所得に関して，譲渡行為が無効でありその行為により生じた経済的成果がその行為の無効であることに基因して失われたとき，所得は当然に遡及的に消滅すると理解している。そのような処理について，明文はないので，所得税法に内在する当然の前提ということになるであろう。
14) 谷口・前掲注（6）同頁。

い事実としての窃取行為などが想定されていると考えられる[15]。違法所得をその発生の原因たる法律行為という観点で分類する場合，所得の原因となる法律行為が有効（法律行為の法律効果が認められること）である場合〔A分類〕と法律行為が不存在・無効（遡及的無効）・遡及的消滅（以下併せて「無効等」という）となる場合〔B分類〕に大きくは分類できる。

所得の原因となる法律行為が有効である場合は，〔A-1〕違法行為であるが法律行為としては有効である場合（取締法規違反の場合など），〔A-2〕法律行為として有効であるが，当該行為に関連して債務を負担する場合（説明義務・情報提供義務違反，金融商品取引法上の適合性原則違反など）に整理できる。

所得の原因となる法律行為が無効等である場合は，〔B-1〕法律行為が不存在の場合（窃盗，横領，強盗など），〔B-2〕所得の原因となる法律行為が無効な場合（公序良俗違反（民法90条），錯誤（民法95条），利息制限法違反など），〔B-3〕所得の原因となる法律行為が取消可能な場合（詐欺・強迫（民法96条），消費者契約法に基づく取消など），〔B-4〕所得の原因となる法律行為が解除可能な場合（瑕疵担保責任，債務不履行責任，特定商取引法に基づくクーリングオフなど）に整理できる。

以下ではそれぞれについての法律関係を俯瞰して，租税法上，当事者の法律関係との観点から違法所得に特有の問題点を抽出することにする。なお，刑事法上の没収・追徴も重要であるが，その点については後述する（5参照）。

---

15) 谷口・前掲注（6）同頁参照。したがって，例えば，解除を違法所得の文脈で取り扱うかは見解が別れると思われるが，本稿では取消との類似性を重視して併せて取り扱うことにする。なお，この違法行為の対象範囲は，考えようによってはどこまでも遡ることができる。例えば，納税者が，水質汚濁防止法の基準値を上回る工場排水を流出させて製造した製品を販売して得た所得も，違法行為を源泉とする所得といえるかもしれない。しかしながら，この場面では，仮に，納税者が近隣住民に対して環境汚染に関する何らかの損害賠償債務を負担したとしても，その債務は製品を販売した相手方に対するものではなく，また製品の販売代金の返還債務でもない。したがって，違法所得の調整事由やマイナスの収入金額となり得る相殺的債務とは無関係であり，本文中に記載した類型と同列に扱う必要はないと考えられる。

(3) 所得の原因となる法律行為が有効である場合

(i) 違法行為であるが法律行為としては有効である場合〔A-1〕

　違法であるが私法上有効な行為としては，取締法規違反の法律行為が挙げられる[16]。例えば，食品衛生法の許可を得ていない当事者による売買契約などである[17]。このような行為が原因となる所得の場合は，適法な行為が原因となる所得と同様に，私法関係と租税法律関係とは適合しており，その面で，租税法上特段の考慮を払う必要はない。

(ii) 所得の原因となる法律行為に関連して債務を負担する場合〔A-2〕

　所得の原因となる行為自体に錯誤無効や詐欺取消となる合意の瑕疵まではないが，信義則に基づく説明義務又は情報提供義務違反，適合原則違反などによって損害賠償債務を負担する場合などがある[18]。具体例としては，例えば，マンションの売買に関して売主である不動産業者に説明義務違反が認められて，損害賠償を負担した事例などである[19]。

　このような局面では違法所得の稼得者が負担する損害賠償債務をどう考えるかが，租税法上の問題として現れてくる[20]。

---

[16] 行政法規違反の私法上の効力の問題について，行政法学では伝統的には，警察取締法規と経済統制法規に区別して私法上の効力を論じる傾向があった（田中二郎『行政法総論』305頁（有斐閣・1957年）参照）。現在は，そのような二分論ではなく個別の法規毎の総合的判断によると理解されている（宇賀克也『行政法概説Ⅰ行政法総論（第2版）』62頁（有斐閣・2013年））。

[17] 最判昭和35年3月18日民集14巻4号483頁。

[18] 契約締結上の過失の一類型として位置付けられている（谷口知平＝五十嵐清編『新版注釈民法（13）債権（4）（補訂版）』90頁以下〔潮見佳男〕（有斐閣・2006年））。また，説明義務・情報提供義務違反が契約解除の法的効果までもたらすかについては，肯定する下級審裁判例（東京地判平成9年1月28日判時1619号93頁）はあるものの議論がある。

[19] 例えば，東京地判平成20年4月28日判タ1275号329頁参照。同事件では，マンションで飛び降り自殺があったことを買主に説明しなかった点が説明義務違反と認定された。買主である不動産業者は利益がすべて相殺される程の損害賠償債務は負わずに利益の一部を返還する程度の金額の賠償責任が認められている。

[20] 相殺的債務の税法上の効果に関して，岡村忠生『所得税法講義』31-34頁（成文堂・2007年）を参照。

(4) 所得の原因となる法律行為が無効等である場合

(i) 法律行為が不存在の場合〔B-1〕

　法律行為が不存在の場合としては，窃盗，横領，強盗などが考えられる。「金銭」の窃盗などの場合には，所有と占有は一致するから，窃盗犯などは，「金銭」に対する所有権は取得している。他方で，「物」に対して所有権は取得しない。このように対象物について法的権利を取得する場合があるとはいえ，不法行為に基づく損害賠償債務（民法709条）や不当利得返還債務（民法703条）を負担している。違法所得の稼得者が相殺的債務を負担するという点では，〔A-2〕と同様である。既述のとおり，所得は経済的概念として理解されているから，法律行為が不存在であったとしても，所得は発生する[21]。

　なお，このような法律行為が不存在の場合に，その違法所得を返還した場合の処理について明文がなく，問題となる。

(ii) 法律行為が無効な場合〔B-2〕

　法律行為が無効な場合としては，所得の原因となる法律行為が公序良俗違反である場合や，錯誤無効，利息制限法違反の場合などが考えられる。これらは，取消や解除がその意思表示により遡及的無効となるのとは異なり，契約などの法律行為が成立した時点からその法律効果は無効である。

　既に違法な利得を得ている場合には，不当利得返還債務を負担するので，〔A-2〕，〔B-1〕と同様に相殺的債務の機能を検討する必要があろう。不法原因給付（民法708条）となる場合には（例えば，麻薬売買による利得），相殺的債務は負担しないので，別途の整理となる。

　無効な未収債権の場合（例えば，利息制限法違反の利息債権の履行期が到来しただけで弁済を受けていない場合）は，収入実現の蓋然性がある場面に限り収入金額に含まれ得る理論的可能性はある[22]。この場面では債権の段階で収

---

[21] 我が国の所得税法上の所得を経済的概念と理解することに対する批判的考察として，占部裕典「私法上の『遡及効』と課税関係」北野弘久古稀『納税者権利論の展開』273頁（勁草書房・2001年）。

[22] 最判昭和46年11月9日民集47巻9号5278頁。

入金額に算入した後に，無効であることが判明して債権の満足が得られなかった場合の処理が問題になる。

(iii) 法律行為が取消可能な場合〔B-3〕

　法律行為が取消可能な場合としては，所得の原因となる法律行為が詐欺・強迫や消費者契約法の重要事項の不実告知に基づく場合などが考えられる。

　納税義務が成立するまでに取消の意思表示がなされなかった場合には，当該時点では有効な法律行為に基づいた租税法律関係となると整理できる。法律行為が取り消された場合には遡及的無効となることから，違法所得の稼得者が相殺的債務を負担することになる点については，〔A-2〕，〔B-1〕，〔B-2〕と同様である。

　契約締結と取消が同じ課税期間内であり，かつ取消前に債権の満足を得ていなかった場合は，〔B-2〕の無効な未収債権と同様に整理可能である。しかし，債務者が取消の意思表示をしながら，その後に履行をする蓋然性があるとは考えられないから，取り消された未収債権が収入金額に算入されることはないであろう。

(iv) 法律行為が解除可能な場合〔B-4〕

　法律行為が解除可能な場合としては，瑕疵担保責任に基づく解除，債務不履行責任に基づく解除，特定商取引法に基づくクーリングオフなどが考えられる。

　契約が解除された場合には，判例・通説は解除の効果に関して直接効果説を採用して，解除により契約は締結の当初に遡って締結されなかったこととなり（遡及的消滅），既履行給付に関して原状回復義務（民法545条，返還義務の範囲が現存利益から原状回復まで拡大されている，不当利得の特則）を負担する[23]。したがって，解除前は有効な法律行為である点と解除後は不当利得返還債務を負う点で，〔B-3〕の遡及的無効の場面と類似し，同様の問題状況

---

23) 谷口知平＝五十嵐清編『新版注釈民法（13）債権（4）（補訂版）』874頁〔山下末人〕（有斐閣・2006年）。

になる。

契約締結と解除が同じ課税期間内であり，かつ解除前に債権の満足を得ていなかった場合は，〔B-3〕と同様の問題状況にある。

なお，法律行為が解除された場合に，その違法所得を返還した際の処理について，所得税法上には明示した規定がない点は，〔B-1〕と同様である。

(5) 課税の場面

さて，以上の法律関係の整理を前提にして，違法所得に関する課税の場面を分類しなおすと以下のように整理できる。

① 私法上有効な場合〔A-1〕〔A-2〕
② 不法原因給付〔B-2〕
③ 法的に保持できない利得を取得している場合〔A-2〕，〔B-1〕，〔B-2〕，〔B-3〕，〔B-4〕
④ 未収債権〔B-2〕，〔B-3〕，〔B-4〕

この中で，①と④の問題状況については，既述のとおりである。Ⅲでは，②，③について，さらに租税法上の問題点について検討を進めていくこととしよう。併せて，違法所得が返還された場合の処理が所得税法の明文から明らかでない場面についても検討を加えることとする。

3. 違法所得の諸問題

(1) 不法原因給付
(i) 法律関係

この類型の違法所得として考えられる具体例は，賭博の寺銭や勝ち金，麻薬売買による売上金，贈収賄の賄賂[24]，犯罪実行の報酬，暴力団の上納

---

[24] 長野地判昭和27年10月21日税資11号458頁は，賭博，収賄並に物価統制令等経済統制法規違反の各犯罪行為による利得などが不法原因給付として移転者に戻らない点を根拠として課税所得となり得る旨を判示している。なお，田中角栄に対するロッキード事件での5億円の授受に関する課税処分までは，国税当局は収賄罪に問われても有罪になれば追徴されることを理由に課税を見送っていたが，同事件をきっかけに原則

金[25]，脱税もみ消し工作の報酬[26]などがある。そして，給付の対象が金銭の場合は，金銭は所有と占有が一致するので受領者が所有権を取得する。また，給付の対象が物である場合にも，給付者は受領者に給付の返還請求をすることができないだけでなく，その反射的効果として，給付された物の所有権も受領者に帰属する[27]。したがって，違法所得に関する私法上の権利者は，不法原因給付の受領者であり，その受領者には私法上の法律関係に基づいた租税法上の納税義務が生じると理解できる。

(ii) 反社会的勢力の構成員による支出

反社会的勢力である組織の構成員が，その組織の維持運営に用いる用途において，組織の長や会計管理者に対して給付をした場合，その給付は長や会計管理者にとっての課税所得となるか[28]。この点，このような給付は，任意団体（法人として認められていない団体の意味で用いる）が運営経費として集金した会費（例えば，同窓会の会費など）と同様に考えて団体の長や会計管理者の課税所得とならないという考え方がある[29]。

上記は，典型的には，暴力団の上納金に関して主張されるが，この考え方は厳しく批判を受けている[30]。同窓会の会費のような支払いの法的性質とし

として収賄罪へは課税する方向へと転換したようである（朝日新聞平成8年9月26日朝刊35面）。

25) 暴力団における会費の徴収と権利行使についての事例として，東京高判昭和52年4月27日判例集未登載。
26) 名古屋地判平成7年7月13日判夕907号200頁。
27) 最判昭和45年10月21日民集24巻11号1560頁。
28) 課税の文脈ではないが，暴力団組長が暴力団の構成員から定期的に集金している金員について，会員の福利厚生や会全体の経費に充てられる互助会費としてのものである，との主張や，抗争や刑事司法権の発動を受けた際の不意の出費に備える目的の積立金である，との主張がなされる場合がある（東京地判平成19年9月20日判夕1286号194頁（下部組織の構成員の不法行為について組長の使用者責任が問われた事件））。
29) 朝日新聞平成13年12月13日朝刊29面によれば，大阪国税局は暴力団の上納金に課税されない根拠として町内会費や同窓会費と同様との回答をしたとのことである。また三木義一教授のコメントも同様の理解である（産経新聞平成27年6月17日）。
30) 日本弁護士連合会「暴力団の上納金に対する課税の適正な実施を求める意見書」（平成29年2月16日）https://www.nichibenren.or.jp/library/ja/opinion/report/data/2017/opinion_170216_03.pdf（最終確認日平成29年4月12日）

て考えられるのは、委任契約に基づく前払費用の支払いである（民法649条)[31]。前払費用は、交付の時に、委任者の支配を離れて、受任者に帰属し、受任者は、委任者に対して、受領した前払費用と同額の金銭の返還義務を負うことになるが、その後、これを委任事務の処理の費用に充てることによりその義務を免れ、委任終了時に、精算した残金を委任者に返還すべき義務を負うことになると理解されている[32]。この法律関係からすると、前払費用について受任者の所得とならないのは、返還義務を負担する点、委任事務処理の用途に充てる義務を負う点を根拠とすることができるだろう[33]。

反社会的勢力の構成員による組織運営のための支出に、上記のような法律関係が認められとは一般的には考え難い。仮に、そういった支出の一部が実際に組織維持のために使用されているという事実があったとしても、組織の長や管理者が上記の法的な義務を負担しているのか否かを厳しく検証すべきであろう。

(2) 法的に保持できない利得を取得している場合
(i) 法律関係

このような場面の具体例としては、窃盗犯が刑事裁判を経たが被害金員を既に費消するなどを理由に被害弁償をしていない場合、法律行為は客観的事実として錯誤無効であるが顕在化していない場合、買主から詐欺取消の意思表示をされたが返金していない場合、クーリングオフの通知を受けたが返金

---

31) なお、信託財産の拠出と認定される可能性もある。例えば、友人4人（X2〜X5）の旅行費用に充てるために、うち1名X2が団体の代表者として開設した預金（「X1会　代表者X2」名義）が、X2の預金であるとされ、かつ、信託財産とされた事例として、東京地判平成24年6月15日判時2166号73頁。ただし、この事例はX2の債権者による当該預金の強制執行可能か否かという文脈での認定であった。

32) 最判平成15年6月12日民集57巻6号563頁。

33) 例えば、敷金や保証金の場合、返還義務を負っている金額については収入金額（収益）に算入されないが、返還を要しないことが確定した部分については、収入金額（収益）となるので（所基通36－7、法基通2－1－41）、前払費用の返還を要しない部分との区別を説明する必要がある。この点、敷金や保証金の場合に返還を要しない部分に課税がなされるのは、自己のために用いることができる状態になっているからと理解でき、委任者のために用いることについて善管注意義務を負担する前払費用の場合とは異なるといえる。

していない場合など色々ある。

　これらの違法所得は「権利の確定」がないとされる可能性はあるが，既に現金を収受している以上は管理支配が認められ収入金額に算入されることになるだろう。これはつまり，法律上権利のない者に違法所得が帰属している状態であり，所得の帰属という観点からみると経済的帰属説が妥当する局面というほかない[34]。

(ⅱ) 借入金との差異

　これらの局面では，違法所得を得ている者は，所有権に基づく物権的返還請求権に対する義務，不法行為に基づく損害賠償義務，不当利得返還義務，解除に基づく原状回復義務などを負担している。このような債務を負担している以上，違法所得の稼得者に所得はあるのだろうか。この場面での違法所得は，借入金と同様に所得に含まれないのではないか[35]。

　まず，借入金が所得に含まれない理由をみておこう。現行法に明文規定はない。解釈論としては，借入金が所得を構成しない理論構成として，〔A〕そもそも「所得」ではない（所法7条）[36]，〔B〕マイナスの収入金額として相殺的債務が生じるので相殺される（所法36条），という二つの考え方が挙げられている[37]。

　所得税法上の条文操作としてはいずれの見解によったとしても，その実質的根拠は，借入金は返還債務を負うという点である。その意味では，借入金とこの局面での違法所得とに違いを見いだすことは出来ない。

　借入金と異なる違法所得の特徴としては，返還債務の履行可能性が低いと

---

[34] 田中晶国「事業所得の帰属について」税法学574号133頁，146頁（2015年）参照。
[35] 横領による利得を課税所得から排除した著名なアメリカ連邦最高裁判所の裁判例である CIR v. Wilcox, 327 U.S. 404（1946）は，その根拠として，横領による利得には借入金と同様に返還債務が負担していることを根拠にしている。*Id*. at 409.
[36] 谷口・前掲注（6）200頁は，シャンツの純資産増加説は，借入金を無条件に純資産，担税力，所得の各概念から除外していると指摘する。新井益太郎監修・岸田貞夫ほか『現代税法の基礎知識（6訂版）』46頁〔吉村典久〕（ぎょうせい・2005年）も参照。
[37] 借入金が所得とはならない点に関する解釈論として増井良啓「債務免除益をめぐる所得税法上のいくつかの解釈問題（上）」ジュリ1315号192頁，同頁（2006年）。

いう点が挙げられる。上記〔B〕説は，この点を指摘して以下のように論述する。相殺的債務は，実際に履行可能性がないと認められる範囲において，課税上，債務の額面上の金額とは評価されず，収得した（借り入れた）金銭をマイナスの収入金額として相殺することができない。その結果，相殺しきれなかった部分について，プラスの収入金額が生じる[38]。

マイナスの収入金額の問題として把握する以上，返還債務は，マイナスの「経済的利益」としてその享受する時の価額となるから（所法36条2項），返還の履行可能性がない場合に，上記のように債務の評価としてマイナスとしての価値がない（無価値）とみることは条文上も適合した取扱いと考えられる。

他方で，〔A〕説の立場からは，違法所得も，借入れが純資産増加ではないと考えられるのと同様に，純資産増加といえるか疑わしいとしつつ，履行可能性の観点から，所得税法は便宜的に違法所得に課税し後にそれが失われたときに当初の課税を解消しようとしていると解すべき旨の主張があり得る[39]。

ただし，いずれの立場に対しても，多様な違法所得について一律に返還債務に履行可能性がないといえるかどうかは検討を要する問題である[40]。

この点に関しては，返還債務の履行可能性とは別の観点から借入金との区

---

[38] 岡村・前掲注（20）31頁。
[39] 新井・前掲注（36）47頁参照。なお，〔A〕説は，「所得」概念上，違法所得は所得に該当しないと理解することを前提とすると考えられるが，所得税法が一時的にであっても「所得」でないものを課税対象とすることを許容しているのかという点について疑問があり得る。もちろん，実定法上の「所得」（所法7条）を，所得税法の規定に則り課税対象となるものであると逆説的に捉えることも可能である。しかし，〔A〕説は借入れについて「所得」概念を根拠にして課税対象から除外する以上，そのような理解をしていないようにも思われる。
[40] これに対して，少なくとも公序良俗違反や錯誤無効などの原始的な無効の場合には，違法所得が生じた時点で既に返還債務は発生しているのだから，借入金と同様に収入金額は発生しないと考えるのが原則であり，その返還債務が現実に履行されないことが確定した時点で事実上の債務免除益として課税対象にすべきという考え方もあり得る。大淵博義「判批」金融法務事情2006号34頁，44-46頁（2014年）参照。法人の従業員により架空に計上された費用に係る損失と当該従業員に対する損害賠償請求権の計上について，東京高判平成21年2月18日訟月56巻5号1644頁。

別を実定法上試みることもできる。それは，所得税法51条2項，所得税法施行令141条3号を根拠とする[41]。これらの規定が存在する以上は，所得の原因となる行為が無効・遡及的無効等となった場合には，同条の規定に従って必要経費として算入できるか否かの問題とするのが租税法の立場であるとも考えられる[42]。そうである以上，所得税法は，これらの違法所得が収入金額に算入されることを予定している。それを〔B〕説の立場から眺めると，マイナスの収入金額が機能しないことを予定しているとなる。〔B〕説は，返還債務が生じる場合には原則としてマイナスの収入金額が機能するということを所得税法36条の本来の機能として理解すると考えられるから，所得税法51条2項は所得税法36条の「別段の定め」であると捉えることになるだろう（事業に係らない所得については，所法152条・所令274条各号が，更正の請求の手続要件であると同時に，実体要件も反映した規定と理解できるから，同様に「別段の定め」と理解する[43]。）。ただし，この理解でも所得税法が明示していない法律行為が不存在の場合の違法所得をいかに根拠づけるかについては問題が残る。

(3) 違法所得の調整事由に関する問題
(i) 法律行為の不存在

既述のとおり，このような法律行為が不存在の場合に，その違法所得を返還した場合の処理について明文がない。これらの行為による利得は，通常，

---

[41] 中里実「所得の構成要素としての消費―市場価格の把握できない消費と課税の中立性―」金子宏編『所得課税の研究』35頁，68頁（有斐閣・1991年）は，「不法利得の問題は，所得概念といういわば経済的問題ではなく，課税物件の範囲の解釈に関する法的問題といえるのではなかろうか」と指摘している。

[42] 東京高判平成23年10月6日税資261号順号11780参照。本事例では，不正診療報酬に係る返還合意が成立しているが，収入金額からの控除は認めていない。

[43] 所法152条・所令274条を私法上違法とされる所得も課税対象であることを前提とした規定と解するものとして，佐藤英明『スタンダード所得税法（第2版）』24頁（弘文堂・2016年）。なお必要経費に関する規定が，収入金額の「別段の定め」となり得るという点については，寄附金規定を益金の「別段の定め」と位置付ける無償取引に関する限定説から着想を得ている（岡村忠生『法人税法講義（第3版）』35頁（成文堂・2007年））。

事業に係る所得に該当しないと考えられるから，所法64条1項，所令180条1項，所法152条，所令274条1号などが検討の余地がある規定として考えられる。

　所令180条1項では，その要件として，退職手当の返納処分に「類する事由」を定めているが，たとえば横領犯が横領した現金を返還することが，退職手当の返納処分に「類する事由」といえるのかという点は，解釈上問題であろう。

　また，所法152条，所令274条1号が定める「無効な行為により生じた経済的成果がその行為の無効であることに基因して失われた」という要件に対しては[44]，法律行為が不存在であるのに，一般的には法律行為を前提とすると考えられる「無効」という概念が妥当するのか[45]，という点が問題である。

　これらの類型は，講学上議論される違法所得の典型例であり，一般的には，返還等がされた場合には，遡及的調整をするものと理解されているが[46]，その帰結を採用するためには，上記のように文理解釈上は問題もある。

(ii) **法律行為の解除**

　法律行為が解除された場合に，その違法所得を返還した際の処理に関して，所令141条3号や所令274条各号の規定が考えられるが，これらの規定は文言上解除を含んでいない。裁判例には，解除がなされた場合には，所得税法上の実体要件としても当然に遡及的調整が認められると読み得るものがあ

---

[44] 所令274条1号の実体要件としての位置付けについては，前掲注 (12) を参照。
[45] 「無効」は，民法では意思表示または法律行為としての効果が完全に生じないことを意味する（我妻栄『民法総則』388頁（岩波書店，1965年））。そして，違法行為（不法行為と債務不履行）は法律行為ではない（同書239頁）。また違法行為は意思表示でもないと考えられる（同書232-233頁参照）。したがって，仮に「無効」が民法からの借用概念であるならば，「無効な行為」（所令274条1号など）の中に，窃盗，横領，強盗などの不法行為は入らないと解するのが自然な理解ではあると思われる。なお，後述注 (49) の裁判例の立場からはこのような厳密な意味で「無効」を捉えないということになろう。
[46] 三木・前掲注 (5) 115-116頁。

る[47]）。この立場の場合には，国税通則法施行令6条1項2号が定める解除に関する更正の請求の手続規定は，所得税法上の遡及的調整の実体要件も反映したものと考えるのであろう。

他方で，事業に係る所得に関して，解除がなされた場合，多くは，所令141条1号の「商品の返戻又は値引き（これらに類する行為を含む。）」に該当するとも考えられる。同号に該当する場合には，所法51条2項の適用によって，必要経費への算入が求められ，遡及的調整は認められない。

(iii) 無効な未収債権

判例は未収の制限超過利息について収入実現の蓋然性があることは一般的に否定しているが，通達は制限超過利息であっても原則として約定利率による収入金額への計上を求めている（所基通36―8の5，36―8の(7)）。通達に従えば，未収の制限超過利息債権が，一旦は収入金額に計上されるという事態は生じ得る。

それでは，未収の制限超過利息債権を約定利率により約定日に収入金額に計上していた場合に，借主から超過部分の債権の無効を主張されるとどうなるだろうか[48]）。

一つの立場としては，事業に係る所得であれば，所法51条2項の本文の「貸倒れ」として必要経費で処理をする（又は所令141条3号に該当させる可能

---

[47]　東京高判昭和61年7月3日訟月33巻4号1023頁。不動産所得を生じた契約に関して納税義務の確定後の合意解除を根拠として納税者が国税通則法23条2項3号を根拠として更正の請求を求めた事例である。同判決は，国税通則法23条1項の期間内の更正の請求の場合には，同項の過誤要件のうちには同条2項が規定する場合も含まれているとの理解を示し，「契約が申告期限後に合意解除された場合には，右合意解除が，法定の解除事由がある場合，事情の変更により契約の効力を維持するのが不当な場合，その他これに類する客観的理由に基づいてされた場合にのみ，これを理由とする更正の請求が認められるものと解するのが相当である」と判示している。なお，この判決の事例は，権利金の返還であったので，所令141条1号（「販売した商品の返戻」）には直接には該当しない事例だったと思われる。

[48]　例えば，商品を販売したが未収の売買代金債権について，錯誤無効や詐欺取消が認められる場合には，「販売した商品の返戻又は値引き（これらに類する行為を含む。）」（所令141条1号）として資産損失（所法52条2項）として処理することになるであろう。

性もある。)。上記以外の所得であれば,「回収することができないこととなった場合」(所法64条1項)として,同項に基づき収入金額をなかったこととする処理をするとの立場があり得る。

ただし,事業に係る所得についての所法51条2項の適用に関しての疑問として,第一に,そもそも債権は無効で存在しないが,その無効であることの確認は「貸倒れ」に該当するのかという点,所令141条3号を根拠とするにしても,そもそも未収である以上「経済的成果」がなく経済的成果を既に得ていることを前提とするように読める所令141条3号にも該当しないのではないかという点がある。

この点は,出資法違反の貸付金の交付が不法原因給付に当たるため貸付金元本債権の返還請求をすることができないことが,資産損失(所法51条2項)に該当するかが争われた事例が参考になる[49]。

当該裁判例では,所法51条2項にいう「貸倒れ」という点について,不法原因給付となる貸付金元本債権は,当初から違法・無効であったものではあるが,実際には,当初は当事者間では有効なものとして取り扱われていたものが,後になって不法原因給付であることが顕在化して回収が不可能となって初めて損失が生じ得る状況になったので,通常の貸倒れと同様の状況があるとして,「貸倒れ」該当性の可能性を認めた。

また所令141条3号については,「経済的成果」とは,所得税の課税対象とされ,一旦納税義務が発生した所得を意味するものと解すべきであるとして,貸付金元本は所得税の課税対象とされていないから,「経済的成果」が生じたものと解する余地はないとした。

この裁判例を踏まえると,課税済みの未収の制限超過利息債権が回収不能となった場合は,「経済的成果」の喪失または「貸倒れ」のいずれにも該当し得て,所法51条2項の適用を受けるものと考えられる。

---

[49] 福岡高判平成23年9月8日訟月58巻6号2471頁。最決平成23年11月30日税資261号順号11822〔上告却下〕,最決平成24年2月23日税資262号順号11889〔上告不受理〕。評釈として,佐藤英明「判批」ジュリ1471号124頁(2014年),佐藤孝一「判批」月刊税務事例47巻1号1頁(2015年)がある。

4. 反社会的勢力と法人課税

(1) 法人格を有する組織

これまでは、基本的に個人所得課税を前提に検討をしてきたが、組織的に違法所得が稼得されている事例は多々ある。そこで、反社会的勢力と法人課税についても若干の整理をしておこう。まず、反社会的勢力やそれに準じるような集団が株式会社などの法人格をもった組織体を設立している場合には、原則として、当該法人に違法所得に関して法人税が課せられることになる。例えば、大規模な投資詐欺・消費者被害事案などでは、一見すると適正な事業であることを仮装して投資の勧誘などが行われているので、事業主体は株式会社となっている場合がある[50]。一般論としては、法人が顧客と取引をして違法な利得を稼得している場面では、取引当事者は当該法人であるから、法的権利義務は法人自体に帰属しており（法律行為が無効であることを原因とする法律関係も含む。）、所得の帰属もそれに倣い、法人課税がなされると考えられる。

なお、そういった組織の場合には、実態としては、実質的支配者（代表取締役とは限らない）が組織を差配しており、違法所得も支配している場面は多いと思われる。この実態は、法人課税の局面では寄附金や役員給与などの損金該当性の問題となり、違法所得を支配している実質的支配者への所得課税が別途問題となり得る。

(2) 人格のない社団

反社会的勢力が組成する組織体が、法人格を有していない場合には、当該

---

[50] 株式会社を設立して行われていた大規模な投資詐欺・消費者被害事件として、近年では、いわゆる和牛預託商法を行っていた株式会社安愚楽牧場や、海老養殖事業に関する投資商法を行っていた株式会社ワールドオーシャンファームなどがある。近年の暴力団のフロント企業に係る課税の事件として、暴力団組長が関与する法人の不動産売買に係る法人所得約26億円の所得隠しなどがある（朝日新聞平成22年1月20日夕刊1頁）。

組織体に法人税が課されるか否かは，人格のない社団となるか否か（法人税法（以下「法法」という。）2条8号），そして違法所得を稼得する事業が収益事業に該当するか否かの問題となる（法法2条13号）。

裁判例では，人格のない社団について，社団性の概念は民事実体法と一義的に解釈されるのが相当であるとして，民法上の権利能力なき社団の要件が受け容れられていると考えられる（①団体としての組織，②多数決原理，③構成員の変更に関わらない存続，④団体としての主要な点の確定)[51]。

反社会的勢力が組成する組織体の性質によって，この4要件を充足するか否かは検討を要する。類型的にいえば，例えば，暴力団は，少なくとも②の多数決原理を充足しないと考えられる[52]。私法上の問題としても，裁判例では暴力団は権利能力なき社団とされていないことから[53]，租税法上も人格なき社団として法人税の納税義務者となることは考えにくい。そのほかの組織体においても，この4要件を厳格に充足するような組織体は少ないのではないかと思われる。

ただし，この4要件をどの程度厳格に充足すべきかについては解釈の余地がある。ネズミ講組織の人格なき社団該当性が問題となった事件において，最高裁は，当該ネズミ講組織について，人格なき社団に該当しないとは判示せずに，その他の争点で事案の解決を図った[54]。この判例を，外形的に4要件が作出されているような場合には，人格なき社団とすることを容認したものと解釈する見解もある[55]。そのように解する場合には，反社会的勢力が組

---

[51] 福岡高判平成2年7月18日訟月37巻6号1092頁。
[52] 最判平成16年11月12日民集58巻8号2078頁は，暴力団組織を，ピラミッド型の階層的組織を形成し，構成員を擬制的血縁関係に基づく服従統制下に置き，1次組織の暴力団組長の意向が末端組織の構成員に至るまで伝達徹底される体制が採られていると認定している。
[53] 組長の使用者責任が争われた大阪高判平成15年10月30日裁判所HP参照（平成14年（ネ）第3210号，平成15年（ネ）第364号）では，当該事案における暴力団は，権利能力なき社団又は組合ではないと判示している。さらに，同上告審である最判平成16年11月12日判時1874号58頁も，暴力団に社団性を認めないことを前提としているようである。
[54] 最判平成16年7月13日判時1874号58頁。
[55] 図子善信「判批」月刊税務事例37巻4号1頁，6頁（2005年）参照。

5. 所得課税と没収・追徴

(1) 没収追徴制度
(i) 視点

違法所得の問題の中で、特に犯罪に関連する違法所得の場合、刑事法上の没収・追徴との関係が議論の対象となる[56]。没収とは、刑事手続において、犯罪行為を原因として物の所有権を所有者から剥奪して国庫に帰属させる処分である（刑法19条）[57]。追徴は、目的物が没収の要件を備えているが、事実上又は法律上の障害により没収することができない場合に、これと等価値の金員の納付を命じる処分である（刑法19条の2）。違法所得と没収と追徴の関係については、没収・追徴の対象となる利得であったとしても、課税の対象となり、後に現実に没収ないし追徴がなされた場合に、さかのぼって税額を計算し直し、減額の更正がなされるべきだと主張されている（以下この見解を本稿での便宜上、遡及調整説とよぶことにする。）[58]。

さて、ここでの問題は、そもそも没収・追徴は所得を消滅させるのかという点である。周知のとおり、所得税法は、所得種類毎に控除項目を法定している。その中で、没収・追徴をどのように捉えるべきであろうか。

(ii) 没収追徴制度の概要

刑法は、没収・追徴について、裁判所の裁量に委ねている（任意的没収）。ただし、多くの特別規定において、没収が必要的とされている場面も多い

---

[56] この問題意識に関する税法学と刑法学からのそれぞれの論者による代表的な文献として、金子宏「テラ銭と所得税―所得の意義、その他所得税法の解釈をめぐって―」ジュリ316号31頁（1965年）、藤木英雄「寺銭等の没収可能性をめぐって」ジュリ316号35頁（1965年）。

[57] 最判昭和37年11月28日刑集16巻11号1577頁。

[58] 金子・前掲注（56）32頁。長野地判昭和27年10月21日税資11号458頁。昭和26年の所得税基本通達（昭和26年1月1日、直所1―1）148（三）は、賭博による収入は一時所得とし、後日刑事裁判により没収された場合は更正をすると定めていた。

（必要的没収）。

また、刑法上の没収の対象は、「物」すなわち有体物であり、債権は含まれない。例えば、犯人が犯罪の報酬を現金で取得したときは、没収の対象であるが、銀行口座への振込により取得したときは、没収の対象とはならない[59]。ただし、組織犯罪処罰法（組織的な犯罪の処罰及び犯罪収益の規制等に関する法律）などの特別規定では[60]、違法収益剥奪の徹底した没収追徴制度が導入されており、「犯罪収益」や「犯罪収益に由来する財産」などについては有体物に限らず、金銭債権も含めて没収の対象となっている（組織犯罪処罰法13条以下）[61]。

租税法との関係において問題となり得る没収の類型として、刑法総則と特別規定とを併せ整理して具体例も示すと（i）犯罪行為を組成した物及びこれに準ずる物（刑法19条1項1号、刑法197条の5、関税法118条。密輸出入等の犯罪に係る貨物など）、（ii）犯罪行為によって得た物（刑法19条1項3号、漁業法140条、金融商品取引法198条の2第1項1号。故買により譲り受けた盗品、常習賭博により取得した現金、密漁等の場合の漁獲物・その製品[62]、インサイダー取引により取得した株式など）、（iii）犯罪行為の報酬として得た物（刑法19条1項3号。売春業者に対し情を知って建物を提供した者が得た家賃など）、（iv）（ii）又は（iii）の対価として得た物（刑法19条1項4号、金融商品取引法198条

---

59) 大塚仁ほか編著『大コンメンタール刑法（第三版）』411頁〔出田孝一〕（青林書院、2015年）。没収の対象は、物自体であり、消費、紛失、譲渡、破壊、混同、加工等によりその同一性が失われたときは、没収することができない。代替物は、原則として没収の対象にならず、特に金銭において問題となるが、封金として特別に保管されていたとか、押収されていた等の事情により、その特定性が明らかでない限り、没収することはできない（大塚・前掲411-412頁）。

60) 薬物犯罪については、麻薬特例法（国際的な協力の下に規制薬物に係る不正行為を助長する行為等の防止を図るための麻薬及び向精神薬取締法等の特例等に関する法律）において不法収益剥奪が徹底されている。

61) なお、犯罪収益が生じる前提となる犯罪については、組織犯罪処罰法がその別表で列挙しているが、組織的な形態で行われたか否かは問われていないので、単独犯として行われた犯罪についても、同法の没収・追徴の対象となり得る（森本和明「組織的な犯罪の処罰及び犯罪収益の規制等に関する法律の概要」金融法務事情1557号6頁、8頁（1999年））。

62) なまこの密漁が暴力団の収益源となっていることについて、青森地判平成28年3月30日判例集未登載。

の2第1項第2号。有償譲受けした盗品等を売却して得た代金，インサイダー取引により取得した株式の対価として得た財産など）と整理することができる[63]。

(2) 所得の消滅と没収・追徴
(i) 違法所得と没収・追徴対象の同一性

遡及調整説が検討対象としている事例である，いわゆる寺銭（賭場の開設者が賭客の賭金のうちから受領する手数料的性格の金銭）の没収という事例でみると[64]，この没収の根拠は，犯罪組成物件ないし犯罪行為により得た物（刑法19条1項1号・同3号）に該当し[65]，法文上も，違法所得そのものが没収の対象になっていると考えられるし，また現実に寺銭の没収があり得るのは現行犯逮捕等によって寺銭と認められる金銭が特定され押収されている場合であろうから[66]，物理的存在自体に着目しても，違法所得自体が没収されているともいえそうである。

しかしながら，既述のとおり没収・追徴の対象は違法所得と同一性があるのか不明瞭な場合もある。例えば，窃盗犯が窃取した現金で買い受けた物が没収された場合に（刑法19条1項4号）[67]，それは窃盗による違法所得を消滅させるのであろうか。

没収・追徴に係る遡及的調整の実体法上の根拠規定としては，所令180条1項の適用範囲である国家公務員法15条1項（退職手当の返納）の「規定による処分を受けたことその他これに類する事由」に該当するか否かという点がまずは考えられる。しかしながら，没収・追徴が，退職手当の返納処分の「類する事由」に該当すると考えるのは，いささか無理があるのではないだろうか。そのほかには，所令274条1号も考えられるも，そもそも没収・追徴は，同規定の適用範囲である「無効」の場面に限られないし（例えば，イ

---

63) 特別規定による没収について刑法総則に沿った形での分類については，秋山敬「付加刑と量刑」大阪刑事実務研究会編著『量刑実務体系 第4巻 刑の選択・量刑手続』112頁，114頁（判例タイムズ社・2011年）参照。
64) 金子・前掲注（56）31頁。
65) 藤木・前掲注（56）36頁。
66) 藤木・前掲注（56）37頁。
67) 仙台高判昭和30年11月8日高集8巻8号1113頁。

ンサイダー取引），その原因は刑事裁判の付加刑としてなされるもので，「無効であることに基因して失われた」（所令274条1号）といえるか疑問がある。

以上のことからすると，没収・追徴について遡及的調整をするには，明文にない遡及的調整事項として没収・追徴を導出可能かが問われることになると思われる[68]。そして，更正の請求は，後発的理由に基づく更正の請求が，国税通則法23条2項以外にも認められることを是認する解釈をとった上で認められることになる[69]。

(ii) 所得の消滅に係る法律関係

そもそも何故，事業に係る所得でない場合，所得の原因となる行為が無効や遡及的無効となれば遡及的調整が行われるのであろうか。例えば，売買契約に関して，契約の無効・遡及的無効を理由にして目的物と現金を相互に返還する場合と，当初の売買と同じ金額で再度売買をする場合があるとする。この場合に，前者は当初売主の所得は消滅し，後者は消滅しない[70]。二つの事例について，目的物と現金とが二度移転しているという点では同じである。当然，実定法の規定が前者を遡及的調整の対象としているという点で明確に異なっているが，さらに実定法がそこに差異を設けた理由としては，それぞれの法律関係に差異を見出したと理解せざるを得ないのではないか[71]。

---

68) 仮に，所令180条1項または所令274条1号に該当すると解するにせよ，本文中の文言解釈を覆すに足りる実質的理由を要すると思われるので，重要なのは没収・追徴を遡及的調整すべき実質的理由があるかという点である。

69) 谷口・前掲注（6）139頁参照。なお，刑事裁判は，国税通則法23条2項1号の「判決」に含まれないと解されている（大阪高判昭和59年8月31日シュト276号22頁）。

70) 暦年終了後に申告や更正決定により納税義務が確定した後に，その計算の基礎となる取引行為に合意解除による変更があったとしても，当該合意解除が新たな取引行為として右合意解除のあった課税年分の所得の計算の基礎とされることはあり得ても，さかのぼって既に確定した課税標準等が是正されるものではないとした裁判例として，大阪高判平成8年7月25日月報44巻12号2201頁（原審引用部分）（最判平成10年1月27日税資230号152頁〔上告棄却〕）。

71) 翻って考察してみると，所得税法上にはいかなる場合に収入金額が減少するかを定めている規定は見当たらない。間接的には，所令141条1号が，「返戻又は値引き（これらに類する行為を含む。）により収入金額が減少する」と定めており，収入金額が減少する場合が存在することは推知できる（また，所法64条1項が，「収入金額…全部若しくは一部を返還すべきこととなった場合」とも定めている。）。

このようにみてくると，租税法は，私法上の無効や遡及的無効による法律関係，すなわち法律行為による財貨の移転がそもそもなかったという状態を尊重して，所得もそもそもなかったものとして取り扱っているものとみることができる。それでは，没収・追徴の場合はどうなのだろうか。

(iii) 没収・追徴に係る法律関係

没収・追徴は，国庫に帰属する処分であり，取引の相手方や被害者に返還される処分ではない。贓物については被害者に還付することができるが（現金については議論あり）[72]，これは没収・追徴ではない（刑訴法123条１項，同法347条１項）。また，没収・追徴の場面では，違法所得の原因となる法律行為が無効または遡及的無効となっていることが前提というわけでもない[73]。したがって，没収・追徴が，一般的に遡及的調整がされる原因と直截に同じであるということはいえない。むしろ，違法所得の原因となる取引後にその目的物を第三者に贈与した局面，単に費消した局面，または違法所得自体が災害等で喪失した局面や，没収・追徴はどう違うのだろうか。また，刑事裁判自体についても，裁判官は罰金の金額算定に当たって違法所得の剥奪を勘案して罰金額を決定したうえで，没収・追徴の付加刑はことさらに加えなかった判決を下す場合もある（所法45条１項６号との対比）。これら局面とは

---

[72] 被害者還付はあくまで刑事手続内の便宜の措置であって，民事上の法律関係を確定する機能を有さない。窃盗事件の贓物がその所有者に還付された場合に，それによってその物に対する占有権者の占有権には何らの影響もない。占有権者は，還付を受けた所有権者に対して占有権に基づきその物の引き渡しを求めることができる。また，現金はその特定性の問題から還付の是非につき議論がある。被害者が複数おり被害金品が混和している場合などは被告人と被害者全員の承諾の下で案分して返還されている（河上和雄ほか編『大コンメンタール刑事訴訟法 第２巻』483頁〔渡辺咲子〕（青林書院・2010年）参照）。

[73] 例えば，インサイダー取引の私法上の効力も必ずしも無効となるわけではない。証券取引法下での議論であるが，服部秀一『インサイダー取引規制のすべて』314頁 -316頁（商事法務研究会・2001年）は，インサイダー取引が，債務不履行や不法行為法上違法となるのはインサイダー取引をなす者が，相手方にインサイダー情報を告知する義務がありその義務違反といえるかの問題となる旨を述べる。また，有価証券市場外でなされたインサイダー取引規制に違反する取引行為も当然には無効とはいえず，反社会性が強く公序良俗違反の場合は，民法90条により取引行為は無効となるとする。

異なり，遡及的調整がなされるべき理由をどこに求めるのかが問われることになるであろう。以上のことから，明文規定がない以上，没収・追徴に関する遡及的調整を簡単に認めることはできないのではないかとも考えられるのである。

　また，仮に遡及的調整をすべきだとしても，具体的な運用はかなり難解な場面も出てくる。例えば，インサイダー取引の犯人は株式譲渡益について納税していることも考えられるが，インサイダー取引に係る刑事裁判によって取得した株式とその株式の売却益を没収・追徴された場合どうなるだろう[74]。犯人は，保有している株式を没収される。さらに，売却益をそのまま保有していた場合には没収となるが，一部費消するなどした場合には，費消した部分は追徴となるであろう。追徴は納付がなされるか不明である。このような場合に，一見しても，没収される株式自体の処理，売却益が一部没収された場合の処理，追徴の納付がなかった場合の処理など問題点が多い。

6. 被害者保護と課税

(1) 被害者保護との衝突

　窃盗などの財産犯の場合に被害物品は法律上没収・追徴の対象とはなり得るが，犯罪収益が被害者から犯人に財産や価値が移転することによって生じたものである場合には，被害者の犯人に対する損害賠償請求権等の行使による原状回復を優先させるために，その没収・追徴は控えるべきものと考えられている[75]。この趣旨から，近年の立法である，組織的犯罪処罰法に基づく

---

[74] 金融商品取引法違反の犯罪については必要的没収・追徴とされるが，一定の裁量は認められる（金融商品取引法198条の2但書き）。相場操縦等の犯罪行為に関する没収・追徴額について，犯罪行為により得た株式の売却代金から，同株の買付代金相当額を控除した売買差益相当額を没収・追徴するのが相当であるとした事例として，東京地判平成17年3月11日判時1895号154頁。

[75] 大塚仁ほか編著『大コンメンタール刑法（第三版）』460頁〔出田孝一〕（青林書院・2015年），飯島泰「『組織的な犯罪の処罰及び犯罪収益の規制等に関する法律の一部を改正する法律』及び『犯罪被害財産等による被害回復給付金の支給に関する法律』の概要等」ジュリ1319号82頁（2006年）。なお，いわゆる五菱会事件（東京高判平成17年11月17日判タ1212号310頁など。暴力団を背景としたヤミ金融組織の主催者や幹部に

没収・追徴については，法律上，原則として，犯罪被害財産の没収は禁止されている（組織的犯罪処罰法13条2項）。

さて，以上のように刑事手続は，犯罪被害者の被害回復を全うするために，没収・追徴を原則として控えるという立場で運用がなされている。他方で，違法所得に対しての課税の場合にも被害者の被害回復との関係で利益が衝突する場面は出てくる[76]。この場合に，租税法はどのように被害者保護への配慮を示すことができるだろうか。

(2) 被害者の保護と合法性の原則

被害者保護と課税の問題点としては，第一に，税務官庁はその税務行政の遂行にあたり課税処分が可能な対象者に対して課税をしないということが認められるのか，第二に，犯罪被害者の原状回復は常に優先すべきなのかという点が問われるものと考えられる。

第一の点は，特に，合法性の原則との関係について検討を要する。合法性の原則は，課税処分の内容に関して課税庁に要件裁量及び効果裁量を否定し，課税処分を羈束行為と理解するよう要請する。この点については，違法所得への課税は，税務調査ないし課税処分の対象選定に関する裁量であ

よる出資法違反等が問われた事件。当該事件に関して，日本の当局が東京都内のトランクルームに運び込まれた1億円弱，銀行の貸金庫に預け入れられた米ドル紙幣200万ドルについては押収し，スイスの銀行口座に送金された51億円についてはスイス当局が押収していた。）を端緒に，組織的犯罪処罰法は，犯罪被害財産の没収・追徴が認められている法制度へと改正がなされた（同法13条3項）。没収・追徴がなされた財産は被害回復給付金に回されることになっている（犯罪被害財産等による被害回復給付金の支給に関する法律）。五菱会事件では，日本国政府とスイス連邦の交渉によりスイス当局が没収していた資金の50パーセントにあたる約29億円の譲与を受けて，被害回復給付金支給法に基づく給付資金として支給手続がとられた（匿名記事「ひろば時論 五菱会事件における被害回復の現状」ひろば61巻10号2頁，同頁（2008年））。

[76] 五菱会事件では東京地検が押収していた3億3,000万円のうち，約1億円について国税による差し押さえがなされて徴収された（朝日新聞平成18年1月4日朝刊31面，同平成18年2月2日朝刊33面）。この点については，衆議院法務委員会でも議論の対象となっている（平成18年4月20日第164回国会衆議院法務委員会議事録第12号7頁-8頁）。また，近年の課税と被害者保護の対立の事例として，会社更生法の適用を受けたTFK（旧武富士）の管財人が，旧武富士の制限超過利息について納付していた法人税の還付を争った訴訟がある（東京高判平成26年4月23日訟月60巻12号2655頁）。

り[77]、課税処分の内容に関するものではないから、合法性の原則の範囲外であり、税務官庁に対して、税務調査ないし課税処分の対象選定について租税法の価値の一つであろう税務行政の効率性という観点から裁量は認められるとは考えられる。とはいえ、税務調査ないし課税処分の対象選定に税務官庁の判断の余地が大きく認められるのであれば、合法性の原則を切り崩す結果となることは明らかであり、その裁量には当然ながら限界があると考えられる[78]。

したがって、その裁量の枠組みの中で、被害者保護を勘案した税務調査ないし課税処分の対象選定というものは認められる可能性はある。その上で、更なる問題は、租税法とは一見して無関係な被害者保護という視点をその裁量の考慮事項として取り込むことが許容されるか否かである[79]。

第二の点は、犯罪被害者以外の国税優先の原則を甘受しなければならない一般債権者と比較した場合の公平性の問題である。例えば、投資詐欺にあった場合と、取引先が倒産した一般債権者の場合とで、犯罪の被害者であるということを根拠に、特別に前者の要保護性は高まり、前者の場合にだけ税務官庁は課税を控えるべきなのだろうか。前者において課税を控えるべきなのであれば、何故後者においては課税を控えないのか。

この点について、例えば、被害者保護を優先すべき理由としては、犯罪として刑罰の対象となっている以上はその被害者を保護すべきとする価値判断が国会によって既になされているともいえること、また犯罪被害者が被害回

---

[77] 税務調査における調査対象の選定の問題と適切な調査権の発動を行政機関が怠る場合について、曾和俊文「質問検査権をめぐる紛争と法」芝池義一ほか編『租税行政と権利保護』111頁、118-122頁(ミネルヴァ書房・1996年)。

[78] 現行の行政事件訴訟法上は、例えば課税処分の懈怠について義務付け訴訟が考えられるものの、課税処分の名宛人以外の第三者に法律上の利益が認められるとは考え難い(行訴法37条2項)。より一般的にいっても行政処分の名宛人となる者以外の義務付け訴訟自体において認容例が極めて少ない(消極的裁量濫用に関する近年の動向につき、下山憲治「消極的裁量濫用・義務付け訴訟と国家賠償訴訟」法時85巻2号35頁(2013年)、37頁)。したがって、自由裁量ではないといっても、その裁量について国民が法的手段をもって統制することは難しい。

[79] 裁量統制に係る判断過程の考慮事項の問題につき、深澤龍一郎「裁量統制の法理の展開」法時82巻8号32頁、33頁-36頁(2010年)。

復をした場合には課税対象とならない違法所得であることからして租税法自体も被害者保護を優先する建付けになっているとも理解できることなどが挙げられるであろう。

とはいえ，税務官庁は，被害者保護を優先し課税処分を控えるという判断についても，平等な判断が要請される。したがって，何らの基準がないままに税務官庁にこれらの判断をゆだねることには問題があるように考えられる。

7．おわりに

違法所得は捕捉率が低いから重課ないし控除制限をして初めて通常の所得との公平性が保たれるとの考え方がある[80]。その指摘はもっともであり，そのためには違法所得に関する特別の立法（立証の問題を含む。）が必要となるであろうが，現状ではそこまでの機運には至っていない。そこで，本稿では，現行法をベースとして，違法所得の範疇として，犯罪にまつわる所得に限定せず広く検討をし，その法律関係を整理することで，違法所得に対する課税に関する基盤を再度整理することを試みた。違法所得への課税を怠ることは国民の納税意識を傷つけ，ひいては我が国の財政基盤を脆弱化させることにも繋がりかねない。違法行為による被害者の被害回復との調整の問題は税務官庁の裁量の面から検討を要するものの，違法所得に対する課税に関する課税庁の今後の積極的な対応に期待をしたい。

---

80) 中里・前掲注（41）66頁。

第Ⅴ章　収入実現の蓋然性と収入金額の年度帰属
——権利確定主義と管理支配基準の連接——

　第Ⅲ章では，人的帰属について，法律的帰属説は，経済的帰属説における法的帰属の局面を解明するものとして，同説に解消されるべき見解なのではないかとの指摘を加えた。所得の人的帰属と年度帰属は密接に関連するものとして理解されている。そこで，本章では，この指摘を踏まえた上で，年度帰属に係る権利確定主義と管理支配基準の関係性について検討を加える。

1.　はじめに

　収入金額の年度帰属の問題について，通説は，原則として，権利の確定時期によるとする権利確定主義を支持し[1]，場合によっては，利得が納税者のコントロールに入ったという意味での管理支配基準を適用するのが妥当な場合もあるとする[2]。最高裁も，権利確定主義を確立した判例理論として取り扱っている[3]。

　しかし，権利確定主義に対しては，「権利の確定」という概念の基準とし

---

[1]　清永敬次『税法（新装版）』100-101頁（ミネルヴァ書房・2014年），金子宏『租税法（第22版）』293-294頁（弘文堂・2017年）。

[2]　金子宏「所得の年度帰属—権利確定主義は破綻したか—」同『所得概念の研究』282頁，303頁（有斐閣・1995年）〔初出1993年〕。金子・同284頁によれば，権利確定主義とは，外部の世界との間で取引が行われ，その対価を収受すべき権利が確定した時点をもって所得の実現の時期と見る考え方である。なお，権利確定主義を放棄し企業会計上の実現主義に統一すべきとの主張もある（植松守雄「収入金額（収益）の計上時期に関する問題」租税法研究8号30頁（1980年））。

[3]　最判昭和53年2月24日民集32巻1号43頁は，所得税法が権利確定主義を採用している旨を述べた上で，同趣旨を判示している最決昭和40年9月8日刑集19巻6号630頁，最判昭和49年3月8日民集28巻2号186頁を引用しており，権利確定主義の採用は判例理論上確立していると評価し得るだろう。なお，法人税法では，権利確定主義に言及するものとして，最判平成4年10月29日訟月39巻8号1591頁，最判平成5年11月25日民集47巻9号5278頁などがある。

ての不明確さに対する消極的評価も述べられてきた。その代表的なものとして，中里実による以下の旨の評価がある。

「租税法における所得計上の時期に関して権利確定主義が妥当している」と抽象的に述べることには何の意味もなく，その「権利の確定」の時期を，各契約類型に即して明らかにしていく作業こそ重要である。裁判所は，権利確定主義という包括的名称の下で，個々の具体的な事情に応じて妥当な解決をはかっている。判例の説く「権利確定主義」というのは，一種の「くくり概念」である[4]。

この評価は，「権利の確定」という概念に積極的意義を見出さない。所得の年度帰属を問う場合に，「権利の確定」という統一的基準に照らして，いつ権利が確定したかを問うこと半ば諦めているようにもみえる。論者は，「権利の確定」という概念は，それぞれの契約類型毎の適切な課税時点を総称するという意義しか有さないものと理解するのかもしれない。

本稿では，権利確定主義に対するこのような消極的評価を視野に入れつつも，あらためて収入金額の年度帰属に関する最高裁判決を俯瞰することで判例理論を探り，その統一的基準を探っていくことにしたい。

以下では，まず判例における権利確定主義と管理支配基準の適用領域・順序について検討を加える（2）。その上で，管理支配基準の適用関係について整理した上で（3），納税者による収入金額計上時期の選択について指摘を行う（4）。

---

4) 中里実「判批」法協96巻11号1483頁，1490頁（1979年）参照。同「判批」ジュリ688号122頁，123-124頁（1979年）参照。また，清永・前掲注（1）101頁は，権利確定主義について，問題は権利の確定がいつであるとみるかであるが，この点必ずしも明確な基準が確立されているとはいえないと述べる。ただし，中里実は，「所得計上時期に関する類型的な具体的基準の総体を，会計学における発生主義や実現主義と区別する意味で，『権利確定主義』と呼ぶことは，なんら差し支えない」とし，さらに「収益計上時期に関する企業会計と租税会計法との差異を具体的に示すことは，むしろ望ましい」とも述べている（中里・「判批」法協1490頁）。したがって，企業会計と区別する意味において租税法における収益計上基準を「権利確定主義」と呼称すること自体は積極に理解している。

2. 権利確定主義と管理支配基準の適用領域・順序

(1) 基本的枠組
(i) 適用領域・順序

　所得の年度帰属には，原則として権利確定主義が妥当するが，例外として，管理支配基準を適用する[5]，という基本的枠組を否定する見解は近年では見当たらない。しかし，この基本的枠組は，①両基準の関係性，②両基準の適用領域・順序という，それぞれの基準を適用するための前提が不明瞭なままである。

　第一の両基準の関係性についてであるが，一見すると異質にもみえる権利確定主義と管理支配基準が並存することをいかにして説明するのか[6]，なぜ原則である権利確定主義は管理支配基準を例外として許容するのかが明らかではない[7]。

　第二に，両基準の適用領域・順序についてであるが，両基準はどのような適用領域をもち，その適用順序があるのかが不明である。例えば，収入金額の計上時期が問題となった場合，いずれか一方の基準を満たす場合に収入金額の計上が求められるのだろうか。それとも，「利得のコントロール」は認められるが「権利の確定」が認められないので収入金額は計上されないと

---

[5] 金子・前掲注（2）303頁参照。

[6] 谷口勢津夫「収入金額の計上時期に関する実現主義の意義—判例分析を中心に—」阪大法学64巻6号1頁，15頁（2015年）は，「収入すべき金額」という一つの極めてシンプルな要件について，権利確定主義と管理支配基準という二つの異なる規範を読み取るような規範定立には，法解釈上無理がある，とする。

[7] 酒井克彦「権利確定主義はリーガル・テストとしての意味を持ち得るか（1）—法人税法に関する議論を中心として—」国士舘法学41号1頁，42頁（2008年）は，権利確定主義を原則と捉えて管理支配基準を例外とする見解を採用するには，「法律的把握により判断すべき場面と経済的把握により判断すべき場面との境界線がいかに画されるのかという厄介な問題をクリアする必要がある」，「その問題解決に法的説得力がないとなれば，『課税すべきを課税する』という結論ありきの『良いとこ取り』の議論にも陥ることになる」と指摘しており，正鵠を射たものである。新井益太郎監修『現代税法の基礎知識（五訂版）』74頁〔吉村典久〕（ぎょうせい・2003年）では，権利確定主義は，管理支配基準を例外として認める点に限界がある，とする。

いった，権利確定主義が管理支配基準に優先的に妥当する適用領域があるのだろうか。

これらの疑問点を解消することは，権利確定主義が，年度帰属に関する原則的基準としての地位を保つために必要である。特に，現実の事例へ両基準を適用する上で，上記の第二の問題点の解決がなければ，両基準は機能する基準たりえない。

(ii) 収入実現の蓋然性

前記の権利確定主義と管理支配基準の関係性と適用領域・順序に関する疑問について，その回答を示唆するのが，「収入実現の蓋然性」（収入実現の可能性が高度であること）に着目する考え方である。学説や裁判例には，権利確定主義について「権利の確定」と「収入実現の蓋然性」とを連接する見解があり，近年でも注目されている[8]。

中川一郎は，「権利確定の時期を決定するについては，できるだけ収入の実現の蓋然性が高い時点を選ぶべきである」[9]と述べた裁判例を評価すべきものとして挙げている[10]。

清永敬次は，権利発生主義と権利確定主義とを区別して論じることが有効であり，契約が成立して代金債権等が発生したときを基準とするものを権利発生主義とし，それ以後一定の事情が生じて権利の実現の可能性が増大したときを基準とするものを権利確定主義とする旨を述べる[11]。そのほか，若干

---

8) 酒井克彦「所得税の事例研究―第12回―権利確定主義における『確定』概念と収入の実現性―各種所得の収入計上時期を巡る諸問題―」税務事例38巻11号53頁，55頁（2006年）。酒井・前掲注（7）13-17頁，38頁。谷口勢津夫も，両基準を連接させる見解を主張する。谷口勢津夫「税法における所得の年度帰属」税法学566号267頁（2010年）。

9) 福岡地判昭和42年3月17日訟月13巻6号747頁。

10) 中川一郎編『税法学大系　全訂増補』310-311頁〔中川一郎〕（ぎょうせい・1977年）。

11) 清永敬次「権利確定主義の内容」税通20巻11号88頁，94頁（1965年）。たとえば，法人税法の事例であるが，過年度の支払電気料の計算に誤りがあることが判明したために電力会社から返還を受けた過払返戻金が新たに収益に加算されるべきか，過年度の損金の減額をして修正すべきかが争われた事件（最判平成4年10月29日訟月39巻8号1591頁）で，最高裁は，納税者だけでなく電力会社も当時は過大に電気料金を徴収し

表現は異なるものの吉良実(「実現(履行)の可能性」)[12]，山田二郎(「収入実現の蓋然性」)[13]なども同趣旨の主張を行っている。

　これらの見解を踏まえた上で，賃料増額請求に係る増額賃料の計上時期が争われた事件である最判昭和53年2月24日民集32巻1号43頁[14]（以下「昭和53年最判」という。）の調査官解説は，権利確定主義について，「『権利の確定』は権利の『発生』と同一ではなく，権利発生後一定の事情が加わって権利実現の可能性が増大したことを客観的に認識することができるようになったときを意味」し，「具体的には各種の取引ごとにその特質を検討して判断」する[15]，とまとめている。その後の，下級審裁判例には，この調査官解説の表

　ている事実を発見できなかったのであるから，過収電気料金等の返還を受けることは事実上不可能であったというべきであるとして，過払時の「権利の確定」を否定している。この事例では電気料金を過払いした時点において納税者に不当利得返還請求権が観念上「発生」していたと考えられることから，権利の「発生」と「確定」を区別した事例といえる。

12) 吉良実「違法所得と権利確定主義」税法学200号127頁，139頁（1967年）は，「権利の確定」を以下のように説明する。内容（給付）の確定，金額の確定，履行期の確定という個別的法律要件の確定として理解するのでは不十分であり，全体的に収益として収受すべき権利義務が個々の法律要件を充たして発生し，一応法律的な保護を受けることになって，その権利の行使が法律的に可能となり，実現（履行）の可能性が客観的に認識できる状態になったことをいうと解すべきであろう。賛成，大沼洋一「権利確定主義」小川英明ほか編『新・裁判実務体系　18巻　租税争訟（改訂版）』380頁，388頁（青林書院・2009年）。例えば，森谷義光ほか編『所得税基本通達逐条解説』287頁（大蔵財務協会・2014年）は，所基通36—5（2）が紛争状態の賃貸料相当額の収入金額への計上時期を判決等のあった日とするのは，支払期においては「その現実の可能性客観的に認識し得る状態にあるとはいえない」ことを理由としていると述べる。

13) 山田二郎は，所得概念が経済上の概念であることから，その課税時期は，所得の概念内容から演繹して，経済的成果（収入実現の蓋然性を）目途とし，その経済的成果の生じた時が所属する年度と解すべきである，とする（山田二郎『増補税務訴訟の理論と実際』208頁（財経詳報社・1979年））。

14) 賃料増額請求に係る増額分の賃料の支払を命じた仮執行宣言付判決に基づき支払を受けた金員の収入金額の計上時期につき，判決が未確定であっても金員を収受した年度の収入金額に算入されるものとした事件である。

15) 越山安久「判解」最判解民事篇昭和53年度22頁，26頁（1982年）。その後の訴訟における課税庁の権利確定主義に関する主張は，同調査官解説と同様の表現を用いている（東京地判平成27年10月8日裁判所HP参照（平成24年（行ウ）799号），東京地判平成17年12月16日訟月53巻3号871頁，東京地判平成13年3月2日訟月48巻3号757頁参照）。

現を意識したものが散見される[16]。

このように、「収入実現の蓋然性」に着目する見解は、一定の支持を得ていると思われるが、言及がない概説書も多数あり[17]、どこまで広範な支持を得ているかは不明である[18]。本稿は、「収入実現の蓋然性」に着目する見解を積極的に支持するものでもある。

この見解が、想定する「収入実現の蓋然性」という用語は、法的には「弁済」が現実化する可能性を意味し、事実としては金銭債権の場合には、現金収受の可能性の程度を検証する用語であろうと思われる。権利確定主義が、

---

[16] 東京高判平成25年7月10日税資263号順号12254は、権利の確定時期について、「現実の収入がなくても、収入となるべき権利が発生した後、これを法律上行使することができるようになり、権利実現の可能性を客観的に認識することができる状態になったときは、権利が確定したといい得るものと解される」としている（第一審の東京地判平成24年12月11日税資262号順号12113の引用部分）。法人税法に係る裁判例であるが、東京高判平成21年2月18日訟月56巻5号1644頁は、「権利の確定とは、権利の発生とは同一ではなく、権利発生後一定の事情が加わって権利実現の可能性を客観的に認識することができるようになることを意味するものと解すべきである」と判示している（その他、広島地判平成25年1月15日税資263号順号12126、大阪地判平成16年4月20日税資254号順号9633も同趣旨）。

[17] 金子・前掲注（1）293-297頁、増井良啓『租税法入門』116-118頁（有斐閣・2015年）、佐藤英明『スタンダード所得税法　第2版』（弘文堂・2016年）244-248頁、水野忠恒『大系租税法』（中央経済社・2015年）252-262頁、岡村忠生ほか『ベーシック税法　第7版』88頁（有斐閣・2013年）、岡村忠生『所得税法講義』16-18頁（成文堂・2007年）などでは、権利確定主義について、「収入実現の蓋然性」に着目した説明はなされていない。たとえば、浅沼潤三郎『租税法要論』97頁（八千代出版・2002年）では「結局、権利の「確定」概念が多義的であることから、個々の取引事情および所得の種類毎に、収入を結果する金銭債権について収入実現の蓋然性が生じた時点を中心に、引渡時点、登記時点、現実収入時点のいずれか遅い時点以前の合理的な時点をもって、収入金額の計上時期とせざるをえないことになる」〔傍点筆者〕としており、収入実現の蓋然性に着目した記述となっている。なお、このような理解を通説と評価する見解もある（矢田公一「不法行為に係る損害賠償金等の帰属の時期―法人の役員等による横領等を中心に―」税大論叢62号97頁、154頁（2009年））。

[18] 注目すべき見解として、谷口勢津夫は、「収入金額計上時期判定規範は、実現主義であ」り、「収入すべき権利（権利確定主義）及び収入の現実の管理支配（管理支配基準）は、所得の実現という主要事実（要件事実）を推認させる間接事実である」とする（谷口・前掲注（6）24頁）。谷口は、昭和49年最判によって、「私法上有効な所得について、『収入すべき権利の確定』をもって『収入実現の蓋然性』あるいは『所得の実現』があったものと認めるという判断構造を内包する基準（権利確定主義）が示された」（谷口・前掲注（6）11頁）と述べていることから、「所得の実現」と、「収入実現の蓋然性」とを同じ意義を有する概念として整理するのかもしれない。

「権利の確定」を求める根拠が、「収入実現の蓋然性」という事実の問題としての可能性を検証するためにあるのならば、利得のコントロールを検証する管理支配基準と、双方ともに事実関係を取り込もうとしている点で共通するとも考えられる。以下では、この「収入実現の蓋然性」に着目して、最高裁判決を検討していくこととする。

(2) 収入実現の蓋然性——権利確定主義と管理支配基準の連接
(i) 最判昭和46年11月9日民集25巻8号1120頁の理解

「収入実現の蓋然性」に関する判例理論を推知させる事件が、最判昭和46年11月9日民集25巻8号1120頁（以下「最判昭和46年判決」という。）である。利息制限法の制限超過利息のうち未収のものに対する課税の許否が問題となった事例である。最高裁は、利息制限法の制限を超過する利息の約定をしていたとしても、既収部分については、制限超過部分も含めて、現実に収受された約定の利息・損害金の全部が貸主の所得として課税の対象となるとし、未収部分については、制限超過の利息・損害金は旧所得税法10条1項にいう「収入すべき金額」に該当しない、旨を判示した。同判決では、権利確定主義と管理支配基準とを連接させる概念として「収入実現の蓋然性」が用いられている。その判示部分は、以下のとおりである。

> 一般に、金銭消費貸借上の利息・損害金債権については、その履行期が到来すれば、現実にはなお未収の状態にあるとしても、旧所得税法一〇条一項にいう「収入すべき金額」にあたるものとして、課税の対象となるべき所得を構成すると解されるが、それは、特段の事情のないかぎり、収入実現の可能性が高度であると認められるからであつて、これに対し、利息制限法による制限超過の利息・損害金は、その基礎となる約定自体が無効であつて（前記各大法廷判決参照）、約定の履行期の到来によつても、利息・損害金債権を生ずるに由なく、貸主は、ただ、借主が、大法廷判決によつて確立された法理にもかかわらず、あえて法律の保護を求めることなく、任意の支払を行なうかも知れないことを、事実

> 上期待しうるにとどまるのであつて，とうてい，収入実現の蓋然性があるものということはできず，したがつて，制限超過の利息・損害金は，たとえ約定の履行期が到来しても，なお未収であるかぎり，旧所得税法一〇条一項にいう「収入すべき金額」に該当しないものというべきである（もつとも，これが現実に収受されたときは課税の対象となるべき所得を構成すること，前述のとおりであつて，単に所得の帰属年度を異にする結果を齎すにすぎないことに留意すべきである。）。

　同判決は，(i) 履行期が到来した未収の利息債権が収入金額に該当するのは，「収入実現の可能性が高度であると認められるから」である，「これに対し，」(ii) 制限超過利息には「収入実現の蓋然性があるものということはできない」から収入金額に該当しないとしている。

　(i) の点であるが，履行期が到来した未収の利息債権は，権利の確定が認められると考えられるので，(i) は権利確定主義の適用により収入金額に計上される場面のはずである[19]。これに対して，(ii) は管理支配基準の適用場面であると考えられる[20]。仮に，「権利の確定」概念によって，未収の利息債権と制限超過利息を対比させると，後者は単に権利がないということだけで収入金額に該当しないとなる。しかし，同判決は，そのようなことは行わずに，未収の利息債権と制限超過利息とを対比して論じるために，権利確定したときに収入金額に該当する理由を，「収入実現の可能性が高度であると認められる」という点に敷衍し，その後に，制限超過利息の収入実現の蓋然性（収入実現の可能性が高度であること）の有無を検討している[21]。

---

[19] (i) の部分が権利確定主義を念頭においているかは判決文からは明らかではないが，権利確定主義を宣言した先例（最判昭和40年9月24日民集19巻6号1688頁）が既に存在しており，(i) が「権利の確定」が認められる場面と理解されることからすると，権利確定主義の適用場面を敷衍して述べたと理解するべきであろう。

[20] 渋谷雅弘「判批」中里実ほか編『租税判例百選（第6版）』62頁，63頁（2016年）。

[21] 浅沼・前掲注 (17) 96頁は，債権と収入実現の蓋然性の関係性について以下のように述べている。「売主にとって収入を結果する売買代金債権について，契約成立時と売主が対価の全額を受領する時との間で，売主がその対価を受領したのと同じ程度の経済的意義（収入実現の蓋然性）をその債権に認めうる状態に至ったならば，その代金債権は権利『確定』のひとつの段階に達したとしなければならない」。

この判旨からは，最高裁は，権利確定主義と管理支配基準の双方ともに，「収入実現の蓋然性」が収入金額への算入根拠となると考えていることが読み取れる[22]。法律関係をみるはずの権利確定主義の根拠が「収入実現の蓋然性」にあるという点については，なぜ法律関係に「収入実現の蓋然性」という事実関係が関係するのか，奇異に感じられるかもしれない。しかし，それは当然のことといえる。なぜなら，裁判制度が整備されている我が国においては，法的権利義務関係に基づいて財貨の帰属・移転が決定され，国家権力による強制手段を通じた権利義務の具体化が担保されている。したがって，法的権利が確定することは「収入実現の蓋然性」に直結するといえるからである。

なお，同判決は，制限超過利息のように法的には無効な権利の場合であっても，「収入実現の蓋然性」があれば，収入金額への算入の余地を認めている[23]。しかし，結論としては，制限超過利息の「収入実現の蓋然性」を否定している。当時の制限超過利息のように実際に支払われる可能性が相当に高いものであっても「収入実現の蓋然性」が認められなかったことを踏まえると[24]，現金未収受の場合に，管理支配基準の適用により収入金額への計上が求められるのは，極めて高度な収入実現の可能性が認められる場合に限られるといえ，ほぼ理論上の存在にすぎないのではないかと考えられる。

(ⅱ) 「権利の確定」の可変性

上記のような理解に対しては，「権利の確定」という概念から連想される不可逆性・固定性と，可変性を帯びた「収入実現の蓋然性」という概念が整

---

[22] 昭和46年判決の本文中の理解と異なる理解として，倉見智亮「米国連邦所得税における不発生経験主義の形成と展開—所得の計上段階における回収可能性の考慮」同志社法学64巻2号1頁，3頁（2012年）は，昭和46年最判について，「収入実現の高度な蓋然性の存在」を権利確定主義を適用する前提条件とした上で，権利の確定時（この事例では履行期の到来時）に所得の計上を求めるべきであるとの解釈を採用した判決であるとも理解できる旨を述べる。

[23] 田中晶国「事業所得の帰属について」税法学574号133頁，141頁（2015年）。

[24] 植松・前掲注（2）92頁は，市中の高利金融業が盛業を続けている現状からみると，制限超過利息・損害金の「収入実現の蓋然性」がないとは到底考えられないとする（同旨，山田・前掲注（13）180頁）。

合的に理解できるのかという点に疑問の余地はある。しかしながら，「権利の確定」時点とは，そもそも不可逆性や固定性をもった状態ではなく，可変性を有する状態であると理解されることからすれば[25]，そのような疑問も解消される。

すなわち，権利確定主義は「権利」という私法上の概念を鍵とするにもかかわらず，私法上「権利の確定」という概念は，存在していない。したがって，「権利の確定」とは借用概念ではない。仮に，「権利の確定」という字義にふさわしい不可逆性・固定性といった要素を備える時点を挙げてみると，権利発生要件に対して，あらゆる権利障害，権利阻止，権利消滅事由が成り立たなくなった場合であろう[26]。しかし，そのような時点まで，年度帰属の基準としての租税法上の「権利の確定」時期を遅らせることはできない[27]。そもそも，判例・学説が権利の確定時点であると理解する局面も（例えば，役務提供時や目的物の引渡時），将来的に権利が無効と判断され，また遡及的無効とされて，原状回復がなされる可能性は当然残されている[28]。

---

25) 中川・前掲注（10）308頁は，「権利確定主義は必ずしも完全かつ最終的に権利の確定することをその内容とするものではない」とする。また，福岡高判平成8年10月31日訟月44巻7号1202頁は，「『収入の原因となる権利の確定』…とは，…将来における不確定な事情によって，権利の全部又は一部が消滅することなく，終局的に確定していることまでも要するものではないと解される」とする。

26) 権利（又は法律関係）は，観念的存在であるから，それを直接に認識することはできない。民事訴訟での判断過程を参考にすると，権利の存否（口頭弁論終結時点）の判断は，その権利の発生が肯定されるか，その後，その権利が消滅したか，さらに，その消滅の効果の発生が妨げられたかといった具合に，積極・消極のいくつかの法律効果の組み合わせによって導き出される（司法研修所編『増補　民事訴訟における要件事実　第一巻』2頁（法曹会，1986年））。ある権利が発生すると定める法律要件に該当する事実の存在が認められた場合には，その権利が発生したものと認め，その権利の消滅要件に該当する事実が認められない限り，その後も権利が存続するものとして取り扱われる（権利関係不変の公理）（村田渉ほか編著『要件事実論30講』5頁（弘文堂・2007年））。

27) あえて既存の概念のなかから探索するならば，「判決の確定」（上訴による取消可能性が消滅した状態）であろうが，学説が，「判決の確定」時を，「権利の確定」時とみるのは，権利関係について紛争状態にある場合に限られており，例外的な場面にすぎない。

28) 法規範の構造は，常に例外規範を許容する「一般的な」ルールとして整理できるが（平野仁彦ほか『法哲学』201-202頁（有斐閣・2002年）参照，また法的思考の論理学的な視点からの考察として，高橋文彦『「法理論」再考—三段論法から対話的なデフォ

したがって，判例・学説が理解する「権利の確定」時点とは，不可逆性や固定性をもつものではなく，相当な程度に「確定」している状態であるに過ぎず可変性を有している。したがって，「権利の確定」は，可変性を帯びた「収入実現の蓋然性」と矛盾することはない。

(iii) 収入保持の蓋然性

既述のとおり，昭和46年最判は，権利確定主義と管理支配基準を「収入実現の蓋然性」という概念で連接している。ただし，同判決は未収の利息債権が問題となった事例であって，現金（物）の収受がなかった。

この点，現金（物）収受後の事例であっても，「収入実現の蓋然性」は権利確定主義と管理支配基準とを連接するのであろうか。「収入実現の蓋然性」という文言から素直に連想される具体的内容は，「将来的に現金（物）を収受できる可能性が高いこと」であろう。したがって，既に現金（物）を収受している場面も「収入実現の蓋然性」という概念の枠内におさめることができるかは疑義があり得る。他方で，昭和46年最判や昭和53年最判が採用した管理支配基準について「収入保持の蓋然性」が判断の決め手となっているとする指摘がある[29]。仮に，「収入実現の蓋然性」の中に，このような「収入保持の蓋然性」が包含されるのであれば，昭和46年最判が直接の射程としない現金（物）を収受後の事例であっても，「収入実現の蓋然性」が権利確定主義と管理支配基準とを連接するといえるであろう。

ここでは「収入保持の蓋然性」も，「収入実現の蓋然性」に含まれるのか否かを私法の観点から検討をくわえてみよう。権利確定主義がいう「権利」を，最高裁判決は，「収入の原因となる権利」と表現している[30]。「収入の原

ルト論理へ―」法学研究82巻1号1072頁（2009年）），終局的にはありとあらゆる例外規範が存在しないことが明らかになれば，不可逆性を有した「権利の確定」という状態にはなる。

29) 佐藤・前掲注（17）253頁は，「収入を保持し続ける蓋然性」という用語を用いている。

30) 最判昭和53年2月24日民集32巻1号43頁。なお，福岡高判平成8年10月31日訟月44巻7号1202頁は，「収入の原因となる権利の確定」とは，「収入の原因となる法律関係が成立し，この法律関係に基づく収入を事実上支配管理しうる事実の生じたことをい

因となる権利」とは何かについて，最高裁はそれ以上説明を加えないが，直観的には，収入の原因となる「債権」が想起される。さらに「債権」の多義性を踏まえた上で，より詳細に分析すると，権利確定主義が問題にする「収入の原因となる権利」とは，特定人に対し給付を請求しうる実体法的関係に基づく権利者の地位たる「債権」（「基本権たる債権」）またはそれに類似する法律上の地位であり，「債権」に基づき請求しうる具体的内容たる給付「請求権」ではないと考えられる[31]。

例えば，売買契約を締結した場合を想定してみる。売主は買主に対して代金の支払いを求めることができ，また代金支払いがなければ損害賠償請求も考えられる。この場合，売主は，買主に対する「債権」を有しているといえるが，代金支払請求である「本来的給付の請求権」（履行請求権）や，債務不履行に基づく「損害賠償請求権」などは「債権」の内容または効力というべきであって，概念的には「債権」とは区別される。「債権」は，「請求権」を生み出す根拠であり，「請求権」は「債権」の内容または効力とみることができるからである。

以上の理解を前提に，仮に「収入の原因となる権利」＝「請求権」と仮定すると，農地の売買に関して農地法上の許可未了の場合を，権利確定主義上，未確定な状態とみていると考えられる最判昭和60年4月18日月報31巻12号3147頁（以下「昭和60年最判」という。）と整合しない[32]。当該事例は，所有権は移転していないが，代金の支払いが先行している以上，売買契約には

い」と判示している。
31) 奥田昌道『債権総論（増補版）』10-11頁（悠々社・1992年）参照。
32) 最高裁は，農地法所定の知事の許可が得られていない農地の売買による譲渡所得の計上時期について，譲渡代金の全額を収受した年度に収入金額に算入するものとした。なお，最高裁の判示は簡潔であり，「権利の確定」が認められない場面と考えているのかはっきりしない。ただし，最高裁が是認している原審の判断である名古屋高判昭和56年2月27日訟月27巻5号1015頁は，以下のように判示しており，権利の確定を認めていない。「本件農地売買契約においても，控訴人は右売買契約に基づき本件係争年中に代金を取得しているのであるから，未確定とはいえこれを自己の所得として自由に処分することができるのであつて，右現金の収受により，既に右契約が有効に存在する場合と同様の経済的効果をおさめているわけである。従って税法上は右代金の取得により所得が実現されたものとしてこれに対し課税しても違法とはいえない。」〔傍点筆者〕

先履行の合意があり同時履行の抗弁権は働かない事例であったと考えられる[33]。よって，先履行の合意に基づく履行期到来によって，「請求権」は具体的に実現可能であり，その弁済によって，「請求権」は消滅したといえる状態であったと考えられる。とすると，上記事例では，まさに「請求権」は発生し，行使可能となり，弁済されたという状態にあり，それを未確定と表現することは困難である。したがって，権利確定主義が問題とする「収入の原因となる権利」とは，上記意味での「請求権」ではなく，基本権たる「債権」か，それに類似する法律上の地位と考えるべきであろう[34]。

その上で，「収入実現の蓋然性」と基本権たる「債権」との関連性をみてみると，「債権」には，その効力として，給付請求権だけではなく，その本来的・第一時的効力として，債務者のなす給付を受領し，これを保持しうる「給付保持力」が観念されていることに気付く[35]。とすると，「収入実現の蓋然性」の意義として，「債権」の効力である給付保持力という側面を反映する「収入保持の蓋然性」も含まれるという理解が成り立つと考えられるのである。

(3) 権利確定主義と管理支配基準の適用関係
(i) 管理支配基準の先行

前記のように権利確定主義と管理支配基準の両立を是認すると，管理支配基準の適用が権利確定主義の適用に先行している場合，管理支配基準に基づき収入金額計上がなされることになる[36]。この点に関する最高裁の立場を推知できる事例として，既述の昭和53年最判のほかに，最判平成10年11月10日

---

33) 山本敬三『民法講義Ⅳ―1 契約』85頁（有斐閣・2005年）。
34) 民法学上，弁済により「基本権たる債権」も消滅すると考えられているのかは明らかではないが，債権者は少なくとも給付を保持し得る法律上の地位を有している。
35) 奥田・前掲注（31）73-74頁。
36) 昭和53年最判における増額賃料に関する権利確定の時期は賃料増額請求に係る上告審の判決がなされた昭和40年2月19日と考えられるが，同判決では，管理支配基準によって実際に支払いがなされた昭和37年及び昭和39年の各年度の収入金額に計上されている。谷口・前掲注（6）24頁も，「収入すべき権利の確定及び収入の現実の管理支配の少なくともいずれかが認定された場合は，その時期において原則として所得の実現が推認され収入金額が計上される」とする。

判時1661号29頁（以下「平成10年最判」という。）も挙げることができる。同事件は，収用委員会による納税者所有の土地に対する10年間の強制使用裁決に基づく損失補償金の一括支払いに関して，払渡し時に，一括して収入金額へ計上されるのか使用期間に分割して収入金額へ計上されるべきかが争いとなった。事実関係としては，沖縄県収用委員会は，那覇防衛施設局が申し立てた，納税者所有の土地に対する20年間の強制使用裁決申立てに対し，昭和62年2月24日，①土地の使用期間，権利を取得する時期から10年間，②権利取得の時期，昭和62年5月15日，③明渡しの時期，昭和62年5月15日とする裁決をなし，その後，納税者は，昭和62年3月25日，国から当該裁決に係る損失補償金の払渡しを受けた。

　最高裁は，払渡し時を基準とする一括での計上の立場をとったが，その判示は，基本的に原審の判断を是認している簡単な記述であり，論理の過程は不明である[37]。原審では，権利確定主義と管理支配基準を折衷したような判示をしている[38]。ここで注目すべき点は，最高裁が，原審の示した収入金額計上の基準時を変更していることである。すなわち，原審は，「権利取得の・・・・・時期において右補償金に係る所得の実現があったものと解するのが相当」〔傍点筆者〕[39]としていたが，最高裁は「補償金は，…払渡しを受けた日の属・・・・・・・・・する年における収入すべき金額として…算入すべき」〔傍点筆者〕としてい

---

37) 最判平成10年11月10日判時1661号29頁。最高裁は，次のように述べている。「日本国とアメリカ合衆国との間の相互協力及び安全保障条約第六条に基づく施設及び区域並びに日本国における合衆国軍隊の地位に関する協定の実施に伴う土地等の使用等に関する特別措置法一四条に基づき同法三条の規定による土地の使用に関して適用される土地収用法七二条一定の使用する土地に対する補償金は，所得税法三六条一項に基づき，その払渡しを受けた日の属する年における収入すべき金額として所得の金額の計算上総収入金額に算入すべきものと解するのが相当である。」

38) 谷口・前掲注（6）28頁は，原審を権利確定主義と管理支配基準との相互補完的適用の事例として評価している。

39) 原審である福岡高判平成8年10月31日訟月44巻7号174頁は，「本件損失補償金の払渡しは 右権利取得の時期より前にされたものではあるがこれを収入すべき権利ないし保持する権利は，権利取得裁決において定められた権利取得の時期において確定したものであり，それゆえに，被控訴人らは，特段の事情のない限り，本件損失補償金全額について，返還の必要に迫られることなくこれを自由に管理支配できるのであるから，右権利取得の時期において右補償金に係る所得の実現があったものと解するのが相当であり」とする。

2. 権利確定主義と管理支配基準の適用領域・順序　171

る。原審が述べる「権利取得の時期」は，昭和62年5月15日であり，最高裁が述べる補償金の「払渡しを受けた日」は，昭和62年3月25日である。いずれも昭和62年であるから課税年度として影響はないが，最高裁は，権利取得日よりも以前である現金収受日たる「払渡しを受けた日」を収入金額の計上の基準時としている[40]。この判示からすると，最高裁は，管理支配基準による基準時が権利確定主義による基準時よりも早期に到来した場合には，管理支配基準に基づく基準時に基づき収入金額計上を求める立場にたっていると理解できる。

(ii) 権利確定主義の消極機能

次に，権利確定主義と管理支配基準の両立を是認する場合，両基準が抵触する場面をどのように考えるかを解決しなければならない。例えば，「権利確定主義」は，管理支配は認められるが権利の確定がないから収入金額への計上は否定される（以下便宜上「消極機能」という。），という文脈で用いられることもありえる。

権利確定主義に消極機能があるならば，管理支配基準と権利確定主義は抵触する場面が出てくることになり，両基準が「収入実現の蓋然性」によって調和すると理解することは難しい。しかしながら，この点，裁判例及び理論上，権利確定主義に消極機能は認められないのではないかと考えられる。

まず，最高裁は，権利確定主義が消極機能を持つとは理解していないと考えられる[41]。例えば，既述の昭和53年最判は，賃料増額請求に係る増額分の賃料の支払を命じた仮執行宣言付判決に基づき支払を受けた金員の収入金額の計上時期につき，判決が未確定であっても金員を収受した年度の収入金額に算入されるものとしており，権利は未確定であるが収入金額への計上を求

---

40) 佐藤英明「判批」ジュリ1157号32頁，33頁（1999年）は，納税者が「現実に本件保証金を受領しており，かつ，それが後に失われる可能性が小さいと考えられたことが決定的な考慮要素ではなかったか，とも想像されるが，推測の域をでない」とする。
41) 佐藤・前掲注（17）252-253頁は，裁判例は，権利確定主義を「まだ現実に収入がないものを『収入すべき金額』とする」という形でとらえており，「収入を受ける権利が確定していないものは『収入すべき金額』とはならない」ということまでも意味しないと捉えている可能性を示唆する。

めている。同判決は，管理支配基準を適用した事例と理解されるが[42]，仮に，権利確定主義に消極機能があるならば，利得のコントロールは認められるが権利の確定が認められないこの事例での収入金額への計上は否定されたはずである。

　また，権利確定主義が採用される根拠として，学説上は，(i) 文言（「収入すべき金額」），(ii) 信用取引の発展，(iii) 収入時期の先延ばし防止が指摘される[43]。確かに，これらの根拠からは，「権利の確定があれば収入金額に計上する」という規範は導出できると考えられる。他方で，上記の根拠からは，消極機能である「権利の確定がなければ収入金額に計上しない」という規範の導出ができるのかは疑わしい。権利確定主義の根拠に言及している昭和53年最判は，「課税にあたって常に現実収入のときまで課税することができないとしたのでは，納税者の恣意を許し，課税の公平を期しがたいので，徴税政策上の技術的見地から，収入の原因となる権利の確定した時期をとらえて課税することとしたものである」と述べており，学説上指摘される根拠の中では (iii) に重点をおいた言及となっている。権利確定主義の消極機能は，収入時期の先延ばし防止としては機能しないことからすると，最高裁が指摘する (iii) の根拠と権利確定主義の消極機能は親和性に乏しいといえよう。

(iii) 解約手付との整合性

　権利確定主義の消極機能を否定すると，解約手付のように「現金（物）の収受」→「権利の確定」という時系列になっている場合，現金（物）の収受時点で収入金額とならないことを，権利確定主義の消極機能なしに説明可能かという問題が生じる。解約手付は，通常は契約の履行により代金の内金となる性質を持つことから，管理支配基準に基づきその受領により収入金額に計上されるとも考えられる。しかしながら，最決昭和40年9月8日刑集19巻6号630頁（以下「昭和40年最決」という。）は，解約手付について権利の確定

---

42) 渡辺徹也「判批」中里ほか編・前掲注（20）124頁，125頁（2016年）。
43) 金子・前掲注（1）294頁。

2. 権利確定主義と管理支配基準の適用領域・順序　173

がないことを根拠にして，収入金額への計上を否定している[44]。

この点について，解約手付は，現金（物）の収受時点においても，利得のコントロールがなく管理支配基準に依拠しても収入金額の計上は求められないとの説明が可能であると考える[45]。

昭和40年最決の原審は[46]，解約手付を以下のように性質付けている。「債務不履行の場合の損害賠償額の予定を兼ねる民法第五五七条の解約手附の契約というべきである。したがつて当事者の双方がいずれも本件契約の解除権を留保している。本件契約は，近い将来において適法に解除されることがあるべきことを前提とするものである。」「したがつて右の手附金額は，被告人が契約を解除せずかつＡが契約を解除するという事実があってはじめて手附収入として被告人の収入すべき権利の確定した金額となるといわなければならない」。当該事例の解約手付についてこのような評価が可能であるならば[47]，この事例での解約手付は返還可能性が高度であるといえる。よって，

---

44) 最決昭和40年9月8日刑集19巻6号630頁は，不動産売買に関する解約手附について，「所論二〇〇〇万円は，原審の認定した事実によると，いわゆる解約手附として受取ったものであるところ，解約手附は，両当事者が契約の解除権を留保するとともに，これを行使した場合の損害賠償額となるものとして，あらかじめ授受するに過ぎないものであって，それを受取ったからといって，それを受取るべき権利が確定しているわけではないから，そのままでは，前記収入すべき権利の確定した金額には当らないものと解するのが相当である」と判示して，収入金額への計上を認めなかった。
45) 水野・前掲注 (17) 260頁は，「権利確定主義とは，収入金額を受けていなくても権利が確定していれば収入金額に含まれるとするものであり，現実に現金の収受があったのであれば，『管理支配基準』という基準をたてることもなく，当然，収入金額に該当すると思われる」とし，「管理支配基準」という基準の必要性を疑問視する。しかしながら，権利確定主義が存在する以上は，それと区別する意味においても，現金収受＝利得のコントロールにより収入金額の該当性を認める基準として「管理支配基準」という名称は有用にも思われるし，例えば本文中の昭和40年最決のように現金を収受したが収入金額に計上されない場合などは，現金収受があるが利得のコントロールはないということをもって収入金額への計上を否定する必要があり，それは現金の収受という意味だけではない管理支配基準が機能する場面であるようにも考えられる。
46) 名古屋高判昭和39年11月9日高刑17巻7号685頁。
47) ただし，一般に解約手付が契約の拘束力を強くするのか弱くするのかは論者により認識に差異がある。柚木馨・高木多喜男編『新版注釈民法 (14)（復刊版）』174頁-175頁〔柚木馨・高木多喜男〕（有斐閣・2010年）参照。本件事例でいえば，1億2000万円の売買代金総額のうち2000万円もの金額が解約手付とされているのであるから，買主が手付を放棄して解除する可能性は低く，契約の拘束力を強める性質をもっており，

解約手付に係る利得は納税者のコントロール下になく，収入実現の蓋然性（収入保持の蓋然性）が認められないとして，管理支配基準に基づく収入金額の計上が否定されると理解可能であろう。

(4) 両基準に関する判例理論

ここで，本稿における①両基準の関係性，②両基準の適用領域・順序についての判例理論の考え方をまとめると，①について，両基準は「収入実現の蓋然性」によって連接している，②について，それぞれの基準に優先関係はなく，また適用領域の制限もない。権利の確定または利得のコントロールがあれば収入金額への計上は強制される（例外について3参照），となる。特に，②の理解は，権利確定主義と管理支配基準の適用領域の取り合いという難問の解決をその問自体を消失させることで不要にする点を指摘しておく。

権利確定主義が原則とされているのは，法治国家たる我が国では法的権利関係が「収入実現の蓋然性」を原則としてつかさどっているからである。「収入実現の蓋然性」が収入金額の計上の基底であり，権利確定主義が適用される場面でも裏に控えているといえる[48]。

解約手付の返還可能性は高くないとも評価できるかもしれない。ただし仮に，この評価が正しかったとしても，解約手付が収入金額に計上されないことは所得概念からの説明も可能である。すなわち，解約手付は，有価物の交付によって締結される要物契約であり，本体たる売買契約に従たる契約ではあるが本体たる売買契約の一部ではなく別の契約として理解されている点，また契約が解除されずして債務が履行されたときは，授者が手付の返還を請求することができる点を指摘できる（債務履行後に内金として算入されるのは，相殺の意思表示または黙示の合意に基づくと理解されている（柚木・高木前掲185頁参照））。このような解約手付の性質からすれば，解約手付の授与を根拠にして管理支配基準に基づく収入金額への算入がなされないのは，そもそも所得概念に関する相殺的債務論（岡村・前掲注（17）31-34頁参照）によって否定されるからであると説明可能である。

[48] 所得の帰属の場面で同旨を論じたものとして，田中・前掲注（23）146頁。なお，本稿では，判例理論は，「収入実現の蓋然性」によって権利確定主義と管理支配基準を連接すると理解するが，権利確定主義に管理支配基準が包摂されるとする見解もある。酒井克彦は，「これまでの多くの裁判例は，収入実現の蓋然性というレベルにまで確定の意義を緩めて解釈しているのであり，かような立場に立つ限りは，管理支配基準も権利確定主義の傘の下で理解される」として，「権利確定主義の下での管理支配基準の適用として理解することができる」とする（酒井克彦「所得税の事例研究―第14回―権利確定主義と管理支配基準―各種所得の収入時期を巡る諸問題」税務事例39巻1号

3. 管理支配基準の適用関係

(1) 管理支配基準に対する消極的評価再考

これまでの検討からすると，判例は，権利確定主義と管理支配基準とを相反する基準としてではなく，いずれか一方を充足すれば収入金額への計上が求められる基準として捉えているように考えられる。他方で，このような考え方に対しては，管理支配基準に対する消極的な評価から異論がでるかもしれない。論者は，管理支配基準は，租税法律関係を不安定にするおそれがあるから，その適用範囲をみだりに拡大しないように注意する必要がある[49]，とする。

上記の「租税法律関係を不安定にするおそれ」については，その含意として，管理支配基準は法的基準ではないから基準としての明確さに欠け「租税法律関係を不安定にする」，という意味と，管理支配基準に基づく課税は将来的に利得が返還され更正の対象になる可能性が高くなるから「租税法律関係を不安定にする」という意味が考えられる。

ここで管理支配基準が妥当して収入金額に計上される場面を整理しておこう。管理支配基準には，(i) 収入を受け取る法的な権利は，まだ確定していないが，現実に受け取った収入に対して，それを受け取った人（納税者）が完全な管理・支配を及ぼしていると考えられる場合と，(ii) 違法所得の場合の2パターンがあると説明される[50]。

(ii) の類型は，そもそも権利確定主義による判定が不可能な場面であるか

55頁, 59頁 (2007年))。

49) 金子・前掲注 (2) 303頁。法的基準について税制調査会昭和38年12月「所得税法及び法人税法の整備に関する答申」15頁は，「税法が，なおこのような権利確定主義を基本的基準としているのは，税法が，法律として，すべての納税者について統一的に扱う必要から，期間損益の決定を単に会計上の事実行為に立脚した基準にのみ委ねることができず，他に特別の定めがない場合の一般的判定基準としては，なんらかの法的基準を求めなければならないためであると考えられる。」「この見地から，今後においても，税法上期間損益決定についての基本的な法的基準は，これを設けておく必要があると思われる」とする。

50) 佐藤・前掲注 (17) 247-248頁参照。

ら，権利確定主義との比較において管理支配基準を批判することにあまり意味があるとは思われない。

したがって，管理支配基準に対する上記の消極的評価が主に問題にするのは (i) の類型であると考えられる。そして，仮に管理支配基準の上記の消極的評価に対する背景に，権利確定主義は「法的基準」であるから基準が明確だが，管理支配基準は経済的事実を基準とするから基準が不明確になるという理解があるのならば，その理解は管理支配基準の一面を強調し過ぎであるようにも考えられる。

すなわち，(i) の類型として理解できるのは，昭和53年最判や昭和60年最判などである。これらの判決が，収入金額の計上時点としているのは，いずれも現金を収受した時点である。確かに，現金の収受という現金の物理的移転だけをみているのであれば，管理支配基準は経済的な事実を基準としているという評価は妥当するであろう。しかし，これらの事例における「現金の収受」は単に現金の物理的移転というだけではなく，「弁済」という法的効果を持った事実でもある。

すなわち，昭和60年最判における，売買代金の支払という現金の収受は，民法上の「弁済」（民法474条以下）であり，債権の消滅という法的効果を持っている。昭和53年最判における増額賃料の支払いも暫定的な弁済とはいえ仮執行を排除する法的効果を持っている。したがって，昭和60年最判と昭和53年最判は，明らかに，収入金額への計上時点として[51]，法的に意味のある事実を据えている[52]。以上のことから，管理支配基準における (i) の類型

---

51) 例えば，清永・前掲注 (11) 95頁は，権利確定主義の意義を法的に意味のある事実という「点」で捉えているように思われる。清永は，「取引に関して生ずる諸々の事実は法的に意味を有するのであるから，法的な意味を有する事実をとらえてそれに年度帰属の決定標準を結びつけることは充分理解できるものである。…たとえば，いわゆる販売基準は商品の引渡をもって収益の年度帰属を決定しようとするものであるが，商品の引渡というのは占有を相手方に移すという売主の給付義務の履行にほかならず，またそれによって，買主の同時履行の抗弁権を失しめるという，まさにリーガル・テストにほかならないのである」とする。また，例えば割賦基準についても，「各賦払金の支払期の到来ごとに代金債権が部分的に確定していくのである。このように考えていけば割賦基準は立派な権利確定主義である」と述べている。
52) 渡辺・前掲注 (42) 125頁は，管理支配基準にも法的な視点が内在していることを

が，経済的な事実を基準としているという理解は正確ではないようにも思われるのである。

これに対して，(i) の類型の管理支配基準が収入金額計上の基準時として法的に意味のある事実をとりあげているとしても，「権利の確定」という法律関係の判定と比較して「利得のコントロール」という経済的事実関係の判定は明確さに欠けるという指摘もあり得る。

しかしながら，そもそも権利確定主義も，純粋に法律関係をみているのであろうか。たとえば，昭和53年最判は，権利確定主義に基づき，権利関係に紛争が生じている場合，原則として，収入金額の計上時期は，「債権の存在を認める裁判が確定した時」とする。つまり，権利についての紛争の存否によって「権利の確定」時期が変化することを認める。しかしながら，紛争の存在は，何らかの実体的な法律効果を導く法律要件ではない。それにもかかわらず，紛争の存否によって「権利の確定」時期が変化するとみているということは，権利確定の時期を判断するに当たって，最高裁は，法律関係だけでなく，「紛争の存在」という事実関係も視野に入れているのは明らかである。権利確定主義と管理支配基準とは，双方ともに法律関係と事実関係をその判断に取り込んでおり，その差は相対的なものといえる。

このようにみてくると，管理支配基準における (i) の類型は，権利確定主義と同様の「法的基準」としての管理支配基準と整理することが可能であるように考えられる。したがって，一概に管理支配基準は明確さに欠けるとまではいえないようにも考えられる。

(2) 利得のコントロールの厳格性
(i) 現金の収受と「収入実現の蓋然性」

他方で，管理支配基準に対する消極的評価である，「租税法律関係を不安定にするおそれ」という意味が，管理支配基準に基づく課税は将来的に利得が返還され更正の対象になる可能性が高くなるという意味なのであれば，確

指摘する。

かにそのような事態は可及的に避けるべきである。この可能性は，当然に権利確定主義の場合にも存在することから，この指摘を踏まえると，権利確定主義と管理支配基準が求める「収入実現の蓋然性」とは同程度である必要がある。そうでなければ両基準は「収入実現の蓋然性」によって連接されるという理解は説得力をもたないだろう。

そこで，権利確定主義と管理支配基準の適用事例として，(i) 賃貸期間未経過の前受家賃を管理支配基準に基づき収入金額に計上する場合と (ii) 対応する賃貸期間の経過及び履行期到来済みの未受領家賃債権を権利確定主義に基づき収入金額に計上する場合とで「収入実現の蓋然性」は同程度といえるのかを検討してみよう。

まず (i) は，役務提供が未了であり，役務提供が完了している (ii) と比較して，収入実現の可能性が低いといえるのかもしれない。

しかしながら，上記事例での賃貸借契約に基づく貸主の目的物を貸す債務は，希薄化しており[53]，その所有者の個性に債務の履行がほぼ依存していない。既に賃貸物件の引渡が完了していれば，現実的には賃貸人は何もしなければ，役務提供が完了する。したがって，賃貸借契約においては，将来的に役務提供ができずに前受家賃を返還すべき事態が生じる可能性は，相当低いと思われる。

他方で，(i) は，前受家賃を現実に収受した事実をもって収入実現の可能性（ここでは収入保持の可能性[54]）が増大している。(ii) の場合，賃貸借契約の支払日が到来して，かつ役務提供が完了して「権利の確定」があるといっても[55]，賃料を必ずしも収受できるわけではない[56]。

---

[53] 幾代通＝広中俊雄編『新版注釈民法 (15)〔増補版〕(復刊版)』188頁以下〔幾代通・高木多喜男〕(有斐閣・2010年) 参照。

[54] いったん，前受金の支払いをした場合には，その返還を求める措置を第一義的にとる必要があるのは賃借人となる。賃貸人が債務不履行を争う場合，たとえ客観的に債務不履行があり法的には返還を受ける権利を賃借人が有していようとも，裁判手続の負担などから法的措置の実行を賃借人が躊躇するということも多分に考えられる。

[55] なお，未受領家賃債権の場合には債権回収リスクの問題がある。債権回収リスクを収入実現の蓋然性判断において勘案することが許容されるのであれば，当然その点においても未受領家賃債権の収入実現の可能性は減殺される。しかしながら，このような債権回収の可能性という点について，権利確定主義における「権利の確定」判断に

こうしてみると，管理支配基準による場合が，権利確定主義による場合と比較して「収入実現の蓋然性」の観点からみて，一般的に劣位にあるとまではいえないと考えられる。

 また，課税実務においては管理支配基準がある程度ひろく用いられているとの指摘がある[57]。通説が説明するように管理支配基準が「例外」的にしか用いられない基準なのであれば，このような課税実務とは整合しない。しかしながら，上記のように管理支配基準が適用される場合にも，権利確定主義と同程度の「収入実現の蓋然性」が認められる場合があることを認識すると，そのような場面での管理支配基準の適用を回避する必要はない。この観点からは，管理支配基準をひろく用いる課税実務と理論面での整合をはかることができる。

(ii) 管理支配基準における「収入実現の蓋然性」

 それでは最高裁は，管理支配基準における「収入実現の蓋然性」を，具体的にどう判断しているだろうか。管理支配基準の適用がある場合，既に現金

は影響しないとする見解がある（矢田・前掲注（17）157頁）。水野・前掲注（17）261頁は，権利確定主義のもとでは，権利は確定したが，事実上回収の可能性が乏しい債権についても，権利の確定した年度に計上しなければならない，旨を述べる。法人税法の事例であるが，裁判例では，法人の従業員が経費の架空計上によって法人から金員を詐取していた事件で（東京高判平成21年2月18日訟月56巻5号1644頁），法人からの従業員に対する詐取された架空外注費に係る損害賠償請求権の収益計上時期について，原則として，損害発生時としながらも，「例えば加害者を知ることが困難であるとか，権利内容を把握することが困難なため，直ちには権利行使（権利の実現）を期待することができないような場合」には，「権利実現の可能性を客観的に認識することができるとはいえない」として，不法行為請求権の発生時の益金算入を否定する余地を認めつつ，「債務者の資力，資産状況等といった経済的観点」による「債権の実現（債務の履行）可能性」は貸倒損失の問題として捉えるべきとしている。

56) 最高裁は，現金（物）の現実の収受を重要な要素とみている。例えば，最判昭和49年3月8日民集28巻2号186頁は，「権利確定主義…は，その権利について後に現実の支払があることを前提として，所得の帰属年度を決定するための基準にすぎない」〔傍点筆者〕という表現をしている。なお，この部分の判示は，いわゆる現金主義を税法上の基本原則とする趣旨ではなく，発生主義であっても，究極的には現実の支払いがあることを前提として成立するものであることは疑いなく，本判決はこのような趣旨のものと理解される（清永敬次「判批」民商67巻4号53頁，67頁（1973年）参照）。

57) 佐藤・前掲注（17）254-255頁。

（物）を受領している場合が通常であり，そこで考慮すべき「収入実現の蓋然性」は，「収入保持の蓋然性」である。そのため，鍵となるのは，将来的に現金（物）を返還する可能性である。ここでは，最高裁の立場として，以下の２点を指摘しておく。

まず増額賃料の受領が問題となった昭和53年最判の判旨では，「未確定とはいえ請求権があると判断され執行力を付与された判決に基づき有効に金員を取得し」たことが重視されている。既述のとおり，金員を取得したという点は，収入実現の可能性を高める要素である。問題は，執行力を付与された判決の存在という点の評価である。

裁判実務上，上告審に係属している事件において，破棄判決がなされる場合は極めて限られるが，控訴審に係属している事件であれば，取消判決や和解となる場合は相当程度存在している[58]。昭和53年最判は，控訴審判決後上告審係属中に増額賃料の支払いがなされている。昭和53年最判が「執行力を付与された判決」というだけでなく，その支払いが控訴審判決後でもある点に意味を見出しているのであれば，将来的に増額賃料の返還を要する可能性は極めて低いといえる。他方で，控訴審判決後という点ではなく，「執行力の付与」という点が重要なのであれば，仮に第一審判決後に増額賃料を収受しても，将来的にはその一部または全部を返還する可能性は相当程度存在しており，最高裁の考え方からはそのような場合でも管理支配基準に基づく収入金額への計上を求めることとなる。

次に，未許可の農地売買が問題となった昭和60年最判は，(i) 譲渡契約の締結，(ii) 譲渡代金の全額の収受，(iii) 事業用資産の買換え特例の適用を受

---

[58] たとえば，平成27年度の司法統計では，最高裁に係属する上告審の場合，訴訟既済事件総数5756件のうち，破棄判決は34件のみである。（裁判所HP，http://www.courts.go.jp/app/files/toukei/546/008546.pdf（平成29年7月14日訪問））。なお，破棄判決の内訳は，上告事件で5件，上告受理事件で29件である。高等裁判所に係属する控訴審の場合には，通常訴訟既済事件総数15623件のうち，取消判決2106件，和解4931件となっている。（裁判所HP，http://www.courts.go.jp/app/files/toukei/528/008528.pdf（平成29年7月14日訪問））。したがって，現在の裁判実務上は，上告審に係属する事件では，ほぼ控訴審の結論に変更はないが，控訴審に係属する事件の場合には，和解も含めると，全体の半数弱は第一審判決とは何らかの変更のある結果となっている。

けるべくその収入金額を譲渡所得の総収入金額に算入して，同年分の確定申告をしたこと[59]，を指摘して，農地法上の許可未了の売買であっても，譲渡代金を収入金額に計上することを是認している。(i)，(ii)は，「収入実現の可能性」を高める要素といえる。ここで注目すべきは(iii)である。一見すると，(iii)の事実は，「収入実現の蓋然性」とは無関係にも考えられる。しかし，昭和60年最判を返還可能性という視点でみると，実は(iii)の事実は，当該可能性に影響を与え得る事実であることが分かる。

　農地法上の許可について，実情をみてみると，農地法上の許可が得られないままに長期間放置され，その後に契約当事者の死亡や相続など事情の変更が生じた場合に紛争となっている事例が多々ある[60]。そして，これらの事例では，当初売買について農地法上の許可が未了であるが，非農地化や取得時効などの理屈によって買主側に所有権が認められる結論となっているものがある。また，判例は，農地法の許可未了であっても，代金が完済されれば買受人の自主占有となり時効期間が開始するとしている[61]。

　こういった実情を前提にすると，昭和60年最判における(iii)の事実は，農地法上の許可を取得できなくても実質的には売買を完了しており仮に直ちに許可を取得できなくとも農地の返還を求めることはなく代金の返還もしないという納税者の主観的意図を推知させる事情であるともいえ，(iii)の事実自体が，「収入実現の蓋然性」を認める一つの事情になるとの評価が可能である。

---

59) 最判昭和60年4月18日月報31巻12号3147頁は「上告人は，‥‥各農地の譲渡契約を締結し，同年中に右契約に基づき各譲渡代金の全額を収受した上，これにつき当時の租税特別措置法三八条の六の規定による事業用資産の買換えの場合の特例の適用を受けるべく，その収入金額を譲渡所得の総収入金額に算入して，同年分の所得税の確定申告をしたことが明らかである」と判示している。

60) 最判昭和52年3月3日民集31巻2号157頁，最判昭和59年5月25日民集38巻7号762頁，最判昭和63年12月6日裁判民集155号187頁，最判平成12年12月19日金法1609号53頁など。

61) 農地法5条の転用移転目的の農地の売買で買主が現実の引渡しを受けたという事例において，買主はその許可を受けていないときでも，代金を支払い農地の引渡しを受けた場合にはその時に所有の意思をもって占有を始めたものであるとした裁判例として，最判平成13年10月26日民集55巻6号1001頁。辻伸行「判批」ジュリ1224号68頁（2002年）。

4. 納税者による選択

　昭和53年最判は，「権利の確定」時期について，総論としては，「収入の原因となる権利が確定する時期はそれぞれの権利の特質を考慮し決定されるべきものである」とする。その上で，学説では，権利の確定時期は唯一つしかないと考える必要もなく，場合によっては複数存在しうる時期のなかから，納税者が任意の時期を選択できるとする[62]。

　課税実務も，例えば，棚卸資産の引渡しの日がいつであるかについては，納税者がその引渡しの日として合理的であると認められる日のうち，その者が継続して収入金額に計上することとしている日によるものとするとしている（所基通36—8の2）[63]。

　また，不動産等の賃貸料に係る収入金額は，原則として契約上の支払日の属する年分の総収入金額に算入することとしているが，継続的な記帳に基づいて不動産所得の金額を計算しているなどの一定の要件に該当する場合には，その年の貸付期間に対応する賃貸料の額をその年分の総収入金額に算入することが認められており[64]，これも納税者の選択を認めるものである。

　他方で，権利確定主義と管理支配基準とが，年度帰属の基準として機能するためには，権利の確定または利得のコントロールがあれば，その時点を基準として収入金額の年度帰属が決定される場合が確定されていなければならない。したがって，ここでも権利確定主義と管理支配基準の適用領域での問題と同様に，納税者に収入金額の計上時期の選択を認める場面がいかなる場面かという点を明らかにする必要がある。

---

[62] 清永・前掲注（1）101頁。
[63] 最判平成5年11月25日民集47巻9号5278頁。法人税法の事例ではあるものの，「取引の経済的実体からみて合理的なものとみられる収益計上の基準の中から，当該法人が特定の基準を選択し，継続してその基準によって収益を計上している場合には，法人税法上も右会計処理を正当なものとして是認すべきである」として納税者による選択を認めている。
[64] 昭和48年11月6日付「不動産等の賃貸料にかかる不動産所得の収入金額の計上時期について」（直所2—78）

この点，権利確定主義が採用される根拠として，最高裁は，既述のとおり，「課税にあたって常に現実収入のときまで課税することができないとしたのでは，納税者の恣意を許し，課税の公平を期しがたいので，徴税政策上の技術的見地から，収入の原因となる権利の確定した時期をとらえて課税することとしたものである」[65]と判示している。

　この根拠からすると，納税者の恣意が排除されており，課税の公平を期すことができる場合には，納税者による収入金額計上時期についての選択を認めることは許容されると解することができる。また，管理支配基準についても，法が収入金額の計上時期を規律する意味として納税者の恣意の排除という趣旨は等しく妥当すると思われる。したがって，利得のコントロールの程度が管理支配基準を充足しても，納税者による恣意的な収入金額への計上のおそれがない場合，納税者の選択を許容することができると考えるべきである[66]。

　そして，このように考えてくると，上記の納税者による選択を許容している通達において，棚卸資産の引渡しに関するものは権利確定主義に対して納税者の選択を認めるものであり，不動産所得に係るものは管理支配基準に対して納税者の選択を認めるものと理解できる。

　なお，これらの通達は法律に定めのない手続要件を付加して税負担の変動を認めているとして租税法律主義との関係性で批判されるが[67]，この批判に対しては，上記通達は年度帰属に関する法解釈の結果として導出される「恣意性の排除」がされている一場面を具体的に定めているにすぎないとの回答

---

[65] 最判昭和53年2月24日民集32巻1号43頁。
[66] 谷口勢津夫は，権利確定主義や管理支配基準による収入金額の計上がなされない「特段の事情」が存在することを指摘する（前掲注（6）24頁参照）。本稿の立場からは，谷口が指摘する「特段の事情」とは，納税者の恣意性が排除されている場面と理解できる。
[67] 田中治「不動産所得の意義とその年度帰属」税務事例研究42号53頁，74頁（2008年）は，前記注（64）の昭和48年通達が，帳簿要件と期間対応の経理要件をともに満たす限りにおいて，不動産所得の収入金額の計上につき，期間対応による課税所得計算を認めている点について，そのような手続上の要件の付加を通達限りで行い税負担の変動をもたらすことは，「租税法律主義の観点からみて到底許されるべきものではない」と指摘する。

が可能である。その帰結として，通達が定める要件を満たさなくとも，「恣意性の排除」がなされている場合には，納税者による収入金額の計上時期の選択は認められるべきこととなる。また，会計原則や会計慣行に従う場合も同様に，原則として「恣意性の排除」が認められる一場面であるということがいえる[68]。

5. おわりに

本章では，権利確定主義と管理支配基準との適用領域・順序及びそれらの適用が排除され納税者の選択が許容される領域についての検討を行い，収入金額の年度帰属に関する各種の最高裁判決を整合的に理解し得る判例理論を探ってきた。検討の結果をまとめると以下のとおりである。

権利確定主義と管理支配基準は「収入実現の蓋然性」という概念によって連接する。両基準の適用領域・順序には優先関係はなく並列であり，いずれか一方を充足した場合には収入金額の計上が強制される。他方で，所得税法が，年度帰属に一定の基準を必要とするのは，納税者の恣意的な収入金額への計上時期の操作を防止するところにその趣旨がある。したがって，納税者の恣意性が排除されている場面では，権利の確定または利得のコントロールにより「収入実現の蓋然性」が認められる時点とは別に，納税者の選択した基準時点に基づいた収入金額の計上が許容される。

この検討の結果からは，「はじめに」における権利確定主義の消極的評価に対しては，権利確定主義は単なる「くくり概念」ではなく，「権利の確定」の内実としての「収入実現の蓋然性」という実質を備えた概念ではないかと

---

[68] 企業会計の収益計上基準を税負担の計算において受容すると，投資家や債権者である銀行などに対して利益を大きく報告するインセンティブが働く納税者の場合，税負担に関する利益を小さくするインセンティブと打ち消し合い納税者の恣意性は減殺されると考えられる。しかしながら，所得税法が対象とする個人事業ではそもそも利益を大きく報告するインセンティブが働かない場合も多いので，収益計上基準の選択や，その適用に恣意性が排除されているのかを慎重に検討する必要があるだろう。納税者のインセンティブに関して，岡村忠生「所得の実現をめぐる概念の分別と連接」論叢166巻6号94頁，100頁（2010年）参照。

いうことを回答としておきたい。

　なお,「収入実現の蓋然性」と企業会計における実現主義または租税法学上の実現主義との関係については,さらなる整理が必要であると考えられるが,今後の課題としたい。

第Ⅵ章　所得の帰属の再構成

1. はじめに

　アメリカ税法では，本邦税法にみられる法律的帰属説・経済的帰属説といった見解の対立は見受けられず，第Ⅰ章・第Ⅱ章でみてきたように，所得の帰属について，納税者の所得に対する支配が問われてきた。そして，所得が得られる以前に納税者が当該所得を移転・譲渡し，その支配を手放し経済的利益を取得していない事例においては，所得の源泉への支配を問うことで，譲渡人と譲受人のいずれに所得が帰属するかが判定されてきた。アメリカ税法で議論されてきた問題は，所得が稼得される前段階における移転という問題である。それでは，このような問題に対して，本邦税法はどのような対処が可能であろうか。

2. 所得の帰属とマイナスの収入金額

(1) 夫婦財産契約

　我が国においても，Earl 事件のように，夫婦財産契約と所得の帰属に関して，問題となった裁判例がある（以下「夫婦財産契約事件」という。）。その事件の事実はこうである。納税者 X は，弁護士として事業所得，給与所得及び雑所得を得ていた。そして，同納税者が妻との間で締結した婚姻後に得る財産を持分二分の一ずつの共有とする旨の登記された夫婦財産契約に基づき，その所得を半分にして申告をした。課税庁が，すべての所得につき X に帰属するという旨の更正処分を行ったことから，X が取消訴訟を提起した。裁判所は，以下の理由で，納税者の訴えを退けている。

「雇用契約において，労務を提供するのは被用者たる夫婦の一方であって，夫婦の双方ではなく，したがって，労務の対価である給料等を受け取る権利を有する者も被用者たる夫婦の一方であって，夫婦の双方ではない。」「ある収入が所得税法上誰の所得に属すかは，当該収入に係る権利が発生した段階において，その権利が実体法上相手方との関係で誰に帰属するかということによって決定される。〔傍点筆者〕」「夫婦財産契約の効果として，婚姻中の夫又は妻と第三者との間の委任契約，雇用契約又は請負契約の内容が当然に変更されるものではない。そして，ある収入が所得税法上誰の所得に属すかは，当該収入に係る権利が発生した段階において，その権利が実体法上相手方との関係で誰に帰属するかということによって決定されるものというべきであり，所得税法は課税単位を個人とし，その者の稼得した所得について所得税を課すこととしているのである。控訴人主張の夫婦財産契約がこれらの原則を変更する効果を有するものでないことは明らかであり，控訴人が右契約によって夫又は妻が得る所得税法上の所得までも原始的に夫又は妻の共有に属することを意図したとしても，その効果が生じないことはいうまでもない。〔傍点筆者〕」[1)]

同判決を素直によむと，対外的な関係において給与請求権，報酬請求権等を取得したものが所得の帰属者であるという考え方が見て取れる。そのことを根拠にして，裁判例は，夫婦財産契約は，夫に対する所得の帰属に影響しないと判断している。しかしながら，第Ⅲ章において検討してきたように，経済的利得は法律関係に基づき，集合・収斂していくことから，対外的な関係において誰が債権を取得するかという基準は，所得の帰属の基準として常に妥当するか疑問がある。後述する事例の検討でも明らかになるとおり（2(1)），相手方との関係で実体法上その権利が誰に帰属するかという判断基準は，所得の帰属の判断基準としては極めて脆弱であり，第三者のためにする契約の利用などで容易に潜脱することできる。

1) 東京高判平成2年12月12日税資181号867頁。第一審（東京地判昭和63年5月16日判時1281号87頁）を引用し，一部改めている。なお，本事件判決は，最高裁判所に上告されているが，最高裁判所は，「原審の判断は，正当として是認することができ，その過程に所論の違法はない。」と判示し，納税者の上告を棄却した。

むしろ，第Ⅲ章で論じたように「収益が法律上だれに帰属するかの問題は，名義人と名義人以外の者の間において法律上どちらに帰属するかの問題であり，本件における収益のように収益が第三者から支払われた報酬であるような場合に，その報酬の支払者との関係で，何者が法律上その報酬を受領する権限を有するかとは別個の問題であるというべきである」[2]という理解を前提にすべきであろう。

それでは，夫婦財産契約事件を検討する上で，夫婦間の法律関係がどのようなものかを確認しよう[3]。夫婦財産契約には，「夫及び妻がその婚姻届出

---

[2] 大阪地判平成12年12月8日税資249号順1055頁。納税者であるXが，生命保険会社との間で，個人募集代理店契約を締結したうえで，さらに，当該生命保険会社からの代理店報酬が訴外Aに帰属する旨の契約をAと締結していた場合の，生命保険会社からの代理店報酬の帰属が問題となった事例である。生命保険会社との間での契約当事者はXであり，対外的に代理店報酬を取得するのもXであるが，XとAとの関係からAに所得が帰属するとの判断がなされた。

[3] 民法に定められている法定財産制では，夫婦の一方が婚姻前から有する財産及び婚姻中自己の名で得た財産は，その特有財産（夫婦の一方が単独で有する財産をいう。）とされる（民法762条1項）。そして，夫婦のいずれに属するか明らかでない財産は，その共有に属するものと推定される（民法762条2項）。民法の条文はこうである。しかし，素直に読み込むと，婚姻中に取得した財産にもどちらか一方の名義であれば特有財産となり，夫婦の実質的平等を図れない。そこで，その夫婦の実質的平等を図るために，762条2項の夫婦共有財産の推定に関して諸説ある。通説は，まず，夫婦の財産を以下のように分類する（我妻栄『親族法』102-103頁（昭和45年・有斐閣））。①名実ともに夫婦それぞれの所有の財産（婚姻前から各自が所有したもの，婚姻中に一方が第三者を相続して取得したもの），②名実ともに夫婦の財産（共同生活に必要な家財・家具など），③名義は夫婦の一方に属するが実質的には共有に属する財産（婚姻中に夫婦が協力して取得した住宅その他の不動産，共同生活の資金とされる預金，株券など。実質的共有財産）である。さらに，③実質的共有財産については，（ⅰ）共稼ぎ夫婦が各自収入を得て共同で購入した如き財産（共同取得財産），（ⅱ）一方の協力（＝内助の功）によって取得された住宅その他不動産，共同生活の基金とされる預金で他方の名義となっているものに分けることができる（小熊桂「婚姻中に取得した夫名義の預金の帰属」判タ367号284頁参照）。そのうえで，②及び③（ⅰ）の共有財産は，通常の共有と同様であると解されている，一方，③（ⅱ）は，通常の共有とは異なり，名義人でない夫婦の一方が，婚姻中に共有権を主張し，分割を要求することはできない。そして，通説は，共有推定規定を拡張解釈する。すなわち，婚姻中に取得した財産については，単に名義が自分のものであることだけでなく，実質的にも自分のものであること（③の実質的共有財産ではないこと）を挙証しなければ，特有財産（①）とならないと解する。対外関係においては，財産の名義が夫婦の一方のものである事実によって推定が破れるものの，対内関係においては，実質的にも夫婦の一方の所有である事実が挙証されない限り，推定は破れないとするのである。

の日以後に得る財産は，…夫及び妻の共有持分を二分の一宛とする共有財産とする。」という規定がなされていた。ここで，法定の夫婦財産制における共有の意味としては，通常の共有と潜在的共有とがあると理解されている[4]。潜在的共有の財産は，通常の共有とは異なり，名義人でない夫婦の一方が，婚姻中に共有権を主張し，分割を要求することはできず，離婚の際に，清算処分の対象となるという意味において，潜在的な権利にすぎない。同契約は，通常の共有を定めたものか潜在的共有を定めたものかはっきりしないが，裁判所の認定では，妻の権限が弱い潜在的共有ではなく[5]，通常の共有と取り扱っているようである。

とすれば，法律関係はどうなるであろうか。納税者と依頼者との関係では納税者に報酬請求権が帰属する。それと同時に，夫婦財産契約の効果によって，報酬請求権が分割され，妻が報酬請求権の半分を取得する可能性がある[6]。もしそうであれば，委任契約において，報酬請求権の債権譲渡禁止特

---

[4] 富越和厚「判批」ジュリ970号92頁（1990年）参照。

[5] なお，夫婦財産事件判決は，当該事件で締結された夫婦財産契約について，「夫又は妻が一旦得た財産を夫婦間において共有財産とするもの，換言すれば，夫又は妻が一担取得した財産の夫婦間における帰属形態をあらかじめ包括的に取り決めたものと解される。」との解釈を行っている。潜在的共有の場合には，夫にのみ依頼者等との関係で報酬請求権が帰属する。第Ⅲで指摘したマイナスの収入金額として機能し得る相殺的債務・収入剥奪の蓋然性を観念されないからである。

[6] 相続の場面では，金銭債権が共同相続された場合には，各相続人間の準共有となるのではなく（民法898条，264条参照），当然分割帰属するものと考えられている。そこでの理屈は，可分債権は，債権であるために，債権者と債務者の法律関係が問題とされることになり，共有規定ではなく，多数当社の債権に関する規定が優先的に適用されることになる結果として，可分債権は分割して帰属する（民法427条）というものである（債権の準共有の場合には，まず，多数当事者の債権関係の規定が適用されるとしている（我妻栄＝有泉亨補訂『新訂物権法（民法講義Ⅱ）』336頁（岩波書店・1983年））。なお，最判平成22年10月8日民集64巻7号1719頁は，定額郵便貯金についてその内容に鑑みて各共同相続人に分割帰属しないと判示しており，金銭債権の性質によっては，当然分割されない場合もあり得る。共有財産制を採用する夫婦財産に基づき金銭債権が当然分割となるかは，当該契約の内容によるであろう。ただし，民法762条1項を修正して共有財産制を採用する契約も，例えば，「婚姻中に取得する財産は，動産・不動産を問わず，また夫の名をもって取得したか，妻の名をもって取得したかを問わず，すべて夫婦の共有財産とする」といった規定であり（京都地方法務局第18号・昭和52年2月29日登記，山田俊一『夫婦財産契約の理論と実務』112頁（ぎょうせい・2012年）参照），金銭債権が夫婦間に当然に分割されるとという意図であるのか不

約がない限り，妻は依頼者に半分の報酬請求をすることは可能である（現実的に妻が依頼者に着手金を請求し金銭を受領することはあり得ず，夫が全額請求し全額受領したとしても，それは法的には着手金の半分について妻の債権を代理受領したと構成されるであろう。なお，給与債権の場合には労働法から別途の考慮がある[7]。）。ここでは，報酬債権の共有による分割又は債権譲渡であるから，依頼者の意思は関係がない。夫婦財産契約事件判決の言い回しに直すと，妻も依頼者から報酬等を受け取る権利を有することにはなる。

これに対して，夫婦財産契約事件判決の立場からは次の反論ができる。夫が報酬請求権を取得すると同時に，夫婦財産契約で仮に分割されたとしても，夫に報酬請求権が一旦帰属していることに変わりない。したがって，すべての所得について夫に所得の帰属が認められる。残された問題は，夫から妻へ分割された報酬債権が，夫の所得の控除項目になるかどうかという問題であって，所得税法にはそれを認める規定はないから，上記結論は正しい。

所得税法に控除項目がないことは明白であるから，この問題の帰趨は，夫婦財産契約に基づく報酬債権の分割が，夫のマイナスの収入金額になるのかという点である（なお，マイナスの収入金額は，所得税法に規定がない控除項目を収入金額の差引計算という段階で機能するから，所得税法に控除項目の規定が設けられているか否かは関係がない。）。ここでは，マイナスの収入金額として機能する相殺的債務と，機能しない相殺的債務の区別が問われることになる。

明である。

7) 給与債権は債権譲渡可能であるが，労働基準法第24条は「賃金は，直接労働者に支払わなければならない。」と規定している。このことから，労働者が賃金債権を他者に譲渡したとしても，使用者は，なお直接労働者に賃金を支払わなければならないとするのが判例である（最判昭和43年3月12日民集22巻3号562頁）。この点，第一審判決は，「例えば雇用契約に基づく給料収入であれば，その雇用契約の相手方との関係において決定されるものである。雇用契約において，労務を提供するのは被用者たる夫婦の一方であって，夫婦の双方ではなく，したがって，労務の対価である給料等を受け取る権利を有する者も被用者たる夫婦の一方であって，夫婦の双方ではないのであり，仮に夫婦間において夫婦の双方が右給料等を受け取る権利を有するものと合意したとしても，それだけでは，その合意は，雇用契約の相手方たる使用者に対しては何らの効力を生ずるものではないといわなければならない」とする。

(2) 相殺的債務の類型

相殺的債務は,「金銭の受領に対応した債務」として言及される[8]。第Ⅲ章にて既述のとおり,マイナスの収入金額として機能する相殺的債務(貸金返還債務など)と機能しない相殺的債務(不法行為に基づく損害賠償債務など)がある。この二つの類型の差異は,債務の履行可能性である[9]。

この区別に照らすと,夫婦財産契約に基づく債権分割(通常の共有を意図した場合)は,そもそも契約上当然に分割されると解する余地があり,履行可能性も特段疑義はないから,額面において債務の金額として評価されて,マイナスの収入金額として機能すると考えることが一貫している。

しかし,このような帰結は,夫婦間で所得分割が可能となり,累進課税制度の趣旨・目的を没却する結果となることは明白である。

(3) 税法の趣旨・目的による解釈

ここで,解決の方法として浮かび上がってくるのが,アメリカ税法で議論されていた累進課税制度や納税資金などの税法の趣旨・目的による解釈の可能性である。このような視点は,法律的帰属説の立場からすると,私法に基づく法律関係によって帰属が判定されるのであるから,累進課税制度や納税資金といった税法の趣旨・目的を帰属の解釈に持ち込むことは,税法独自の私法関係の構築となり許されないという主張がなされそうではある。しかし,この主張は適切ではない。

なぜならば,既に指摘したとおり,私法は所得を規律しておらず,所得該当性や所得の帰属を法律関係に基づいて判定するといっても,何が法律上の帰属か,何が経済上の帰属かを判定するのは,あくまでも税法である[10]。この局面における要点は,私法関係を税法が取り込んで,その帰属を判定することを認識することである(第Ⅲ章5)。この考察からすると,累進課税制度や納税資金などの税法全体の趣旨・目的から,どのような法律関係が所得

---

8) 岡村忠生『所得税法講義』31頁(成文堂・2007年)。
9) 岡村・前掲注(8)31頁。
10) 第Ⅲ章注(60)参照。

の帰属にとって意味を有するかを検討することに問題はないという理解となるであろう[11]。

そうであるとすれば，例えば，夫婦財産契約に基づく法律関係について，所得の帰属に作用する法律関係とみるかどうかは，所得税法の趣旨・目的から考察すべき事項と整理できる。したがって，夫婦財産契約に基づく法的権利の分割に依拠して，夫婦に分割して所得の帰属を認めることが，累進課税制度の逸脱を導くことから，それは，夫にとってマイナスの収入金額を構成しないという帰結を導くことは妥当な解釈であると考えられる（なお，妻には贈与税が課される[12]。）。

さらに，翻ってみれば，夫婦財産契約だけでなく，法定の別産制も同様の思考を経ているはずである。すなわち，通常，婚姻期間中に一方当事者が稼得した給料は当然に実質的共有財産となるところ，実質的共有財産は，離婚という婚姻関係の清算時に持分が顕在化する制度であるから，組合契約に基づく合有関係に近い[13]。とすれば，組合契約との対比から，組合契約のように所得が分割して帰属しない理由を税法の観点から根拠づける必要がある。その場合の根拠も，上述の夫婦財産契約に基づく場面と同じ考慮がなされていると考えられる。

---

11) 藤谷武司「所得課税における法的帰属と経済的帰属の関係・再考」金子宏ほか編『租税法と市場』187頁（有斐閣・2014年）は,「法律的帰属説に立つ通説・判例が警戒してきた「経済的実質主義」課税の危険性に対する防壁としての法律論の役割」があるとしており，同189頁では，「租税法の趣旨目的だけを根拠に私法関係から恣意的に離れるという方針は，…賢明ではないことに鑑みて，これを拒否する」と述べており，租税法の趣旨目的に基づく解釈に警鐘を鳴らす。本稿も，そのような危惧を共有するものであり，各個別の事案ごとに租税法の趣旨目的による解釈から所得の帰属を判定することを妥当とするものではない。
12) 永島正春「夫婦財産共有契約における所得・資産所得と名義をめぐる税務」税理30巻1号154頁，158頁（1987年）は，勤労者夫婦が，婚姻後の所得は各2分の1の共有とする旨の共有財産契約登記をし，妻が家事に専念し夫婦の所得は夫の給料のみである場合，夫は自分の給与所得に対する所得税を支払い，妻は，夫の所得の2分の1を贈与されたものとして，別に贈与税を支払わなければならないであろう，とする。
13) 富越和厚「判批」ジュリ970号92頁（1990年）参照。

(4) 典型契約の取り込み

　上記のように，アメリカ税法においても，本邦税法においても，各別の私法関係について，所得の帰属が認められるかを，税法の趣旨・目的から判断をすることになる。この私法関係の取り込み方法におけるアメリカ税法のもう一つの特徴が，法律関係の機能面を取り込んでいることである。

　そこで行われていることは，ある私法上の概念に該当するか否かという点に（例えば，生産物支払が，interest in land なのか personal covenant なのか等），所得の帰属が依存するという考え方ではない。あくまで，個々の契約上の地位・権能をおさえた上で，それが税法上どのように考えられるのかを検討していることが指摘できる。

　つまり，私法関係を税法が取り込む際に，私法関係の何等かの法概念への妥当の是非を問うのではなく，当事者の権能を把握して，それを所得の支配という枠組みに落とし込んでいる。

　第Ⅲ章において，組合契約アプローチは，民法典の典型契約の一つである組合契約該当性に所得の帰属の判定を依存させている点を指摘したうえで，民法上の組合契約に該当しない場合であっても，所得の帰属に影響する法律効果が発生しているかどうかの検討も必要であることを述べた。租税法律関係を構築するうえで，典型契約に該当するか否かといった点や法定の財産制か否かといった点に依拠することの限界を踏まえると，本邦税法における帰属の判断場面においても，アメリカ税法の議論のように，その法律関係がもたらす実際の機能面により目を向けるべきであろう。

3. 稼得者主義と実質所得者課税の原則

(1) 法律的帰属の分離

　第Ⅲ章で検討してきた経済的帰属と考えられてきた事例や上記の夫婦財産契約では，所得を移転する譲渡人自身も，法律関係に基づき経済的利得を取得していると評価し得るものであったから，譲渡人への所得の帰属を認めることの障害は相殺的債務の存在であり，マイナスの収入金額が機能するか否

かという点が鍵となってくるとの結論を得た。

しかしながら、アメリカ税法で所得の帰属が問題となっている各種類型では、所得を稼得する者が、所得を稼得する以前に経済的利得に対する支配を喪失又は取得しない仕組みを作出しており、一瞬たりとも稼得者に法的権利に基づき経済的利得が帰属しない場合もある。

例えば、Seaborn 事件は、夫婦共有財産制に基づき夫から妻への収益の移転がないと考えられたし、Clifford 事件では、夫に対して信託収益の課税がなされているが、妻は法的権利に基づき信託収益を取得しており、夫に法的に収益が帰属してから、妻に移転しているのではない。このように、そもそも稼得者が法律関係に基づき経済的利得を取得し得ない局面を本邦税法はどのように処理できるであろうか。以下では、アメリカ税法下で、議論されるケースを我が国に引き直して考察をしてみよう[14]。

> Case 1：Aという有名な女優が、特定の日における彼女の役務提供の報酬を、Aの夫であるBに帰属させることにした。そして、Aは、テレビ局とのテレビ出演の契約において、Aの出演料は、当該契約上、テレビ局から夫に直接報酬が支払われるという合意を締結した[15]。

Aとテレビ局との間の出演契約は、第三者のためにする契約として位置づけることができる。第三者のためにする契約の法律構成について、民法学説上、種々あるが、現在では、当事者の行為そのものに基づいて第三者は直接に権利を取得すると解する直接取得説がとられる。第三者は当事者の一方が一旦取得した権利を譲り受けるとする譲渡説も説かれてはいるが、一般的

---

14) 各事例は、WILIAM G. ANDREWS & PETER J. WIDENBECK, BASIC FEDERAL INCOME TAXATION, at 948 (6th ed. 2009) [hereinafter Basic Federal Income Taxation] の設問を参照して、加工したものである。
15) このような契約について、真の所得の帰属者はAであるから、単なる仮装行為であり、Bは帰属者とならないとの反論はあり得るだろう。しかしながら、真の所得の帰属者がAであるという前提をおくこと自体が、相手方との関係において権利を取得するものが誰かということを問うているのではなく、「役務提供からの所得であれば、提供者に帰属する」との原則を前提にしていることを想起すべきである。

ではない[16]。したがって，民法における通説たる直接取得説を前提にした場合，Bが報酬債権をテレビ局との関係において，直接取得する。

　上記を前提とすると，法律関係に基づき経済的利得を取得する者は，Bである。Aには報酬請求権を取得する瞬間すらない。とすれば，法律的帰属説からは，Aに所得の帰属を認めることができないようにも考えられる。また，経済的帰属説からは経済的実質的利益の享受の理解によってはAに対して帰属を認めうるかもしれないが，そもそも経済的帰属説が機能するような不法な所得の場面とも言い難い。

　このように，従来の法律的帰属説及び経済的帰属説では，稼得者自身が法的に自らに経済的利得を一瞬であっても取得しないような法的仕組みを作出すると，所得課税に対する脆弱性が露呈するようにもみえる。一つの考え方としては，このようなAに所得の帰属を認める必要はなく，Aを所得課税の対象とする必要がないという理解もあるであろう。しかしながら，Aを所得課税の対象としない帰結は，所得税法が基礎とする累進課税制度の土台を掘り崩しかねない[17]。

　この場面において，アメリカ税法下での所得移転の法理であれば，Aが役務提供による所得の稼得者であって，Aに所得が帰属するという結論が導かれるであろう[18]。我が国においても，稼得者主義を前提にして，法律的帰属説や経済的帰属説を考慮の埒外に置くと，Aに対して所得が帰属するということになるのかもしれない。

---

16) 谷口知平・五十嵐清編『新版注釈民法 (13) 債権 (4)』598頁〔中馬義直〕（有斐閣・1996年）。なお，第三者のためにする契約の実際上の具体例として，「甲が丙に対して債務を負っているときに，甲が乙にその所有家屋を売り，その代金は甲みずから受け取らずに，乙より丙に支払うべきことを甲・乙間で約束し，甲としてはこれによって自己の丙に対する債務を決済しようと図る場合とか，あるいは，無償で不動産を与えようと欲するAがBからそれを買い，その目的物の所有権は直接にBからCに移転するようにA・B間で約するような」場合を挙げている（同・中馬599頁）。

17) なお，贈与税の存在によって，このような取引によって贈与税負担も加味した税負担は軽減されない場合はある。ただし，金額によっては問題は残る（相続税法21条の3第1項第2号参照）。

18) Ralph S. Rice, *Judicial Trends In Gratuitous Assignments to Avoid Federal Income Taxes*, 64 YALE L.J. 991, 1003 (1955).

アメリカ税法下での所得移転の法理に関係する各裁判例における納税者側の主張のひとつの要点は，経済的利得を現実に受領していない譲渡人に所得は生じず課税されないということであった。これに対して，連邦最高裁は，稼得者が所得を処分し譲受人に譲渡するのであるから，その行為自体が稼得者の満足であり稼得者に所得が認められると反論し，納税者の主張を封じてきた。

　このように，アメリカ税法下では，所得移転の法理を，稼得者が所得を処分する権限を有していることによって正当化している[19]。この理解を参考に，我が国の法律的帰属説を顧みてみると，私法上の請求権の帰属を基礎にして判定すれば足りるのだろうか，という視点に気付く。すなわち，私法上の請求権の帰属を探求するだけでなく，法的に「所得を処分する権限を有する」かどうかという観点も，法律的帰属説に基づく所得の帰属者の判定において考慮することができるのではないだろうか。

　仮に，この理解を前提に所得税法12条の規定を読み直すと，「法律上帰属するとみられる者」とは「法的権利に基づき経済的利得を受領する者」（Earl事件の妻，Horst事件の子，Clifford事件の妻）であり，「収益の享受する者」とは「稼得者（役務提供者：資本所有者）：所得を処分する権限を有する者」（Earl事件の夫，Horst事件の親，Clifford事件の夫）であるという読み方となる。ここでは，「享受」の意義は，「稼得者自身が所得を処分すること」と理解することになるであろう。

　この所得税法12条の読み方では，「法律上帰属するとみられる者」と「収益を享受する」者の双方ともが，いずれも法律関係に基づき把握される。所得税法12条に関しての従来の理解において，経済的帰属説は，経済上の帰属と法律上の帰属とが相違している場合には経済上の帰属に即するという見解であり，法律的帰属説は法律上の帰属につきその形式と実質とが相違している場合には，実質に即するという見解であった[20]。しかしながら，ここでの

---

[19] 役務提供者に所得が帰属するというEarl事件の第一原理は，役務提供者に所得を処分する権限があるという理解が，その背景に控えているようにもみえる。

[20] 金子宏『租税法（第19版）』165頁（弘文堂・2014年）。

理解は[21]，実質上の法律的帰属が「法的権利に基づき経済的利得を受領する者」と「所得を処分する権限を有する者」との間において分離している場合に，「所得を処分する権限を有する者」に帰属するという理解である。

このような理解に対しては，我が国においても，経済的利得を現実に受領していない者にそもそも所得は生じないとの批判が考えられる。所得税法は，所得に対する税であるから，所得税法が所得なきところへの所得課税を規定した場合には憲法上の問題が生じるとの理解もある[22]。したがって，仮に，所得を処分する権限を有する者への課税が，所得なきところへの所得課税なのであれば，このような解釈は認められ難いであろう。ただし，この批判に対しては，所得移転の法理を確立したアメリカ裁判例のように，AはBへ報酬債権を与えることで，心理的満足を得ており，Aに対する所得は認められるとの回答が考えられる[23]。この場面では，所得の帰属に複層的・重

---

21) 第Ⅲ章でみてきた，複数人が所得の稼得活動に関与しているが，対外的な法律関係とは別に対内的には法的権利義務を媒介として，経済的利得が一定の者に集合・収斂していく場合も，法律的な実質上の帰属が分離している場面と理解できる。

22) 我が国では，憲法上「所得」概念が用いられていないことから，仮に，所得税法において，「所得」ではない何かへの課税を規定したとしても特段問題ないとの理解もあり得よう。他方で，我が国の裁判例には，所得税法にいかなる規定をするかは，「所得」概念によって一定の限界があり，その限界を逸脱すると憲法上の問題が生じると理解するものがある。たとえば，最判昭和60年3月27日民集39巻2号247頁（大嶋訴訟）における谷口正孝裁判官の補足意見は，「所得と観念し得ないものを対象として所得税を賦課徴収することは，それがいかに法律の規定をもって定められ租税法律主義の形式をとるにせよ，そして，憲法一四条一項の規定に違反するところがないにせよ，違憲の疑いを免れないものと考える」と述べている。また，最判昭和49年3月8日民集28巻2号186頁は，雑所得に該当する利息損害金債権が課税対象となった後に貸倒れが生じた事例であるが，判示において，「いったん適法，有効に成立した課税処分が，後発的な貸倒れにより，遡って当然に違法，無効となるものではない」ということを前提としながらも，貸倒れによって，所得なきところへの課税となった場合には是正が要求されるが，旧所得税法に是正措置に関する規定がないことなどを理由に，不当利得返還請求の成立を認めている。行政処分の無効による不当利得返還請求を認めたわけではないことから，本判決は，「従来の行政法理論の枠組みに依拠」しない不当利得の成立を認めたものとされており（金子宏「判批」重版昭和49年度（ジュリ臨増590号）32頁，33頁（1975年）），あくまで所得税法の解釈ともいえるが，所得なきところへの課税に対する最高裁の敏感な対応が見て取れる。

23) アメリカでは，憲法上「所得」概念が用いられており，我が国と異なり，所得に対する課税か否かは憲法上の規律も及ぶことを想起されたい。

畳的な側面があらわれてくることになる[24]。

(2) 稼得者の判定
(i) 法的考察による判定
次に，所得を処分する権限を有する者である稼得者は，どのように判定できるであろうか。次の事例でみてみよう。

> Case 2：Bは，有名な映画俳優であったところ，自らの会社Yを設立した。会社Yの株式は，B，彼の妻，B専属エージェント，弁護士，税理士間で所有された。Bは，彼の俳優業を，独占的に，Yに提供する契約を締結した。その後，Yは，Bの出演する映画に関する様々な契約を締結した。いくつかの事例では，Bが出演する代わりに，映画の総収入の何％かを会社Yが受け取ることになる契約も締結された。YからBへの給与は，それ以前の会社Yを設立する以前のBの総収入よりも少ないものであった。

この場面では，Case 1とは逆に，映画の収入に関する契約の当事者となっているのは，YであってBではない。したがって，映画製作会社等の第三者に対する関係で権利を取得するのは，Yである。Bには，Yからの給与に基づく所得が帰属するのみである。我が国では，いわゆる法人成りが節税手段として用いられており[25]，こういったケースでは，出演料について，会社Yに所得が帰属するとの判断がなされることが通常であろう[26]。

---

24) 我が国の所得税法上の解釈論としては，所得税法36条に定める「収入」が認められるのかという点が問題となるかもしれない。上記例でいうと，Bに報酬が支払われることが，Aの「収入」足り得るのかという点である。
25) 江頭憲治郎『株式会社法（第 3 版）』6 頁（有斐閣・2009年）。
26) 法人税法においてではあるが，判例上も，親会社が子会社の事業の管理，支配及び運営をすべて行っていた事案においても，税務上，子会社の損益は子会社自身に帰属するものとされ，事業の実質的な管理・支配者が必ずしも損益の帰属者となるものではないとされている（最判平成19年 9 月28日民集61巻 6 号2486頁）。なお，アメリカ税法では，Earl事件の原則から，こういった法人成りについては一定の制約がある。Haag v. CIR, 88 T.C. 604, 611 (1987), aff'd, 855 F.2d 855（8 th Cir. 1988）では，Earl

とはいえ、このCase 2も、Case 1と同様に、稼得者であるBが所得発生以前にその所得を会社Yに移転したようにも思われる。

しかしながら、Case 2では、Y社自身が、第三者たる映画製作会社等に対して役務提供をしており、BはY社の役務提供に関する履行補助者たる地位にすぎない[27]、と説明をすることができる。つまり、Y社自身が、稼得者であるという説明である。

このように考察をすすめると、誰が稼得者か、ということも、実は、自然的・事実的に誰が役務提供をしたのか、ということのみを問うているのではなく、法律関係に基づき判定されていることが判明する。これは、アメリカ税法においても指摘されているところである[28]。

法律的帰属説が我が国の学説上主たる地位を占めているのは、その根拠である、法的安定性の尊重に説得力が認められるからであるが[29]、稼得者は誰

事件の原則である、所得はそれを稼得した者に対して課税されることになるという原則は、我々の所得税の制度の基礎であると述べた上で、会社に所得が課税されるためには（1）役務提供者は、会社が重要な意味において管理し支配する権利を有している当該会社の従業員でなければならない、（2）会社と当該人物との間に会社が支配するという立場を認めている契約などが存在しなければならないとする。近年の事例では、納税者が設立した会社に納税者が行ったコンサルタントサービスによって生じた所得を帰属させるべきであるという納税者の主張が、事実関係が上記の要件に該当しないとして排斥されたものがある。Joseph B. Williams, III, v. CIR, 498 Fed. Appx. 284, 292 (4 th Cir. 2012).

[27] このことは、本邦裁判例でも同様である。東京高判平成3年6月6日訟月38巻5号878頁（親子医師事件）は、「XとAの診療方法及び患者が別であり、いずれの診療による収入か区別することが可能であるとしても、…その経営による本件収入はXに帰する。」と述べている。高野幸大「判批」『国際租税法の最近の動向（租税法研究21）』241頁（有斐閣・1993年）は、これを妥当とし、「ある一の事業の活動に係わる複数の者が存在している場合、その事業の経営の主体が定まれば、その他の者の活動は、その活動と収入との対応関係が明確にできる場合でも、当該経営主体の行う一の事業の一環としての活動と解さざるをえないからである」と説明している。

[28] Boris I. Bittker, *The Federal Income Tax and State Law*, 32 Sw.L.J.1075, 1076 (1979). なお、法的に判断するからといって明確な判断が可能となるわけでもない。アメリカ税法では、第Ⅱ章でみたように、資本の移転により、その資本からの収益が帰属する先が変わるが、譲渡人を租税債務から解放する程度に十分に完全なものであるかどうかの判断は難しく、その基準は極めて曖昧である。MARTIN J. MCMAHON JR. & LAWRENCE A. ZELENAK, FEDERAL INCOME TAXATION OF INDIVIDUALS, ¶ 34.3 (2 nd・2013).

[29] 金子・前掲注（20）。

かという問いも，このように法的に考察されることからすると，みだりに法的安定性を害するものとまではいえないのではないかと思われる。

(ii) **経済的リスクの考慮**

アメリカ税法においては，既述のとおり（第Ⅱ章4），I.R.C§636に関する経緯の中で，経済的リスクを負担している者がそのリスクに対応する経済的便益の保有者になるという，リスクと便益を関連させる分析が行われていた。

本邦税法に目を向けると，事業所得の人的帰属に関して，判例・課税実務は，事業の経営主体（事業主，当該事業を業として営んでいる者）に事業からの所得を帰属させるという経営主体基準（事業主基準）を採用している。事業とは，自己の計算と危険において営利を目的とし対価を得て継続的に行う経済活動のことであるから[30]，経営主体とは，自己の計算と危険において事業をするものである[31]。このように危険を負担するのは誰かという視点は，たとえば事業所得の判定過程においては考慮されている。

---

30) 岡村・前掲注（8）152頁。
31) 名古屋高判平成18年12月6日税資256号順号10596の裁判例は，「事業所得については，個人が自己の計算と危険の下，継続的に行う営利活動から生じた一切の収入の合計額を総収入金額とし，ここから事業を遂行するのに要した必要経費を差し引くことによって，その金額を算出することとしている（所得税法27条）。したがって，事業所得の帰属者は，自己の計算と危険の下で継続的に営利活動を行う事業者であると考えられる」（第一審：名古屋地判平成17年11月24日判夕1204号114頁を引用）と判示しており，事業所得の性質から，事業所得の帰属先を導いている。我が国においては，「自己の計算と危険」の内容として，下級審では，「経済的活動の内容やその成果等によって変動し得る収益や費用が誰に帰属するか，あるいは費用が収益を上回る場合などのリスクを誰が負担するか」と理解するものがある。東京地判平成24年9月21日税資262号順号12043。また，佐藤英明「給与所得の意義—事業所得との区別」税務事例研究56巻25頁，31頁（2000年）は，労務提供者の「計算と危険」において行われていない，ということをより具体的にいうならば，「提供された労働によって実際に得られた収入ないし所得と労働の対価として得られる所得との間に直接的な関係がない，ということになるであろう」と述べる。また，例えば，問屋営業は，「自己の名をもって，他人のために（他人の計算で）物品の販売又は買入をなすことを引き受けることを業とする者」と説明されるが，ここでの「計算」とは，行為の経済上の効果・損益が帰属することを意味している。森本滋編著『商行為法講義』108頁〔小林量〕（成文堂・2004年）参照。

こういった経済的リスクを法律関係の解明に結び付けて考察する考え方は，我が国裁判例の中にも存在する。消費税法の事案であるが，牛枝肉の卸売業を営む会社が，牛枝肉の買受人に対する債権が貸倒れとなったことから，消費税法39条1項に基づき，貸倒れに係る消費税額の控除をして消費税等の確定申告をしたのに対し，課税庁が同項所定の控除は認められないとしてした更正処分が，違法とされた事例である[32]。

　当該事件において，売買代金回収のリスクを負うのは卸売会社であって，委託者はリスクを何ら負わないこと，牛枝肉に対する瑕疵担保責任を負うのも卸売会社であって委託者ではないこと等から，牛枝肉取引において，卸売会社が，その法的実質として，単なる名義人として課税資産の譲渡を行ったものにすぎないということはできず，卸売会社はが課税資産の譲渡を行ったものとされた。あくまでも消費税法の事案であるが，商法上の問屋の有する債権について，問屋自身に貸倒れに係る消費税額控除を認める根拠として，上記のリスクを負担するか否かを判断の要素としている。

　経済的リスクの所在が，原則として法的に判断される所得の帰属者の判定に影響するのは何故かという問いに対しては，法律関係を解明するに当たって経済的なリスクの所在が考慮対象になるからであると回答できる[33]。経済的リスクの考慮は，法律関係の解明過程に取り込まれることとなり，所得の帰属の前提となる私法上の法律関係を精査する上で，欠くべからざる事項として今後も議論の俎上にのぼるものと考えられる[34]。

---

[32]　大阪地判平成25年6月18日税資263号順号12235。

[33]　特段の事情でもない限り，契約当事者はリスクに応じて経済的利得を収斂・集合する合意をしていると考えられる。なお，広島地判平成18年6月28日税資256号順号10436は，「真実の（私法上の）法律関係を明確にするに当たり，その他の事情に加えて経済的利得や経済的目的をも総合的に考慮するのは，（私法上）の法律関係の解釈において当然なすべきことであって，このことは，真実に存在する法律関係から離れてその経済的利得なり目的なりに即して法律要件の存否を判断することにはならない」とも述べている。三木義一「消費税と実質所得者課税」税務QA 第70号58頁（2008年）は，この判示を積極的に肯定している。

[34]　また，代理人と本人を区別する会計上の基準としてIAS18付録22などはリスクの負担を考慮要素とし，たとえば，我が国のソフトウェア取引においても，「委託販売で手数料収入のみを得ることを目的とする取引の代理人のように，一連の営業過程における仕入及び販売に関して通常負担すべきさまざまなリスク（瑕疵担保，在庫リスクや

4. 租税徴収の実効性

　我が国の判例は，所得税法12条が定める実質所得者課税の原則を応能負担の原則及び租税徴収の実効性の観点から基礎づけている[35]。この租税徴収の実効性という観点からは，上記解釈は，租税徴収の実効性を保てるだろうか。というのも，現実に経済的利得を受領する者ではなく，稼得者に課税をするとすれば，その経済的利得自体を滞納処分の対象財産として把握できない可能性があるからである。

　例えば，Case 1 において，B の預金口座に A が稼得した報酬が入金されていた場合を考えてみよう。滞納処分は，滞納者の財産に対してなされる（国税徴収法47条1項本文，同49条など）。したがって，A に対する所得課税の滞納処分の対象となるのは，A の財産であって，B の財産ではない。そして，預金債権は，名実ともに，B の財産であって，A の財産ではない[36]。

　しかしながら，租税徴収の実効性の観点からも，稼得者への課税を認める方が適切であるとの主張が可能である。それは，稼得者自身が，所得を稼得

　　信用リスクなど）を負っていない場合には，収益の総額表示は適切でない」という考え方が示されている（企業会計基準委員会「実務対応報告第 17 号ソフトウェア取引の収益の会計処理に関する実務上の取扱い」（平成 18年 3月30日））。
35）　最判昭和37年6月29日集刑143号247頁（同旨，最判昭和39年6月30日集刑151号547頁）。アメリカ税法における所得移転の法理に関連する裁判例でも，租税徴収の実効性は意識されている。United States v. Robbins, 269 U.S. 315, 327-328 (1926).
36）　また，金融の手段として行われているような将来債権譲渡においても，同様の問題が浮かび上がる。例えば，稼得者である医師が将来において社会保険診療報酬支払基金から支払いを受ける診療報酬債権を第三者に譲渡した場合，現実に当該診療報酬を受領するのは，譲受人であり，稼得者である医師ではなくなる。この場面においても，稼得者である医師に所得が帰属すると考えられるが，他方で，将来債権譲渡・将来債権譲渡担保は，債権譲渡の対抗要件を具備していれば，滞納処分による債権の差し押さえに優先することになる。最判平成11年1月29日民集53巻1号151頁参照。債権譲渡担保である場合にも，譲渡担保契約が締結され，その債権譲渡につき対抗要件が具備されていた場合には，目的の債権が法定納期限後に発生したとしても，既に「国税の法定納期限等以前に譲渡担保財産となっている」（国税徴収法24条8項）と解釈されることから（最判平成19年2月15日民集61巻1号243頁，国税徴収基本通達24-34），譲渡担保権者は物的納税義務を負わない。脇本利紀「債権譲渡と国税債権の保全を巡る最近の動向」税大ジャーナル15号72頁，73-77頁（2010）。

する能力を有しているからである。すなわち，役務提供からの所得についての稼得者であれば，稼得者は将来的に所得を発生させる可能性が高く，また資産からの所得については，稼得者は資産を有しているから，資産自体が引き当てとなる[37]。

さらに，上記のように，所得税法12条における「法律上帰属するとみられる者」を「法的権利に基づき経済的利得を受領する者」とし，「収益を享受する」者を「稼得者（役務提供者：資本所有者）：所得を処分する権限を有する者」と理解すると，第二次納税義務の観点から租税徴収の実効性が高まる場面もある。上記の解釈に基づいて稼得者への所得課税が行われる場合，「法的権利に基づき経済的利得を受領する者」（上記事例でいうところのB）が，国税徴収法36条1項1号の実質所得者課税に関する第二次納税義務を負担する「法律上帰属するとみられる者」となることから，Bに対して第二次納税義務を問うことができる可能性が出てくるからである[38]。

5．おわりに

本章では，アメリカ税法で所得移転の法理が問題となった事例におけるような所得が稼得される前段階において移転している場面に対して，本邦税法がどのような解決を図ることができるかを検討してきた。第Ⅲ章でみたように，通常は，法律関係に基づき経済的利得は集合・収斂しく者が存在するは

---

37) ただし，賃貸不動産については別途の考慮が必要な可能性がある。将来の賃料債権が譲渡された後に，賃貸不動産が譲渡された場合に，当該債権譲渡は新所有者を拘束するかという点については見解の相違がある。最判平成10年3月24日民集52巻2号399頁は，賃貸不動産の所有者の債権者が，将来賃料債権の差押え後，賃貸不動産の第三者への譲渡により賃貸人の地位が移転しても，賃貸不動産の譲受人である第三者は賃料債権の取得を対抗できず差押債権者が優先するとしている。

38) 「収益が生じた財産」とは，資産から生じた収益に関する実質所得者課税の場合にはその資産，事業から生じた収益に関する実質所得者課税の場合にはその事業に属する資産をいう（吉国二郎ほか編『国税徴収法精解』348頁（大蔵財務協会・2009年））。Aが事業所得者であるとしても，B名義の口座の預金債権が，事業に属する資産に該当するかは場合による。なお，Case 1では，国税徴収法39条（無償又は著しい低額の譲受人等の第二次納税義務）の規定によって，Bに対して第二次納税義務を問う可能性も考えられる。

ずであり，かつ，その者とは，所得を処分する権限を有する者である。したがって，本章でみたような「法的権利に基づき経済的利得を受領する者」と「所得を処分する権限を有する者」とが分離することは稀であろう。しかしながら，民法における解釈論によっては，稼得者ではあるが，一瞬たりとも，法的権利に基づき経済的利得を取得することがないような法律関係を構築することは可能であり，そのような場面では，従来の所得の帰属に関する議論では脆弱性が露呈し対応が困難である。所得税法12条はそのような局面での適用に積極的意義を見出すことができる。

結　論

　本書では，第Ⅰ章及び第Ⅱ章において，アメリカ税法における所得の帰属の議論の展開状況を検討してきた。第Ⅰ章においては，アメリカ鉱物産業における生産物支払という権利関係を中心にして，所得の帰属に関係する素材をみてきた。アメリカ鉱物産業においては，その法律関係の特徴として，重畳的・複層的な権利関係が形成されていたことが見て取れる。そのような重畳的・複層的な権利関係を踏まえた上で，I.R.C§636の制定に関する議論状況からは，アメリカ憲法上の「所得」概念では，所得の帰属自体において，重畳的・複層的な構造が念頭におかれていた点を指摘できた。

　第Ⅱ章においては，アメリカ税法下で問題となってきた所得移転は，譲渡人が，所得を受領する権利を譲受人に付与する形式で行われていたことをみてきた。そこでは，所得が発生する前段階において，所得の移転が行われた場合に，いかなる課税関係となるのかが問われていた。各種の裁判例では，稼得者（役務提供者・資本所有者）と，法的権利に基づき所得を受領する者（譲受人）との間に乖離があったが，連邦最高裁判所は，所得が発生する前段階において，所得が処分されていた場合，当該所得を処分した譲渡人（稼得者）に対して課税がなされる，という所得移転の法理を確立した。そこに見出される視点は，所得の帰属において，現実に所得を受領することではなく，当該所得を処分する権限を有することこそが重要であるという考え方である。

　第Ⅲ章においては，本邦税法における法律的帰属説及び経済的帰属説の対立状況と事業所得の帰属との関係性について検討を加えた。法律的帰属説及び経済的帰属説を理解するための視点として，所得の経済的把握と所得の帰属との関係性や法律関係と経済的利得の分離があるか否かといった視点が挙げられる。これらの視点を踏まえた上で，法律的帰属説からは，違法所得の

説明が困難であるが，それを否定はしていないので，経済的帰属説と所得の帰属の帰結が異なることはないこと，経済的帰属説からも，そもそも論者が経済的帰属として把握される局面としてあげる事例も，法律関係が背景として存在しているということを指摘した。そして，このような両説の関係性からすると，法律的帰属説は経済的帰属説の中に解消されるべきであるが，所得の帰属を判定するためには，納税者にまつわる法律関係をつぶさに観察して，法律関係に基づき経済的利得を集合・収斂する者を特定することが必要であるという結論を得た。

第Ⅳ章では，違法所得をその原因毎に類型化を行い，違法所得に対する課税に関する基底を再確認する上で，所得の原因となる法律行為が不存在，無効である場合，法律行為が取消または解除された場合において，法律関係に依拠しない経済的帰属が前面に出てくる局面が存在することを明らかとした。この検討結果からは，これまでは単に違法所得と分類されていた類型の中には，法律関係に基づき説明可能な場合が存在することが明らかとなった。しかしながら，やはり法律関係に基づく説明が困難な類型は残存しており，違法所得の帰属という切り口からみた場合にも，所得の支配を重視する経済的帰属という観点を法律的帰属がカバーするという第Ⅲ章の着想が妥当することが確認された。

第Ⅴ章では，法律関係が，我が国法制度上，経済的事実へと現実化するという着眼点に基づいた所得の人的帰属における視座の転換についての所得の年度帰属とのかかわりを考察対象とした。我が国裁判例を詳細に検討していくと，所得の年度帰属という側面においても，収入実現の蓋然性という事実概念を中核に据えた上で，法的権利関係を考慮することにより蓋然性を計測するという方法をとっている点を明らかにすることができた。わが国において，所得の年度帰属に関して，権利確定主義が通説として支持される状況は，所得の帰属において，法律的帰属説が支持される状況との相似性をみてとれる。既述の法律的帰属説と経済的帰属説との間における理解は，所得の年度帰属に関する権利確定主義及び管理支配基準との関係性にも波及するものといえる。

このように，所得の帰属という観点からは派生的であるが密接に関連する問題である第Ⅳ章及び第Ⅴ章いずれにおける帰結としても，租税法が究極的には所得を経済的概念として把握しておりそれを側定するために法律関係を基礎とするという建付となっていることが明らかとなったものと考えられる。

第Ⅵ章では，これまで考察を加えた問題意識を前提として，稼得者主義と実質所得者課税の関係について，稼得者主義を所得税法12条に読み込んで解釈できる可能性があるのではないかという私見を提示した。所得概念との関係性において，経済的帰属に論理一貫性があることと併せて鑑みれば，本邦税法においても，アメリカ税法下での所得移転の法理と同じ機能を所得税法12条に担わせることは可能であるように考えられる。

本邦判例は，実質所得者課税の原則の趣旨・目的のひとつとして租税徴収の実効性を挙げているが，「法的権利に基づき経済的利得を受領する者」と「所得を処分する権限を有する者」とが分離しているような場面では，「所得を処分する権限を有している」者を課税対象とする方が，その源泉となっている人的能力（つまり将来的にも所得を稼得すること）やその資産自体を租税徴収のあてにできるのであるから，終局的な租税の確保に資すると理解することができるだろう。

稼得者主義を所得税法12条に読み込むとしても，続いての問題は，稼得者が誰かを確定することである。これは，所得を処分する権限を有している者の確定であって，終局的には私法関係の緻密な観察によってしか到達し得ない。すなわち，本書におけるこの局面での私見も，広くは経済的帰属説の中に表現される法律的帰属説の一態様であると位置づけることもできるであろう。この視点は，第Ⅰ章及び第Ⅱ章を通じてアメリカ税法においても指摘できる。アメリカ税法でも，あくまでも各州法に規律された私法関係を前提に租税法を適用しているからである。アメリカでは各州法により複数の法域が併存しており，連邦全体に統一した法による私法関係の規律がなされていないことからすると，連邦法である内国歳入法典との建て付けの悪さがあるようにも考えられる。しかしながら，実際に，税法の適用場面において，私法

関係が有効・無効かが争われた裁判例は，第Ⅰ章・第Ⅱ章でみてきたように多くあり，私法関係が税法適用の前提となっていることは疑いようがない。ただ，本書における観点やアメリカ税法が税法適用の前提とする法律関係として強調されるべきであることは，例えば典型契約のどの契約に該当するといったある法律関係の既存のラベルへの該当性を問うのではなく，あくまでその法律効果としての機能面に着目することである。

　こういった稼得者を確定する作業は，税法が所得の帰属にとって必要とする法律関係を考察し，それをあらためて私法へ問い掛ける過程を必要とするであろう。そのような過程を経ることによって，税法の関心領域における私法の回答も得られる。このような税法からの私法への問い掛けが，現在求められている。

【初出一覧】

田中晶国「所得の帰属に関する一考察」（京都大学：法博第169号）（2015年）を基礎として，本書掲載にあたり第Ⅳ章，第Ⅴ章を追加して章立てを構成し直し，用語，文体，表記の統一及び補訂を行った。既公刊部分は，以下のとおり。

第Ⅰ章　「所得の帰属に関する一考察：I.R.C§636に係る課税法律関係を素材として」法学論叢178巻1号104頁（2015年）

第Ⅲ章　「事業所得の帰属について」税法学574号133頁（2015年）

第Ⅳ章　「違法所得に対する課税について」税法学577号121頁（2017年）

第Ⅴ章　「収入実現の蓋然性と収入金額の年度帰属：権利確定主義と管理支配基準の連接」法政研究84巻2号239頁（2017年）

※本書は，科研費（16H07037）の助成を受けたものである。

事項索引

あ 行

委任 …………………………………………121
違法所得 ……………………………………129
請負 …………………………………………121
オーバーライディング・ロイヤリティ
　（overriding royalty）………………13

か 行

稼得者主義 ……………………………………7
管理支配基準 ……………………………159, 175
組合契約アプローチ ……………………116, 194
経済的帰属説 ……………………………96, 139
経済的利害関係（economic interest）……15
経済的利得の集合・収斂 …………………122
契約当事者の確定 …………………………119
原価法による減耗償却（cost
　depletion）………………………………17
権利確定主義 ………………………………159
権利確定主義の消極機能 …………………171
権利の確定 …………………………………165
鉱区使用料（royalty）……………………13
合有 …………………………………………193
雇用 …………………………………………121

さ 行

債権 …………………………………………168
作業権益（working interest）………12, 33
恣意性の排除 ………………………………183
事業主基準 ……………………………95, 115
自己の計算と危険 …………………124, 201
資本に由来する所得の移転 …………………67
資本の移転 ………………………………67, 79

収益の切り出し（carve-out）……………12
収益を享受 ………………………2, 100, 197
収入実現の蓋然性 ………160, 163, 177, 179
収入保持の蓋然性 …………………………167
将来債権譲渡 …………………………………8
昭和29年通達 ………………………………108
所得移転の法理（assignment of income
　doctrine）………………………11, 37, 42
所得概念の経済的把握 ……………………129
所得概念の法律的把握 ……………………129
所得税法12条 …………………96, 101, 197
所得の帰属（attribution of income）
　………………………………………7, 42
所有（ownership）……52, 55, 74, 78, 83, 85
請求権 ………………………………………168
生産物支払（production payment）
　…………………………………………11, 31
税法の趣旨・目的による解釈 ………………192
相殺的債務 …………………………113, 192
租税徴収の実効性 …………………………203

た 行

直接認定アプローチ ………………………116
追徴 …………………………………147, 149
定率法による減耗償却（percentage
　depletion）………………………………17
土地所有者取得主義（ownership
　in-place theory）…………………………14
問屋 …………………………………………122

な 行

任意組合 ……………………………………120
ネット・プロフィット・インタレスト

（net profits interest）……………………13
納税者による選択……………………………182

は 行

反社会的勢力………………………127, 145
フィー・インタレスト（fee interest）……28
夫婦共有財産制…………………………………50
夫婦財産契約…………………………………187
夫婦所得（community income）…………50
法律上帰属するとみられる者…………2, 197
法律的帰属説……………………………………96
没収………………………………………147, 149

ま 行

マイナスの収入金額……………112, 139, 191

や 行

役務提供に由来する所得の移転……………46

ら 行

累進課税制度…………………43, 54, 83, 193
ロイヤリティ・インタレスト（royalty interest）……………………………………27

A–Z

AB 取引…………………………………12, 15, 17
ABC 取引……………………………………12, 31
Anderson v. Helvering………………………27
Arthur H. Van Brunt v. CIR………………43
BA 取引…………………………………12, 15, 17
Blair v. CIR……………………………………77
Burnet v. Leininger…………………………58
Burnet v. Wells………………………………73
Burnet v. Whitehouse………………………18
Carr Stanley, Inc. v. United States………32
CIR v. Banks…………………………………44
CIR v. Brown…………………………………29
CIR v. Culbertson……………………………63

CIR v. Glenshaw Glass Co.…………………45
CIR v. Harmon………………………………53
CIR v. Indianapolis Power & Light Co.
 …………………………………………………45
CIR v. Sunnen…………………………………90
CIR v. Tower…………………………………64
Corliss v. Bowers……………………………70
Dashko v. Friedman…………………………25
Daugherty v. CIR……………………………44
Eisner v. Macomber…………………………54
Estate of Stranahan v. CIR………………27
Griffiths v. CIR………………………………48
Hamilton v. Kentucky & Indiana Term
 …………………………………………………49
Harrison v. Schaffner………………………87
Helvering v. Clifford…………………………80
Helvering v. Elbe Oil Land Co.……………29
Helvering v. Eubank…………………………60
Helvering v. Horst……………………………84
Helvering v. Twin Bell Oil Syndicate……24
Hoeper v. Tax Commission of
 Wisconsin………………………………………33
Hudson Belt & Term. Ry. v. United
 States…………………………………………49
Hydrometals, Inc. v. CIR…………………27
I.R.C § 636……………………………………15
Irwin v. Gavit…………………………………68
J.V.Leyding v. CIR…………………………43
Lucas v. Earl…………………………………46
Lusthaus v. CIR………………………………64
Lynch v. Alworth-Stephens Co.……………21
Martin v. CIR…………………………………26
Murphy Oil Co. v. Burne……………………20
Palmer v. Bender……………………………19
Poe v. Seaborn………………………………50
Rensselaer & Saratoga R.R. v. Irwin……49
Robertson v. Pioneer Gas Company………20
Sheffield v. Hogg……………………………25

Sheppard v. Stanolind……………25
Tennant v. Dunn…………………25
Thomas v. Perkins………………22
United States v. Joliet & Chicago Railroad Co.………………………48
United States v. Robbins…………53

著者紹介
田 中 晶 国（たなか まさくに）
九州大学大学院法学研究院准教授
京都大学法学研究科博士後期課程修了・京都大学博士（法学）
司法修習生（新60期）、弁護士を経て、2016年より現職。

所得の帰属法理の分析と展開

2019年3月30日　初版第1刷発行

著　者	田　中　晶　国
発行者	阿　部　成　一

〒162-0041　東京都新宿区早稲田鶴巻町514番地
発行者　株式会社　成　文　堂
電話 03(3203)9201(代)　Fax 03(3203)9206
http://www.seibundoh.co.jp

印刷　シナノ印刷　　　　　　　製本　弘伸製本
©2019 M. Tanaka　Printed in Japan　**検印省略**
☆乱丁・落丁本はおとりかえいたします☆
ISBN978-4-7923-0641-0　C3032

定価（本体4000円＋税）